民国
演讲

MINGUO YANJIANG

# 国性与人性

民国演讲

第四编

马相伯 等 著

中国文史出版社

# 出版说明

本丛书选取的六百余篇民国时期的演讲，来自社会地位、术业专攻、身后评价不同的近二百位民国人物，政界、军界、商界、新闻界、学术界、教育界、文艺界、民间团体等，无所不包，力求全面地呈现多元化的民国风貌。

本丛书涉及史料庞杂，文章取舍与编排依循一定原则，具体说明如下：

一、本丛书收录的演讲稿，时间范围从1912年1月起，至1949年9月末止。全套共分为十编，每一编均以时间为轴，依演讲者出生年月排次；以人物为面，按演讲发表时间排序。每位人物均附生平简介。

二、本丛书收录篇目以演讲为主，其他如宣言、广播稿、采访谈话、讲义以及当众宣读的论文、报告、答辩词等，亦有部分收录。

三、本丛书所选资料来源广泛，多为翻阅国家图书馆及各地方图书馆馆藏民国文献，如民国时期出版的各种文集、报纸、杂志等，经重新录入、点校所得。所收录文章有不同版本者，以出版（发表）时间较早或内容较全的版本为主。

四、本丛书所选之演讲者，均为在其所属领域具有代表性或典型性的人物，但限于篇幅、编者知识水平以及其他种种因素，尚有部分人物演讲未能收录。

五、对于生平演讲颇丰的人物，在筛选其文章时，编者在主题不重叠的前提下，尽量撷取背景、场合、受众不同，且较有内容价值的若干篇目，以求多方位地展现该人物的思想和主张。

六、鉴于本丛书的史料性，编者在进行编校加工时，以尊重原作为基本原则，对于严重违背史实、观点偏激、存在不当舆论导向的个别语句，酌情做删节处理，处理后并不影响原文主旨大意的表达。

七、由于民国时期语言文字、标点的用法与现在有所不同，为方便现代读者阅读，编者在尽量保留作品原貌的情况下，做了如下处理：

（一）繁体字改为简体字。

（二）原文竖排均改为横排。

（三）原文无标点或仅有部分标点的，由编者根据文意断句加标点。原文标点有明显错漏的，编者予以修改或增补。

（四）原文有明显错误、漏缺等情况的，由编者加“〔 〕”，并在六角括号中注明正确或增补的字，以供参考。原文有明显衍字的，由编者直接删改，以免造成困惑和歧义。原文不清、无法辨识且难以根据上下文推断的文字，用“□”表示。其他无从判断正误的情况，不妄作改动。

（五）原文不符合现代汉语写法的词语，如“澈底”、“那末”、“罢”（吧）、“底”（的）等，均按现代汉语习惯写法进行更改，并不影响语句原意。

（六）原文中的人名、地名等的译名以及相关专有名称，在不影响读者理解的情况下，原则上不改为现今通用译名；有碍理解的，由编者作注说明。

（七）凡未标“原注”的注释，均为编者所加。

本丛书卷帙浩繁，尽管尽心竭诚，力求取精用宏，然因我们能力有限，亦难免存在缺失疏漏，热望社会各界批评与指正。

编　者

2019 年 10 月

# 前　　言

民国是新旧思想交替的时代，是中外思潮碰撞的时代，是政治风云变幻的时代，更是文化色彩斑斓的时代。

了解一个人，多是先听其谈吐；了解一个时代，自然也少不得听它的声音。于是，便有了这套“民国演讲”系列丛书——说民国与民国的说；声音的历史与历史的声音。

演讲，即是就某个问题对听众说明事理或发表见解，展示想法或愿景，归根结底是一种交互行为。从某一个角度来说，交互推动进步。人与物的交互刺激发明和创造，比如工具的使用及生产技术的革新；人与人的交互产生人文伦理和传世价值，激发人类去思考良知、理性和社会责任。演讲作为一种人与人之间的交互方式，既能将物质的也能将精神的文明成果集合并发散，承前并启后，抑扬顿挫，精准了当，让讲者内心燃烧，让故事迸溅火花，由是观之，可谓是顶高级的传播艺术。至今为止，这种艺术仍既是经典的，也是前沿的。

我们本着这样的认识和眼光，从瀚如烟海的故纸堆中，拣选出近二百位民国时期来自不同领域的出色人物，收录了六百余篇民国时期的各类演讲。其中一些人物的一些演讲还是第一次进入读者的视野，这样的瞩目当属来之不易。这些演讲作品中，既有关乎济世救国的拳拳之心，或王者之气，或匹夫之责；也有阐述百年树人的教育方略，或家长之情，或师长之意；更有充满文学之妙的作家才情，或指点江山，或陶醉草野。无论是叱咤风云，还是低吟浅唱，无论是逆势反常或是领情会意，无论是节日祝词还是庆生悼挽，都明确无误地引领读者进入了那个年代的景色深处，其中自有仰山之高，悬河之美。

操持数年，自知不免挂一漏万，也还是不肯罢手，一一敛来，旨在使一个时代的演讲作品得以归拢，得以装束，得以排列齐整地成体系地被集结，被收藏，被后人打量、阅读和品味。

既然说的是民国的人、民国的事，自然就回避不了民国的某一些人、某一些事——那些有过态度的和要过态度的、那些受待见的和不受待见的——人和事——也还是听听他们的说。我们通过斟酌与报备，予以选录和保留，以显示这份记载与收藏的确实与丰富。可以说，这是迄今为止收录量最大、编排体系最完备的一套民国演讲作品。

由于对民国时期文化的珍视与体恤，对于个别未能联系上演讲者后人的篇目，我们不忍轻易舍弃，只有将作品先行用之，望有关人士能够谅解，并在见到该书后及时与我们联系，以便奉寄样书和稿酬。

编　者

2019 年 10 月

# 目　　录

CONTENTS

# 马相伯
(1840—1939)

## 生平简介

马相伯（1840—1939），原名建常，后改名良，字相伯，江苏丹阳人。中国著名教育家，复旦大学创始人，震旦大学（原震旦学院）首任校长。十二岁来沪，入法国耶稣会办圣依纳爵公学，继入小修院、大修院，攻读法文、拉丁文、希腊文、哲学、神学、数理和天文等学科。1870 年获神学博士衔，加入耶稣会，授司铎神职。1874 年调任徐汇公学校长兼教务，讲授经史子集，译著《数理大全》等书百卷。1876 年从事外交和洋务活动，曾先后去日本、朝鲜、美国和法国等国。1903 年创办震旦学院，自任院长。1905 年创建复旦公学（今复旦大学）。辛亥革命前后，曾在东京任政闻社总务员，在南京任都督府外交司司长并代理都督，在北京代理北京大学校长，任北京政府政治会议议员、参政院参政等职。1917 年退隐上海译著天主教书籍。九一八事变后，投身救亡运动，发起组织中国民治促进会和江苏国难会等。1939 年 11 月 4 日在越南谅山病逝。

# 北京法国文术研究会开幕词

1914 年

一、“以道问学”，何谓也？西人科学，各有其所以然，问即问此所以然也。科各有所征用，问即问此所征用也。或由问而致学，或由学而致问，谓之问学也可，学问也亦可。研究也者，即研究此问之所得也。分言之：研则研所未知，究则究所已知，二者固不可偏废，而法国文之足为导师者，正以胎息拉丁故。希腊重致知，科分原言、原行与原性，而拉丁文最注重原言，所以法国文以得立言原则，见称于世。每论一事、一物、一理，其观念，其意想，其互视对望比拟，审量表里中边，必体与用之兼赅，凡《名理探》所谓十伦府五公称者，如数家珍焉。界说之严，条分之密，千端万绪而不容紊焉。文身句身，莫不暗藏三段之论，回光之照焉。今夫一国之文字，一国之灵光也。古人夏则囊萤，冬则映雪，或凿东邻之壁，或借明月之辉，凡以乞灵光究文字耳。今法国之文光万丈，初不禁吾人之凿取，一凿再凿，且将愈凿而愈长。研之究之，其文术之足以导吾问学者，形而上，形而下，无不包罗，致知科与所领之法律、政治等程度数科，与所领之理化、将作等科，科科有界说，有条分，本末后先，无不丝丝入扣，而一以贯之，诸君皆过来人也，身亲其境，不俟鄙人赘言。

但龙子有言曰：人皆曰好牛、好马、好人，不可不慎也，不可不思也。盖所为好者虽不同，而可以名好者又唯一，则必心目中见一共好焉。好无不备，而牛马人各得其分，分者得乎物之中，共者超乎物之外，外无可外，悉以心之所见为衡，而写其心之所见者则文学也。然则法国文者，法国人写其心之所见也。一人一见，自古及今，其为见也大矣！多矣！吾读其文，如见其心，其心又集古今众心以为见，故读一家之文，如读众家之文矣。今夫日月雷电之光，目之所见则同，而心之所见，专科与不专科则不同，不同之故，则学问为之也。然则写其所见之文，有足以导吾问学也何疑？

二、“以尊德性”，何谓也？人皆知问学之要，在尊德性。德性之尊，在情感之正。而人为有情之品，有德性之情，血性之情。以血性之情操纵德性之情，则情不正，必反之而后得其正焉。人有神我、形我。形我由五官外征于物，得其分好，以贡于神我；神我以灵光反照所贡，超然物外，而标一共好。复由共好以心构意造想形容之力，匠成种种之好，外以言辞应会万物而咸宜，此牛马人所以各称为好也。天下无不爱好者，故传曰“可欲之为善”，善犹好也。《老子》曰“不见可欲”则心不动，心不动则情不生。神我以德性之可欲操纵血性，而后两性之情，由见可欲而生者，各得其正。夫文学者即以形象形容之力，使人人见以为可欲，可欲之等差虽万不齐，各就文所注重者鼓之舞之，以致其曲，以尽其神。而文中之情如一大磁石焉，不发电，能引种种顽铁，既发电，能引种种顽物，何况以电引电，以情引情，而情焉有不动者乎？

人第知音乐之洋洋，可以淑吾性、陶吾情，而不知绘事之功，远胜于音乐。音乐过耳不留，而绘事则否。人有真山水而不愿一往，见山水画而购以多金者，设令无以动其情，与购画饼充饥者何异？昔米哈之刻摩西坐像也，眉宇英气，栩栩欲生，乃不禁锤其像膝曰：“曷不张口而言乎？”其锤痕今犹在，大有庄生梦蝶，蝶即庄生之概。此美术之美，不独以轻重疾徐者写其声，曰在山在水而已；不独以阴阳向背者写其影，曰范山范水而已；必于牝牡骊黄之外，宫商角徵之余，有以妙夺天工者在。诸君试思乐仅借耳，已如彼，画仅借目，又如此，而况文字固双借也乎！故法国称文艺曰佩莱勒脱，亦黄绢幼妇，绝妙好词意也。然其为美也、术也，非以双借，正以双不借。双不借，故能入环中，超象外，不根于耳而有声，不根于目而有色。非如声与色之为美，美囿于物，似显非显，第能媚形我，不能媚神我，第能媚血性，不能媚德性。德性之胜血性，神我之胜形我，不啻九万里之风斯在下也。则又文艺之胜其他美术，亦犹是矣！

或曰：不然，乐与画，有耳有目，有同赏焉，文艺非知者不知感，恶乎胜？而吾则以为不知则不感，可见所感唯在灵知，不灵不知，感以声色，吾闻禽兽率舞矣。禽兽能哭不能笑，笑故为人所独能，而文艺则不唯人所独能，又唯人中之最灵明者始能之。况法国文艺得代拉丁而占全欧之优胜者耶？那波仑第一于法国大乱之后，其定以武力，治以文教者，皆卓然可观。宏奖实业，抵制英货，欧洲大陆，至今赖之。而以文学浸润人心，揉成风俗，其功殆远胜武功。故景慕文人，远胜我国武夫之为王者。有诗人贡耐西者，所著皆英雄报国之诗，慷慨而缠绵。那波仑曰：贡耐西而与余并世，余必以王冕加之，以酬其鼓吹爱国之心。由是传奇者每演其诗焉。法国文人自巴佘儿始，无不深入显出，钩九渊而致之九天；若包苏夷等，又无不溯流祖源，高瞻远瞩，昂头天外；又若毛利舍、布益尔等，描写情性，意态横生，如用光探见肺腑。人谓文人之笔，想入非非，吾谓文笔之奇，超神入妙。以非非之色，写非非之情；以非非之声，写非非之意。无色也，而五彩无此鲜明；无声也，而五音无此发皇。诸君亦常诵芳丹、芬隆、锡费格之文乎？是何等矜平躁释，随感而通！近代文人若孟塔朗北、符衣禄者，则当其为议员，为主笔，无不时时窃诵其文焉。

凡文家所重为文之道，曰：文须明白透彻，文须清真雅驯，文须精确了当，文须简要畅达，文须天机活泼，文须庄重矜严，文须适如其事，文须层出不穷，文须抑扬顿挫，音节相宜。总此九须，益以三要：一要义理透发，推陈出新，非从事致知格物不可。二要层次分明，先后相属，非谙练原言原名不可；三要文字妥帖，风雅宜人，非多读大家著作不可。法国修辞之要盖如此，或述焉，或作焉，或译焉，译古译今，无美不备。诸公而欲知希腊文乎？罗马文乎？而法国已译有其文矣。诸公而欲知德文乎？英文乎？其脍炙人口者，而法国已译有其文矣。其科学之新得者亦然。且译笔之佳，能变艰深，去晦涩，非余一人之私言也，德人之诵法译者亦云，我国方研求佛学，不知移梵译法者，藏经之富，尚不可比肩。呜呼！伊吕波之文，非汉非和，则其和不成和也可想，不然，而甘用此非驴非马杂凑之文哉！将以为译欧之先进欤？而我前明之译，岂后彼哉？然吾士大夫犹以其译勤也而诵之，而法之，视为亲炙欧美而私淑之。今法国之文，能集欧美之大成，彼未尝诵习者，而不知研究，吾无尤焉，既经诵习，犹以为不如博弈之移情悦性，可乎哉？

春秋之世，上不悦学，以致周亡。与前清之徒悦唱戏也，碰和也，有以异乎？人之所以群居终日，所好唯博与弈，唯酒与色，而不求学问者，以不知学问自有愉快之一境。人游一好景好园焉，必愿再游；人食一好肴好馔焉，必愿再食。今试举以语人曰：某于某科学得三昧焉，某于某文学足三冬焉？及起而观其所好，非科学也，非文学也。其上焉者，闲书小说，而美其名曰：是说风俗也，是说侦探也。其实舍奸盗无侦探，舍男女无风俗，诲盗乎？诲淫乎？而复易其词曰：不知风俗何以知彼？然而知彼，何用小说？庸讵知习某科，诵某文，非彼之真相乎？非真相之精且美者乎？所异者诵此必求放心，诵彼则放而愈放。但吾辈凿西邻之壁者，非欲求通其心之所见乎？习其情之所感乎？所见而精，则问学也；所感而正，则德性也；学问自有愉快之一境。孔子曰："学而时习之，不亦说乎？"有以哉！有以哉！况法国之文，如上所陈，又自有尊德性而道问学者在耶？

今我国自中学以上，不善国文犹可，不读西文则必以为程度不高，而群情反对。反对之故，以遇西人而不能与之接谈也。接谈之久，虽遇华人，而亦以西文为国语矣。彼西人之诵拉丁，诵希腊，诵犹太、埃及之古文字者，又将谁与接谈乎？吾不敢曰：在某某势力范围圈内，不应读某某文字。如在山东者应读德文，但竟奉为国语，则期期以为不可。近且有创论者，谓读法文者必以读法律为归，岂英人政治家必读法文乎？读英文者必以读机器为归，岂德人之精机器，由于读英文乎？又读医学、读哲学、读理化等则皆曰必读德文，岂法国之医哲等学，得自德国乎？上以是求，下以是归，纷纷者未见其一当。夫大同之世，诚不能不通列邦之语，顾何必通国学堂，必专以某文为主课？相问为用，力除主客易置之嫌，借破势力范围之说，是在诸公有以昌明其说。文自文，问学自问学，德性自德性，出奴入主，甚无谓矣！故利用法文则可，倾心法文则不可，盖吾自有吾国文在，虽法国公使，亦必以吾言为是。

# 九一寿辰演说词

1930 年

诸君再三为“老而不”祝寿，固感云情高谊。说什么彭祖陈抟，无非一篇大话。也许是文人积习，区区自问，至多亦百岁而已。百岁以外问题，在诸君既不能切实担保，即鄙人亦受不了，付之笑谈而已。

溯昔欧西之殖民政策，远者数千年前，即战国时墨子，实如犹太国人，未必为印度人，区区虽采集考据，敢切实证明之。有谓老子骑青牛出函谷关，往犹太去，用夏变夷等语，亦不免郢书燕说。中国历来向抱关门主义，无论文化上、政治上，都无世界眼光，昧于国情，所以事事退化落后，以迄于今日。欧西自哥伦布寻获美洲，又自好望角而找到中国，实为彼邦文化上一大革命之起点。中国之外交失败，自鸦片战争之役起，夫人能言之。迩时西商之贩土，并非欧西政府所命，实系枭商营利而已，绝无政治上之阴谋。当时如中国政府以公函通知彼邦政府，亦可禁运，……此为国际上之不明人我。

哲学有言，人禽之判，即在有人我之别。如孩提之童，见了饧糖担，虽馋涎欲滴，终不敢攫为已有。他知道向父母索钱购买，买了之后，便沾沾自喜。如有人攫取，他必号啕起来，因为这时候他知道是我的了，如犬之见肉，他要老实不客气起来，因为他没有人我之认识的。于此可证人类之天性，莫不欲求真理，不专求功利也。如研究天文，何利益之可言？乃竟孜孜研求者，万国皆同。所以研究学问，为人类之灵光，莫不欲向光明之途上去的。区区少年时，向有戏言，哲学上也有之。如对太阳说：马相伯认识太阳，太阳不认识马相伯，所以马相伯自诩比太阳为尊贵。因为人是有灵之物，太阳终是无灵之物，而科学愈发明，愈显造物者之不可思议，何有乎宗教及科学之不相容？所以更希望科学教育之发达也。

# 国货展览会演说词

1933 年

承国货展览会，邀老夫演说几声。老夫虽未展览，想天下国货总不外衣、食、住三项用品吧！这三项用品大都愈普通，则民生愈富足；愈价廉物美，则民权愈发达，工艺愈发达。古人有言："工欲善其事，必先利其器。"窃以为古人可打倒，古人这句话是打不倒的；不信，你没有耕犁，想耕田，没有钉耙，想耙地，保管你五指血淋漓，也耙不成；没有斧子、锯子等，想刨平一条板，哪怕摩顶放踵也磨不平。牵牛服贾，则是商家常事，你要一担米从上海运到南京，没有家伙，拿手捧捧，从年初一捧到年三十日也还捧不完。可见一切农工手艺没有家伙，虽使蛮力，也使不成，终无用。请诸君到田里去看看，一切农具还是盘古传下来的吧！到作场，无论金工、木工、铁工、铜工，所用的家伙，不是古董，便是舶来的。妙哉！妙哉！外国人事事翻新，本国人样样守旧；不知会场的国货是守旧，是翻新？不多时，诸君可曾看见德国三人驾驶来一飞船，用钢板为底，铅弹打不进；据说德美天天有飞艇邮递往来过大西洋，你想该几点钟！中国人有此能力否？有此精神否？外国人用电气从煤炭提出颜料来，提出药材，提出炸药来；现在又能将煤炭变火油。日后打仗，又能飞艇洒毒药，药死一村一城不为奇；秘密的毒药，亦替我们预备着。据说德国为还打败赔款，工人该做八点钟，今做十点钟，拆空心思！读书该读十点钟，今读十二点钟，十四点钟也有，所以制造的东西，吃的、穿的、用的，自己用不了，还来孝敬中国人。我们既可坐享其成，所以乐得罢工，乐得罢课，阔哉，阔哉中国人！

# 救国谈话

1936 年

什么叫国家？国家就是民众所有的。古话说：人为万物之灵。这就是因为人能合群，合群才能抵抗一切。国家就是合土地、人民、政治三者而成的。国家先有土地，有土地然后人民才有饭吃，所以土地是第一，第二才是人民。所谓政治，就是引导人民，利用土地。人民自己绝不愿失掉土地，政治更不能丧失掉一寸土地；政治不能引导人民以利用土地，反把土地丧失了，那还能算政治吗？阿里士多德的时候，那时的国家，以国土为无上之权，然而现在中国的国家，却以土事敌。还有比这个再坏的国家么？这次有人从四川回来说起内地真有人吃人的事，怎么会把中国弄成人吃人的国家呢？

从前，冯玉祥在察哈尔起兵打热河，我并不以为冯玉祥一定就此能打胜日本的。不过冯玉祥这样做，东北的人民、东北的义勇军就会起来，绝不像现在那样苦了。东北的义勇军已经很有组织，他们说中国人不打中国人，所以站在前面的中国人都散开，我们的枪子就可以打倒日本人了。

阿比西尼亚只有一千万人，只抵得上意大利的五分之一，意大利以五千万的人民，打一千万的人民，这一千万的人民，竟出头来抵抗，也抵抗了七个月。日本只有八千万人，而中国有四万万人，日本只有中国的五分之一，五倍大的中国，碰到只有自己五分之一的日本侵略，竟不敢出来抵抗，这叫作“缩头乌龟”。可是缩头做乌龟的，是政府而不是人民。人民要出头抵抗，政府还要压迫呢！

日本人在天津已经直接压迫人民的爱国运动，我们政府也继续替日本人帮忙，压迫爱国运动。这样的政府，我们没有旁的话可以形容，我们中国政府实在是“帮凶”。

胡展堂没有死之前，写信给我商行止，我告诉他：你要上南京，不如匍匐上东京，否则，就在广东领导人民，实行抗日。

我气量太小了。看到政府尽管不抵抗，就不自禁地说了这许多话。孟子说：“君有大过，则谏；反复之而不听，则易位。”这是一定的结果。

中央就好比会长，终身委员长，就是皇帝。委员长做了这许多年，失地也失得不少了，难道委他的人民不应该有所表示么？

“家必自毁而后人毁之，国必自伐而后人伐之。”一定我们有可伐之道，然后人家才会来伐。孟子说，国家是土地、人民、政治三者而成，而现在的政治却领导人民去丧失土地，这就是没有政治，就是不成国家了。而政府还喧嚷着预备，预备到几时？阿比西尼亚人民并没有预备已起来抵抗了。我们人民决不能再等待，只有起来抵抗。

# 学术传教

## 1936年

蔡总主教，诸位神长，各位代表，各位兄弟姐妹们：

鄙人今天讲学术传教，有下述的几个见解。耶稣降生的时候，全世界有两个大国，一是亚洲的东汉，二是欧洲的罗马。在降生后三百年内，统计罗马教友为天主致命者，有两三千万人之多，致命圣血，种到欧洲，所以欧洲有今日之圣教广场。我国同时列为二大国之一，二千年来，教友还不到三百万，真是可怜得很。当今教宗，有鉴于此，伤心得很，想了个方法，要用中国话在中国传教，所以祝圣许多中国主教，用中国人管理中国教务。现在更进一步，用中国教友、中国方言，来发展中国的教务。公进会的成立，就是这个目的。

教友有什么学术和本领，去担任传教事业呢？有本地方言。本地方言，即中国教友传教的学术。此话何以证明？有下列两个例证。一、圣保禄宗徒说：传教用耳闻，若彼此不懂话，就是南蛮北夷，所以要本地方人在本地方传教。又一次圣保禄被如德亚人包围，将被杀害，保禄用如德亚话解释。如德亚人一听为同乡，立即将杀害之意，变为亲爱的心，诸位看看，方言的力量，有多大呢？二、不但圣保禄是这样，连天主圣神也用这个方法。圣神降临日，宗徒讲道，听众虽为散居各国的人，但所听的皆为本国方言。第一日领洗奉教者三千人，第二日有二千人。这都是讲用本地方言传教所得到的效果。当时还有一赐乐业的中国人（该民族是周朝来中国的），也在场听圣神讲中国话。如此说来，中国话也可以讲超性道理。但中国话要叫西洋人讲到好处，恐怕没有这个日子。若要叫中国的神职班讲，恐怕他们读十余年西洋书，为西洋同化了，将中国旧有的礼貌风俗习惯，都忘掉了。这样的中国人，与西洋人何异？所以修道的修士要好好读书，更要多读中国书，明了中国的习惯风俗。因为只有本地人在本地传教得的效果大而成功多。因言语风俗习惯，有种种之便利。虽不能如圣神降临日，有三千人归化，但我国教友二百多万，每年一人劝一个人奉教，四年之内，即可得二千万教友。孟子说："今人乍见孺子将入于井，皆生恻隐之心。"我们信友尤其是公进会的信友，以爱人知己为目的，今见同胞将入于井，能不积极地设法救济么？

有人问：教友用何法传教？我记得，圣方济各·撒肋爵，一次在一个城里传教，毫无进展，就求城内所有的护守天神帮助，全城即时归化。我们中国四万万护守天神，有三万万九千多万天神，闲得没事做，我们应群起，祈求中国的所有天神，帮助我们，传扬圣教。用何方式祈求呢？每天早晨起床时，祈求护守天神，开发一总人的明晤，使他们速归正教，再求大圣若瑟，领导前进，当吾主耶稣避难厄日多国的时候，大圣若瑟为圣母玛利亚及耶稣的领导者，经过各地，偶像自碎。目前中国异端邪说，到处风行，甚至许多要人哲士，都拜倒偶像之前。改良此等现象，是我们公进会信友的责任，我们应求大圣若瑟领导，使皆归化。人力是有限的，圣教是否广扬，只有天主有此力量，人无论是谁是不能夺天主之功的，更不应违反天主的意思。诸位在蔡总主教领导之下，求上主宠佑，向前努力吧。

# 严　复

(1854—1921)

## 生平简介

严复（1854—1921），初名传初，改名宗光，字又陵，后名复，字几道，福建侯官（今福州市）人。中国近代启蒙思想家、翻译家，是中国近代史上向西方国家寻找真理的“先进的中国人”之一。1866 年考入家乡的马尾船政后学堂，主要学习驾驶专业，五年后以优等成绩毕业。1877 年被公派到英国留学，先入普茨茅斯大学，后转到格林威治海军学院。1879 年毕业回国，到福州船厂船政学堂任教习，次年调任天津北洋水师学堂总教习。1889 年报捐同知衔，以知府选用，派为北洋水师学堂会办，次年升任总办。1897 年和王修植、夏曾佑等在天津创办《国闻报》和《国闻汇编》，宣传变法维新，并将《天演论》在《国闻报》上连续发表。1901 年起历任天津开平矿务局总办、京师大学堂附设译书局总办。1905 年协助马相伯创办复旦公学，1906 年任该校校长。1912 年京师大学堂更名为北京大学校，任首任校长。1913 年起历任总统府外交法律顾问、约法会议议员、参政院参政、宪法起草委员。1921 年 10 月 27 日在福州居所辞世。

# 读经当积极提倡[①]

1913 年 9 月

民人熙熙扰扰，生于大地之上，结合团体，以其言语风俗之同，于是据一领土，内足自治，外可御侮，而国成焉。国成而治化日蒸，国力日展。于是吸收邻种，规取外域，而渐渍之以本国之文明，施彼之以同等之法律，始为要荒，继为藩属，再进而同于内国，其疆索甚广，其户口日滋，纲举目张，处中央而驭四极。如是者，吾国谓之天下，西人谓之帝国。天下犹帝国也，若以名词而论，彼称帝国，实不及吾言天下之优。盖帝国初不必皆有帝，希腊、罗马当为民主时，其所成之天下，固自若也。

考泰东西之历史，邃古以来，民种以其国力之扩张，由一国而为天下者众矣。欧洲最著于古者，有希腊，有罗马，中叶有拂林，有斯巴尼亚。今则有日耳曼，有俄罗斯，有不列颠。古有已亡，今之所有，皆新造也。亚洲有巴比伦，有波斯，有印度，有蒙兀，此四者，皆散矣亡矣。日本新造骅骝，骎骎然居帝国，而根基尚浅。然则横览五洲，纵观历史，五帝尚矣，自唐虞三代以至于今，虽官家之事世殊，而民族所居，长为天下如故，深根宁极，不可动摇，夫非吾等所有所居之中国耶！地大物博，山川灵秀，而风气适中；至于人民，虽吾人日恨其程度之低，顾笃而言之，要为五洲开明种

① 本文是严复在中央教育会发表的演讲。该会由清政府于 1911 年在北京设立。

族，此吾人所不自言，而西人觇国所代言者。诸公生为此国之人，独无可以喜幸者耶！食旧德而服先畴，不可不知所以然之故也。

大凡一国存立，必以其国性为之基。国性国各不同，而皆成于特别之教化，往往经数千年之渐摩浸渍，而后大著。但使国性长存，则虽被他种之制服，其国其天下尚非真亡。此在前史，如魏晋以降，五胡之乱华，宋之入元，明之为清，此虽易代，顾其彝伦法制，大抵犹前，而入主之族，无异归化，故曰非真亡也。独若美之墨西、秘鲁，欧之希腊、罗马，亚之印度，非之埃及，时移世异，旧之声明文物，斩然无余。夷考其国，虽未易主，盖已真亡。今之所谓墨西、秘鲁、希腊、罗马、印度、埃及，虽名存天壤之间，问其国性，无有存者，此犹练形家所谓夺舍躯壳，形体依然，而灵魂大异。庄生有言："哀莫大于心死。"庄生之所谓心，即吾所谓灵魂也。人有如此，国尤甚焉。

嗟乎诸公！中国之特别国性，所赖以结合二十二行省、五大民族于以成今日庄严之民国，以特立于五洲之中，不若罗马、希腊、波斯各天下之云散烟消，泯然俱亡者，岂非恃孔子之教化为之耶！孔子生世去今二千四百余年，而其教化尚有行于今者，岂非其所删修之群经，所谓垂空文以诏来世者尚存故耶！

然则我辈生为中国人民。不可荒经蔑古，固不待深言而可知。盖不独教化道德，中国之所以为中国者，以经为之本原。乃至世变大异，革故鼎新之秋，似可以尽反古昔矣；然其宗旨大义，亦必求之于经而有所合，而后反之人心而安，始有以号召天下。即如辛壬以来之事，岂非《易传》汤武顺天应人与《礼运》大同、《孟子》民重君轻诸大义为之据依，而后有民国之发现者耶！顾此犹自大者言之，至于民生风俗日用常行事，其中彝训格言，尤关至要，举凡五洲宗教，所称天而行之教诫哲学，征诸历史，深权利害之所折中，吾人求诸六经，则大抵皆圣人所早发者。显而征之，则有如君子喻义，小人喻利，欲立立人，欲达达人，见义不为无勇，终身可为唯恕。又如孟子之称性善，严义利，与所以为大丈夫之必要，凡皆服膺一言，即为人最贵。今之科学，自是以诚成物之事，吾国欲求进步，固属不可抛荒。至于人之所以成人，国之所以为国，天下之所以为天下，则舍求群经之中，莫有合者。彼西人之成俗为国，固不必则吾之古，称吾之先，然其意事必与吾之经法暗合，而后可以利行，可以久大。盖经之道大而精有如此者。

夫经之关系固如此矣。而今人耸于富强之效，乃谓教育国民，经宜在后。此其理由，大率可言者三：一曰苦其艰深；二曰畏其浩博；三曰宗旨与时不合。由此三疑，而益之以轻薄国文之观念。于是蔑经之谈，阒然而起，而是非乃无所标准，道德无所发源，而吾国乃几于不可救矣。

夫群经乃吾国古文，为最正当之文字。自时俗观之，殊不得云非艰深；顾圣言明晦，亦有差等，不得一概如是云也。且吾人欲令小儿读经，固非句句字字责其都能解说，但以其为中国性命根本之书，欲其早岁讽诵，印入脑筋，他日长成，自渐领会。且教育固有缮绠记性之事，小儿读经，记性为用，则虽如《学》《庸》之奥衍，《书》《易》之浑噩，又何病焉？况其中自有可讲解者，善教者自有权衡，不至遂害小儿之脑力也。果使必害脑力，中国小子读经，业已二千余年，不闻谁氏子弟，坐读四子五经，而致神经瞀乱，则其说之不足存，亦已明矣。彼西洋之新旧二约，拉丁文不必论矣，即各国译本，亦非甚浅之文，而彼何曾废？且此犹是宗教家言，他若英国之曹沙尔、斯宾塞、莎士比儿、弥勒登诸家文字，皆非浅近，如今日吾国之教科书者，而彼皆令小儿诵而习之，又何说耶？

若谓经书浩博，非小、中、大学年之所能尽，此其说固亦有见。然不得以其浩博之故，遂悉废之，抑或妄加删节，杂以私见，致古圣精旨坐此而亡。夫经学莫盛于汉唐，而其时儒林所治，人各一经而已。然则经不悉读，固未必亡，唯鲁莽灭裂，妄加删节，乃遂亡耳。夫读经固非为人之事，其于孔子，更无加损，乃因吾人教育国民不如是，将无人格，转而他求，则亡国性。无人格谓之非人，无国性谓之非中国人，故曰经书不可不读也。若夫形、数、质、力诸科学，与夫今日世界之常识，以其待用之殷，不可不治，吾辈岂不知之？但四书五经，字数有限，假其立之课程，支配小、中、大三学年之中，未见中材子弟，坐此而遂困也。

至谓经之宗旨与时不合，以此之故，因而废经，或竟武断，因而删经，此其理由，尤不充足。何以言之？开国世殊，质文递变，天演之事，进化日新，然其中亦自有其不变者。姑无论今日世局与东鲁之大义微言，固有暗合，即或未然，吾不闻征诛时代，遂禁揖让之书，尚质之朝，必废监文之典也。考之历史，行此者，独始皇、李斯已耳。其效已明，夫何必学！总之，治制虽变，纲纪则同，今之中国，已成所谓共和，然而隆古教化，所谓君仁臣忠，父慈子孝，兄友弟敬，夫义妇贞，国人以信诸成训，岂遂可以违反，而有他道之从？假其反之，则试问今之司徒，更将何以教我？此康南海于《不忍》杂志中所以反复具详，而不假鄙人之更赘者矣。是故今日之事，自我观之，所谓人伦，固无所异，必言其异，不过所谓君者，以抽象之全国易具体之一家，此则孔孟当日微言，已视为全国之代表，至其严乱贼、凛天泽诸法言，盖深知天下大器，而乱之为祸至烈，不如是将无以置大器于常安也。苟通此义，则六经正所以扶立纪纲，协和亿兆，尚何不合之与有乎！

吾闻顾宁人之言曰：有亡国，有亡天下。使公等身为中国人，自侮中国之经，而于蒙养之地，别施手眼，则亡天下之实，公等当之。天下兴亡，匹夫有责，正如是云。公等勿日日稗贩其言，而不知古人用意之所在也。

## 辜鸿铭
(1857—1928)

# 生平简介

辜鸿铭（1857—1928），本名辜汤生，字鸿铭，号立诚，自称慵人、东西南北人。著名学者、翻译家。学博中西，号称“清末怪杰”。1857 年出生于当时为英国占领的马来西亚威尔斯王子岛（今槟城），祖籍福建泉州府，母亲为葡萄牙人。1867 年随其橡胶园主英国商人布朗前往苏格兰。1870 年被送往德国学习科学。后回到英国，并于 1873 年考入爱丁堡大学文学院攻读西方文学专业，获文学硕士学位。后又入德国莱比锡大学等著名学府研究文学、哲学。十四年留学经历，累计获文、哲、理、神等十三个博士学位，会操九种语言。1880 年返回故乡槟城。1885 年被湖广总督张之洞委任为“洋文案”（即外文秘书）。1893 年以《设立自强学堂片》上奏光绪皇帝，筹建由国人自力建设、自主管理的高等学府——自强学堂（武汉大学前身），得到钦准。学堂成立后，任方言教习，成为自强学堂一代名师。1908 年宣统即位后，任外交部侍郎。1915 年在北京大学任教授，主讲英国文学。1924 年赴日本讲学三年，其间曾赴台湾讲学。1927 年从日本回中国。1928 年在北京逝世。他是第一位致力于向西方介绍中国典籍、中国精神的人，且产生了重要影响。他一生著述颇丰，主要有：英译《论语》《中庸》《大学》，英文专著《中国牛津运动故事》、《中国人的精神》（即《春秋大义》）等。

# 中国人的精神[①]

## 1915 年

首先，请允许我对今天下午所讨论的主题做一点解释。我所说的“中国人的精神”，并不仅仅是指中国人的性格或特征。关于中国人的特征，已经有许多人做过描述。但是，诸位一定会同意我这样一个看法：迄今为止，尚未有人能够勾画出中国人内在特质的整体面貌。此外，当我们谈及中国人的性格或特征时，也很难给予简单的概括和归纳。因为众所周知，中国北方人的性格是与南方人不同的，正如德国人不同于意大利人一样。

我所指的中国人的精神，是中国人赖以生存之物，是本民族固有的心态、性情和情操。这种民族精神使之有别于其他任何民族，特别是有别于现代的欧美人。将我们的论题定为中国式的人（Chinese type of humanity），或简明扼要地称之为“真正的中国人”，这样或许能更准确地表达我所说的含义。

那么，何为真正的中国人？我相信诸位一定会同意这是个很有意思的问题。特别是目前我们已经看到，典型的中国人，即真正的中国人正在消亡，取而代之的是一种新的类型的中国人，即进步了的或者说是现代的中国人。事实上在我看来，往日那种典型的中国人在世界各地正趋于消亡。所以，我们应该仔细地看上最后一眼，看看究竟是何物使真正的中国人本质地区别于其他民族，并且区别

① 本文是辜鸿铭在北京东方协会上宣读的一篇论文。

于正在形成的新型中国人。

首先，我想诸位感触最深的，一定是在旧式的典型的中国人身上，没有丝毫的蛮横、粗野或残暴。借用一个动物学的术语来说，我们或许可以将真正的中国人称之为被驯化了的动物。我认为一位最下层的中国人与一个同阶层的欧洲人相比，他身上的动物性（即德国人所说的蛮性）也要少得多。事实上在我看来，用一个词可以把典型的中国人所给你们留下的印象归纳出来，这就是“温良”(gentle)。我所谓的温良，决不意味着懦弱或是软弱的服从。正如前不久麦嘉温博士所言：中国人的温良，不是精神颓废的、被阉割的驯良。这种温良意味着没有冷酷、过激、粗野和暴力，即没有任何使诸位感到不快的东西。在真正的中国式的人之中，你能发现一种温和平静、庄重老成的神态，正如你在一块冶炼适度的金属制品中所看到的那样。尽管真正的中国人在物质和精神上有这样那样的不足，但其不足都受到了温良之性的消弭和补救。真正的中国人或不免于粗鲁，但不至于粗俗下流；或不免于难看，但不至于丑陋骇人；或不免于粗率鄙陋，但不至于放肆狂妄；或不免于迟钝，但不至于愚蠢可笑；或不免于圆滑乖巧，但不至于邪恶害人。实际上，我想说的是，就其身心品行的缺点和瑕疵而言，真正的中国人没有使你感到厌恶的东西。在中国旧式学校里，你很难找到一个完全令你讨厌的人，即使在社会最下层亦然。

我曾提到典型的中国人给诸位留下的总体印象是温良，是他那种难以言表的温良。当你分析一下这种温良的特性时，就会发现，这种温良乃是同情与智能（intelligence）这两样东西相结合的产物。我曾把典型的中国人比作已被驯化的动物，那么，是什么使得驯化的动物如此不同于野生动物的呢？我们都承认驯化的动物已经具有某些人的属性。但是人与动物的区别何在？就在于智能。一个驯化的动物的智能不是一种思考的智能，它不是由推理而来，也不是来源于它的本能——就像狐狸那种狡猾的本能，知道在何处可以找到美味的小鸡。来源于本能的智能不仅狐狸，甚至所有的动物都有。但我们所说的驯化的动物所具有的某些人类的智能，与狐狸或其他任何动物的智能是完全不同的。它既不源于推理，也不生自本能，而是起自人类的同情心和一种依恋之情。一匹纯种的阿拉伯骏马之所以能够明白其英国主人的意图，既不是因为它学过英语语法，也不是因为它对英语有本能的反应，而是因为它热爱并依恋它的主人。这就是我所说的区别于狐狸或其他动物的、人类的智能。人的这种智能使其有别于动物。同样，我认为正是这种同情的智能造就了中国式的人之类型，从而形成了真正的中国人那难以言表的温良。

我曾听一位外国友人这样说过：作为外国人，在日本居住的时间越长，就越发讨厌日本人。相反，在中国居住的时间越长，就越发喜欢中国人。这位外国友人曾久居日本和中国。我不知道这样评价日本人是否合适，但我相信在中国生活过的诸位都会同意上述对中国人的判断。一个外国人在中国居住得越久，就越喜欢中国人，这已是众所周知的事实。中国人身上有种难以形容的东西。尽管他们缺乏卫生习惯，生活不甚讲究；尽管他们的思想与性格有许多缺点，但仍然赢得了外国人的喜爱，而这种喜爱是其他任何民族所无法得到的。我已经把这种难以形容的东西概括为温良。如果我不为这种温良正名的话，那么，在外国人的心中它就可能被误认成中国人体质和道德上的缺陷——温顺和懦弱。这里再次提到的温良，就是我曾给诸位展示过的源于同情心或真正的人类的智能的温良——既不是源于推理，也非产自本能，而是源于同情心——来源于同情的力量。那么，中国人又是何以具备了这种同情的力量的呢？

我在这里将冒昧地给诸位一个解答，或者说是一个假设。诸位愿意的话，也许可以将其视为中国人具有同情力量的秘密所在。中国人之所以有这种力量——这种强大的同情的力量，是因为他们完全地或几乎完全地过着一种心灵的生活。中国人的全部生活是一种情感的生活——这种情感既不来源于感官直觉意义上的那种情感，也不是来源于你们所说的神经系统奔流的情欲那种意义上的情感，而是一种产生于我们人性的深处——心灵的激情或人类之爱那种意义上的情感。实际上，正是由于真正的中国人太过注重心灵或情感的生活，以至于可以说他有时是过多地忽视了生活在这个由肉体和灵魂组成的世界上，人所应该的甚至是一些必不可少的需要。中国人之所以对缺乏优美和不甚清洁的生活环境毫不在意，其原因正在于此。这是唯一正确的解释。当然，这是题外话。

中国人具有同情的力量，因为他们完全过着一种心灵的生活——一种情感的生活。我在这里举两个例子对此加以证明。我的第一个例子是这样的：在座的诸位或许有人知道我在武昌的一位好朋友和同僚，曾任外务部尚书的梁敦彦①。梁先生告诉我，当他首次被任命为汉口道台时，他心中充满了希望，并且发誓要努力奋斗成为一个达官贵人，穿上饰有红纽扣的华贵的官服。他得到这个职务时非常快乐，但这并不是因为他多么看重官服，也不是因为他从此可以发财——那时我们在武昌都很穷。他快乐的原因是因为他的升迁能够使广东的母亲感到欣慰和欢喜。这就是我所说的中国人所过的心灵的生活——一种情态的生活，一种人类之爱的生活。

另一个例子是在海关的苏格兰朋友告诉我的。他说他曾经有过一个中国仆人，那是一个十足的流氓，不但说谎、敲诈，而且还经常去赌博。但当我的这位朋友在一个偏僻的口岸染上伤寒，且身边无一个朋友能照料他时，他的仆人——那个十足的流氓却来精心地侍候他，使他获得了从最好的朋友、最亲的亲属那里都无法得到的照顾。我记得《圣经》中一位妇女曾说过："宽恕他们吧，因为他们的爱是那样的深。"我想这句话不仅适用于那位中国仆人，而且适用于一般的中国人。在中国生活的外国人耳闻目睹了中国人在习惯和性格上的缺陷与不足，但仍然乐意与中国人相处，就是因为中国人有着一颗爱心。也就是我曾说过的，他们过着一种心灵的生活，一种情感的或人类之爱的生活。

现在我们已经掌握了解开中国人同情心之谜的线索——同情的力量给予真正的中国人以同情感和人类的智慧，造就了他那难以言表的温良。下面让我们顺着这个线索和前提进行检验，看看中国人是否过着一种心灵的生活。对此，我们不仅可以用前面曾举过的例子来加以证明，而且还可以用中国人的实际生活中表现出来的一般

---

① 梁敦彦（1857—1924），字菘生，广东顺德人。十五岁赴美留学。1881年回国后长期在张之洞手下任职，曾官至外务部尚书。1917年参与张勋复辟，负责外交联络。

特征，来加以说明。

首先，我们来谈谈中国的语言。因为中国人过着一种心灵的生活，所以，我说中国的语言也就是一种心灵的语言。一个很明显的事实就是：那些生活在中国的外国人，其儿童和未受教育者学习中文比成年人和受过教育者要容易得多。原因就在于儿童和未受教育者是用心灵来思考和使用语言。相反，受过教育者，特别是受过理性教育的现代欧洲人，他们是用大脑和智力来思考和使用语言的。事实上，外国的知识分子之所以感到中国的语言如此难学，正是因为他们受过太多的教育，受到过多的理性与科学的熏陶。有一种关于极乐世界的说法也同样适用于对中国语言的学习："除非你变成一个孩子，否则你就难以学会它。"

其次，我们再指出一个众所周知的、中国人日常生活中的事实。中国人具有惊人的记忆力，其秘密何在？就在于中国人是用心而非脑去记忆。用具有同情力量的心灵记事，能够起到如胶似漆的作用，用它记事比用头脑或智力要好得多，后者是枯燥乏味的。举例来说，我们当中的绝大多数人童年的记忆要强过成年后的记忆。因为儿童就像中国人一样，是用心而非用脑去记忆。

接下来的例子，依旧是体现在中国人日常生活中，并得到大家承认的一个事实——中国人的礼貌。中国一向被视为礼仪之邦，那么，其礼貌的本质是什么呢？这就是体谅、照顾他人的感情。中国人有礼貌是因为他们过着一种心灵的生活。他们完全了解自己的这份情感，很容易将心比心推己及人，显示出体谅、照顾他人情感的特性。中国人的礼貌虽然不像日本人的那样繁杂，但它是令人愉快的。正如法语所绝妙表达的，它是 La politesse du coeur：一种发自内心的礼貌。相反，日本人的礼貌则是繁杂而令人不快的。对此，我已经听到了一些外国人的抱怨。这种礼貌或许应该被称为排练式的礼貌——如剧院排戏一样，需要死记硬背。它不是发自内心、出于自然的礼貌。事实上，日本人的礼貌是一朵没有芳香的花，而真正的中国人的礼貌则是发自内心、充满了一种类似名贵香水般——instar unguenti fragrantis——奇异的芬芳。

我们举的关于中国人特性的最后一例，是其缺乏精确的习惯。这是由阿瑟·史密斯提出并使之得以扬名的一个观点。那么，中国人缺少精确性的原因又何在呢？我说依然是因为他们过着一种心灵的生活。心灵是纤细而敏感的，它不像头脑或智力那样僵硬、刻板，你不能指望心也像头脑或智力一样，去思考那些死板、精确的东西。至少那样做是极为困难的。实际上，中国的毛笔或许可以被视为中国人精神的象征。用毛笔书写绘画非常困难，好像也难以精确，但是一旦掌握了它，你就能够得心应手，创造出美妙优雅的书画来，而用西方坚硬的钢笔是无法获得这种效果的。

以上有关中国人生活的几个简单的例子，是任何人甚至是对中国人一无所知的人也能观察到并认同和理解的。通过这些例子，我已经充分证明了这样一个假设：中国人过着一种心灵的生活。

正是因为中国人过着一种心灵的生活、一种像孩子一样的生活，所以使得他们在许多方面还显得那样幼稚。这是一个很明显的事实，即作为一个有着那么悠久历史的伟大民族，中国人竟然在许多方面至今仍表现得那样幼稚。这使得一些浅薄的中国留学生认为中国人民未能使文明得到任何发展，中国文明是一个停滞的文明。必须承认，就中国人的智力发展而言，在一定程度上被人为地限制了。众所周知，在有些领域中国人只取得很少甚至根本没有什么进步。这不仅有自然方面的，也有纯粹抽象科学方面的，诸如数学、逻辑学、形而上学。实际上，欧洲语言中“科学”与“逻辑”二字，是无法在中文里找到完全对等的词加以表达的。像孩童一样过着心灵生活的中国人，对抽象的科学没有丝毫兴趣，因为在这方面心灵与情感无计可施。事实上，每一件无须心灵与情感参与的事，诸如统计表一类的工作，都会引起中国人的反感。如果说统计图表和抽象科学只是引起了中国人的反感，那么，欧洲人现在所从事的所谓科学研究——那种为了证明一种科学理论而不惜去摧残、肢解生物的所谓科学，则使中国人感到恐怖，并遭到了他们的抵制。

我承认单就中国人的智力发展而言，是在一定程度上受到人为的限制。今天的中国人仍然过着孩童的生活、心灵的生活。就此而言，中华民族这一古老的民族，在目前仍是一个带有幼稚之相的民族。但有一点诸位务必牢记，这个幼稚的民族，虽然过着一种心灵的生活，虽然在许多方面尚显幼稚，但他却有着一种思想和理性的力量，而这是一般处于初级阶段的民族所不具备的。这种思想和理性的力量，使得中国人成功地解决了社会生活、政府以及文明中许多复杂而困难的问题，我敢断言，无论是古代还是现代的欧洲民族，都未能取得像中国人这样辉煌的成绩，他们不仅将亚洲大陆上的大部分人口置于一个庞大帝国的统治之下，而且维持了它的和平。

实际上，我在这里要指出的是：中国人最美妙的特质并非他们过着一种心灵的生活。所有处于初级阶段的民族都过着一种心灵的生活。正如我们大家都知道的一样，欧洲中世纪的基督徒们也同样都过着一种心灵的生活。马修·阿诺德①就说过："中世纪的基督教诗人是靠心灵和想象来生活的。"中国人最优秀的特质是当他们过着心灵的生活、像孩子一样生活时，却同时具有为中世纪基督徒或其他任何处于初级阶段的民族所没有的思想与理性的力量。换句话说，中国人最美妙的特质是：作为一个有着悠久历史的民族，它既有着成年人的智慧，又能够过着孩子般的生活——一种心灵的生活。

因此，我们与其说中国人的发展受到了阻碍，不如说它是一个永不衰老的民族。简言之，作为一个民族，中国人最美妙的特质就在于他们拥有了永葆青春的秘密。

现在我们可以回答最初提出的问题了——什么是真正的中国人？我们现在已经知道，真正的中国人就是有着赤子之心和成年人的智慧、过着心灵生活的这样一种人。简言之，真正的中国人有着童子之心和成年人的智慧。中国人的精神是一种永葆青春的精神，是不朽的民族魂。那么，这种使民族不朽、永远年轻的秘密又何在呢？诸位一定还记得在篇首我曾说过：是同情的或真正的人类的智能造就了中国式的人之类型，从而形成了真正的中国人那种难以言表的温良。这种真正的人类的智能，是同情与智能的有机结合。它使人的心与脑得以调和。总之，它是心灵与理智的和谐。如果说中华民

① 马修·阿诺德（Matthew Arnold，1822—1888）：英国19世纪著名诗人、教育家、社会批评家，浪漫主义文学思潮的重要代表。

族之精神是一种青春永葆的精神，是不朽的民族魂，那么，民族不朽的秘密就是中国人心灵与理智的完美和谐。

现在诸位或许会问：中国人是从何处、又是怎样得到了这种使民族永远年轻、让心灵与理智得以和谐的秘密的呢？答案只能从他们的文明中去寻找。诸位不可指望我在这短短的时间里做一个关于中国文明的报告。然而，我还是将试着告诉诸位一些涉及目前论题的有关中国文明的一些情况。

首先，我要告诉诸位，中国文明与现代欧洲文明有着根本的不同。著名的艺术评论家伯纳德·贝伦森[①]先生在比较欧洲与东方艺术时曾说过："我们欧洲人的艺术有着一个致命的、向着科学发展的趋向。而且每幅杰作几乎都有着让人无法忍受的、为瓜分利益而斗争的战场的印记。"正如贝伦森先生对欧洲的艺术评价一样，我认为欧洲的文明也是为瓜分利益而斗争的战场。在这种为瓜分利益而进行的连续不断的战争中，一方面是科学与艺术的对垒，另一方面则是宗教与哲学的对立，事实上，这一可怕的战场存在于人们的头脑和心灵中——存在于心灵与理智之间——造成了永恒的冲突和混乱。然而在中国文明中，至少在过去的两千四百年里，是没有这种冲突与混乱的。中国文明与欧洲现代文明的根本区别就在于此。

换句话说，在现代欧洲，宗教拯救人的心却忽略了人的脑；哲学满足了人头脑的需要但又忽视了人心灵的渴望。我们再来看看中国。有人说中国没有宗教。诚然，在中国，即使是一般大众也并不太看重宗教，我指的是欧洲人心目中的宗教。对中国人而言，佛寺道观以及佛教、道教的仪式，其消遣娱乐的作用要远远超过了道德说教的作用。在此，中国人的玩赏意识超过了他们的道德或宗教意识。事实上，他们往往更多地求助于想象力而不是求助于心灵。因此，与其说中国没有宗教，还不如说中国人不需要——没有感觉到宗教的必要——更确切。

---

① 伯纳德·贝伦森（Bernard Berenson，1865—1959）：美国最有影响力的艺术评论家和历史学家。毕业于哈佛大学。擅长鉴别绘画真伪。著有《美学、伦理学和历史》等书。

中国人，即使是一般大众也没有宗教需要，这个如此奇特的现象应该做何解释呢？对此，伦敦大学的汉学家道格拉斯[①]先生在其儒学研究中曾有过如下论述：“已有四十多代的中国人完全服从于一个人的格言。中国人所受到的孔子之教特别适合中国人的本性。中国人是蒙古人种，其黏液质头脑不善思辨穷理。这就自然会排斥对其经验范围之外的事物进行探究。未来世界的生活是不可知的，孔子所阐述的那些简明易懂的道德规范，已全然满足了中国人的需要。”

这位博学的英国教授说中国人不需要宗教，是因为他们已经受教于儒学，这个观点是正确的。但他认为中国人之所以不需要宗教是由蒙古人种的黏液质头脑及不善思辨所造成的，他就完全错了。宗教最初并非产生于思辨，宗教是一种感情、一种激情的东西，它与人的灵魂相联系。甚至非洲的野蛮人在刚一脱离动物般的生活时，他身上那种称之为心灵的东西刚刚觉醒时，就立刻有了对宗教的需要。因此，虽然蒙古人种的头脑或许是黏液质和不善思辨的，但我们必须承认，作为蒙古人种的中国人与非洲野人相比，毕竟属于更高层次的一种类型。既然非洲蛮人都有心灵，那么，中国人就更不必说了。有心灵就需要宗教，除非有别的什么东西能够取代了宗教。

实质上，中国人之所以没有对于宗教的需要，是因为他们拥有一套儒家的哲学和伦理体系，是这种人类社会与文明的综合体——儒学取代了宗教。人们说儒学不是宗教，的确，儒学不是欧洲人通常所指的那种宗教。但是，我认为儒学的伟大之处也就在于此。儒学不是宗教却能取代宗教，使人们不再需要宗教。

要搞清儒学是如何取代宗教的，我们就必须首先弄懂人类为什么需要宗教。在我看来，人类需要宗教同需要科学和哲学的原因是一样的，都在于人是有心灵的。我们先以科学为例，这里我指的是自然科学。是什么原因促使人们去追求科学呢？多数人会认为是出于对铁路、飞机一类东西的需要导致了对科学的追求。实际却并非

---

① 道格拉斯（Robert Kennaway Douglas，1838—1913）：英国驻华外交官、汉学家。1903—1908 年任伦敦大学汉文教授。著有《中国的语言和文学》《非基督教的宗教体系：儒教和道教》《中国的社会》等书。

如此。当前所谓进步的中国人为了铁路、飞机去追求科学，他们永远也无法懂得科学的真谛。在欧洲历史上，那些真正献身科学、为科学进步而努力的人，那些使修筑铁路、制造飞机成为可能的人，他们最初就根本没有想过铁路和飞机。他们献身科学并为科学进步做出贡献，是因为他们的心灵渴望探求这广袤宇宙那可怕的神秘。人们之所以需要宗教、科学、艺术乃至哲学，都是因为人有心灵。不像野兽仅留意眼前，人类还需要回忆历史、展望未来——这就使人感到有必要懂得大自然的奥秘。弄清宇宙的性质和自然法则之前，人类就如同处在黑屋之中的孩子，感到危险和恐惧，对任何事情都难以把握。正如一个英国诗人所言，自然的神秘啊，沉重地压迫着人们。因此，人们需要科学、艺术和哲学，出于同样的原因，也需要宗教，以便减轻神秘的大自然——这个难以理解的世界所带来的重压。

艺术和诗歌能够使艺术家和诗人发现大自然的美妙及宇宙的法则，从而减轻了他们所承受的压力。因此，诗人歌德曾这样说过："谁拥有了艺术，谁就拥有了宗教。"所以，艺术家们不需要宗教。哲学能够使哲学家懂得宇宙的法则和秩序，从而缓解了这种神秘所带来的压力。因此，对像斯宾诺莎那样的哲学家来说，智力生活的极致便是一种转移，正如对于圣徒来说宗教生活的极致是一种转移一样，所以，他们不感到需要宗教。最后，科学也能够令科学家认识宇宙的奥秘和秩序，使来自神秘自然的压力得以减轻。因此，像达尔文和海克尔①教授那样的科学家也不感到需要宗教。

但对于大多数人来说，他们既不是诗人和艺术家，也不是哲人和科学家，而是一群凡夫俗子。对于他们来说，生活充满了困苦，每时每刻都要经受着各种事故的打击，既有来自自然界的恐怖暴力，也有来自同胞的冷酷无情。有什么东西能够帮助人类减轻这个神秘莫测的世界所造成的重压？唯有宗教。但宗教又是如何起作用的呢？我认为宗教给人以安全感和永恒感。在自然力的恫吓下，在冷酷无

---

① 海克尔（Ernst Haeckel，1834—1919）：德国博物学家，达尔文进化论的著名支持者。著有《人类的进化》等。

情的同胞面前，在令人恐怖的大自然的神秘感的驱使下，普通百姓们转而求助于宗教——在这个避难所里，他们找到了安全感。他们确信有一个超自然之物以绝对权力控制着那些给予他们打击的力量。此外，现实中那永恒的变换、人生的变故——从出生，经儿童、青年、老年直至死亡，这些神秘的、不确定的现象，同样使人们需要一个避风港——在那里他们得到了永恒感，确定对于来世的信念。在这个意义上，我认为宗教使那些既非诗人、艺术家，也非哲学家和科学家的百姓得到了安全感和永恒感，从而减轻了这个世界给他们造成的压力。耶稣说过："我赐给你安宁，这种安宁，世界不能给予你，也无法将它从你身上剥夺。"这就是我所说的宗教给予众生的安全感和永恒感。因此，除非你能找到像宗教那样能给众生以同样的安全感和永恒感的东西，否则芸芸众生将永远需要宗教。

但是我曾说过，儒学不是宗教却能取代宗教。因此，在儒学中必定存在像宗教那样能给众生以安全感和永恒感的东西。现在，我们就来探寻一下，儒学中这种能给众生以安全感和永恒感的东西究竟是什么。

常常有人问我：孔子对中华民族的贡献何在？我本可以告诉你们许多关于孔子的贡献，但今天由于时间的关系，我只能将孔子最重要也是最主要的一个贡献告诉诸位。孔子自己曾说："知我者其为《春秋》乎？"当我对此加以解释之后，诸位就会明白儒学何以能像宗教那样给人安全感和永恒感。为了将这个问题解释清楚，请允许我先对孔子及其生平做一简要说明。

正如在座诸位中不少人所知道的那样，孔子生活在中国历史上的春秋时期——那时封建时代已进入末期。半宗法式的社会秩序和统治方式必须扩展和重建。这种巨大的变化不仅必然带来了世界的无序，而且造成了人们思想的混乱。我曾说在中国两千五百年的文明史中，没有心灵与头脑的冲突。但我现在必须告诉诸位，在孔子生活的时代里，中国也同现在的欧洲一样，人们的心灵与头脑曾发生过可怕的冲突。生活在孔子时代的中国人拥有一套庞大的制度体系、确立的事物、公认的教义风俗和法律——事实上，拥有一套他们从祖先那里继承下来的社会制度和文明。然而，他们的生活却不得不发生变化。他们开始感到这种制度不是他们的创造，它与他们的实际生活绝不相应，只是惯例的沿袭而非理性的选择。中国人在两千五百年前的觉醒，探寻事件的因果，这无异于欧洲所谓的现代精神——自由主义精神，追寻事物因果的探索精神。有着这种现代精神的中国人，认识到传统的社会秩序和文明与现实生活已不甚相符，他们不仅要建立新的社会秩序和文明，而且还要为之寻找一个基础。但是在中国，为这个新秩序和文明寻找基础的尝试均告失败。有的满足了人的头脑——满足了中国人理性的需要，但未能使人的心灵得到抚慰。有的满足了心灵的渴望，却又忽略了头脑的需求。与今日的欧洲相同，在重建秩序和文明的过程中，两千五百年前的中国人也发生了心灵与头脑的冲突。这种冲突使中国人对一切文明感到了厌倦，在极度痛苦与绝望中产生了对文明的不满，他们试图灭绝一切文明。比如中国的老子就仿佛今天欧洲的托尔斯泰，他看到了心脑冲突给人类造成的不幸后果，认为所有的社会制度与文明均有根本性的错误。于是，老子和庄子（后者为老子的得意门生）就告诉中国人应该抛弃所有文明。老子对中国人说："放弃你所有的一切，跟随我到山中去当隐士，过一种真正的生活——一种心灵的生活，不朽的生活。"

然而，同样是看到了社会与文明造成的苦难和牺牲，孔子却认为错误不在于社会与文明本身，而在于这个社会与文明的发展方向上，在于人们为这个社会与文明打下了错误的基础。孔子告诉中国人不要抛弃他们的文明——在一个有着真实基础的社会与文明中，人们同样能够过上真正的生活，过着心灵的生活。实际上孔子毕生都致力于为社会和文明规定一个正确的发展方向，给它一个真实的基础，并阻止文明的毁灭。但在他的晚年，当他已经意识到无法阻止文明毁灭的时候——他还能够干些什么呢？作为一个建筑师，看到他的房子起火了，屋子在燃烧、坍塌，他已明白无法保住房子了。那么，他能够做的一件事就是抢救出房子的设计图。这样就有可能日后重建房屋。因此，当孔子看到中国文明这一建筑已不可避免地趋于毁灭时，他自认只能抢救出一些图纸。这些被抢救出来的东西现在被保存在中国古老的经书中，即著名的五经之中。因此，我认为孔子对中华民族的一大贡献，在于他抢救出了中国文明的蓝图。

孔了抢救出了中国文明的蓝图是对中华民族的一大贡献，但这还不是最大的贡献。孔子的最大贡献是按照文明的蓝图做了新的综合与阐发。经过他的阐发，中国人民拥有了一个真正的国家观念——为国家奠定了一个真实的、合理的、永久的、绝对的基础。

然而，古代的柏拉图、亚里士多德和近代的卢梭、斯宾塞同样对文明做过新的综合，并试图给予人们一个真正的国家观念。那么，这些欧洲大哲学家的理论体系与儒家的文化哲学、道德规范有何不同呢？我认为不同之处就在于，欧洲哲人们未能将其学说变为宗教或等同于宗教，其哲学并没有被普通民众所接受。相反，儒学在中国则为整个民族所接受，它成了宗教或准宗教。我这里是就广义而言，而非欧洲人所指的狭义宗教。歌德说过："Nur Saemtliche Menschen erkennen die Natur；nut saemtliche Menschen leben das Menschliche。"（唯有民众懂得什么是真正的生活时，唯有民众过着真正人的生活。）就广义而言，我们所说的宗教是指带有行为规范的教育系统，它是被许多人所接受并遵循的准则，或者说至少是为一个民族中的大多数人所接受并遵守的准则。就此而言，基督教、佛教是宗教，儒学也是宗教。因为正如你们所知，儒学在中国已得到了全民的信仰，它的规范为全民族所遵从。相反，哲学家柏拉图、亚里士多德、卢梭、斯宾塞的学说即使是在广义上说也未能成为宗教。这就是欧洲哲学与儒学最大的不同——一个是仅为学者所研究的哲学，另一个则不仅是学者所研究的哲学，而且得到中华民族的信仰，成为宗教或相当于宗教的东西。

就广义而言，我认为儒学、基督教、佛教同为宗教。但诸位也许还记得，我曾说儒学并非欧洲人所谓的宗教。那么，三者之间有何区别呢？显然，从起源上看，一个有超自然的因素，另一个则没有。但除此之外，儒学与欧洲人心目中的宗教如基督教、佛教仍有不同。这不同之处就在于，欧洲意义上的宗教是教导人们做一个善良的（个）人；儒教，则更进一步，教导人们去做一个善良的公民。基督教的教义这样发问：人的主要目的是什么？而儒教教义却是这般提醒：公民的主要目的是什么？儒教认为没有个人的生活，作为个人，他的生活与他人及国家密切相关。关于人生的目的，基督教的答案是“给上帝增光”。儒教则认为人生的主要目的，是做一个孝顺的儿子和善良的公民。在《论语》这样一部记述孔子言行的著作中，孔子的弟子有若曾引述孔子的论述，说道：“君子务本，本立而道生。孝弟也者，其为仁之本欤！”① 总之，欧洲人心目中的宗教，企图使每一个人都变成一个完人、一个圣者、一个佛陀和一个天使。相反，儒教却仅仅限于使人成为一个好的百姓、一个孝子良民而已。换言之，欧洲人的宗教会这么说——“如果你要信教，你就一定要成为一个圣徒、一个佛陀和天使。”而儒教则言道——“如果你能够像孝顺的儿子和善良的臣民那样生活，你就入了教。”

实际上，儒教与欧洲人心目中的宗教如基督教、佛教之间真正的不同在于：一个是个人的宗教或称教堂宗教，另一个则是社会的宗教或称国教。我说孔子对中华民族最大的贡献，是给予了人们真正的国家观念。孔子正是为了赋予人们真正的国家观念而创立了儒教。在欧洲，政治成了一门科学；而在中国，自孔子以来，政治则成为一种宗教。简言之，孔子对中华民族最大的贡献，即在于他给了人们一个社会宗教或称为国教。孔子的宗教思想反映在他晚年的一部著作中，书名为《春秋》。之所以如此取名，是因为该书揭示了国家治乱的根源——道德。国家的兴衰就仿佛季节中春与秋的变化。和卡莱尔所撰的小册子一样，《春秋》也可以被视为中国的编年史。在这部书中，孔子描述了腐败的国家、衰落的文明所带来的苦难与不幸，指出问题的根源在于人们没有一个正确的国家观念，对自己的责任没有正确的认识——他们不懂得个人应该服从国家、忠于君主。在某种意义上说，孔子在书中宣传的是君权神授的主张。我知道在座诸位绝大多数是相信君权神授的。我并不想就这个问题与诸位展开讨论。我只希望诸位等我把话讲完后再下结论不迟。同时请允许我在此引述一句卡莱尔的名言：“君权对于我们来说，若不是神圣的权利，就是魔鬼般的罪恶。”在我们讨论君权神授这个问题时，我请诸位牢记并深思这句名言。

---

① 辜鸿铭将“弟（悌）”译成“做一个良民”。

在《春秋》这部书里，孔子教导人们，人类社会的所有关系之中，除了利害这种基本动机外，还有一种更为高尚的动机影响着人们的行为，这就是责任。在人类社会所有关系中，最重要的就是责任。一个国家或民族的民与君之间也存在这种高尚的责任动机，并使他们的行为受到了影响和激励。然而，这种责任的合理的基础又是什么呢？在孔子以前的封建时代，是一种宗法的社会秩序和统治的形式，当时的国家就是或大或小的宗族。人民无须去弄清并确定他们国家的责任，因为他们的所有成员都属于一个氏族或宗族。血缘关系或天伦已足使他们服从国王，而国王也就是氏族或宗族中的长辈。但是到了孔子的时代，封建时代已经到了末期，国家已经超出了宗族的范围，臣民也不再仅仅限于氏族和宗族的成员。因此，民对君的责任关系就需要有一个新的、明确的、合理的、坚实的基础。那么，孔子又为这种责任找到了一个怎样的新基础？这个新基础便是名分。

去年我在日本时，日本前文部大臣菊池男爵从《春秋》一书中找出四个字让我翻译，这四个字就是“名分大义”。我将其译为有关名誉与责任的重大原则。儒教与其他宗教的本质区别也正在于此。在中文里，“教”也常用来指代别的宗教，如佛教、伊斯兰教和基督教。但是儒学则称为名教——名誉的宗教。孔子教诲中的另一个词是“君子之道”，理雅各①将其译为“上等人的行为方式”。它最接近于欧洲人语言中的道德法则——照字面直译为君子法。实际上，孔子全部的哲学体系和道德教诲可以归纳为一句，即“君子之道”。孔子将这一思想编纂成典并使之成为宗教——国教。国教中最重要的思想就是“名分大义”——关于名誉与责任的原则——或许可以称之为“名誉大法典”。

孔子在国教中教导人们，君子之道、人的廉耻感不仅是一个国家，而且是所有社会和文明的合理的、永久的、绝对的基础，除此之外，别无其他。我想诸位，甚至那些认为政治毫无道德可言的人

---

① 理雅各（James Legge，1814—1897）：19 世纪英国最伟大的汉学家，牛津大学首任汉学教授。

也会承认，廉耻感对于人类社会是多么的重要。但我不知诸位是否都知道，为了使社会的每一部分都得以运转，廉耻感不仅是重要的，而且是绝对必需的。正如谚语所说："窃贼亦有廉耻之心。"人丧失了廉耻，所有的社会与文明就会在顷刻间崩溃。诸位能否允许我对此加以说明？让我们来举个例子，就拿社会生活中一件微不足道的小事赌博来说吧。当大家在一起赌钱时，如果没有廉耻感的约束，使输者付钱的话，那么，赌博立刻就无法进行下去了。再以商人为例，如果没有廉耻感使他们去履行契约的话，那么，所有的贸易将立刻被迫停止。或许你会说，商人拒绝践约，可以诉之法院。此话极是。但如果当地没有法院又该如何？即使有法院，法院又当如何迫使商人践约？只有依靠暴力。实际上，人没有了廉耻感，社会就只能依靠暴力来维持一段短暂的时间。但我可以证明，暴力无法使一个社会长治久安。警察靠暴力迫使商人履行合同，但法官、政府官员或共和国总统又是如何使警察恪尽职守的呢？当然不再是暴力。那么又是什么呢？或是靠警察的廉耻感，或是利用欺骗。我很遗憾，在当今世界，甚至在当今的中国——律师、政客、政府和国家总统都是在使用欺骗手段使警察尽职。他们告诉警察：为了社会和国家的利益，他必须忠于职守；对警察而言，那种社会的利益仅意味着他可以按时领到薪水，使家属不致死于饥饿。共和国的律师、政客或总统如此告诫警察，我认为用的是诈术。我之所以认为它是一种欺诈，因为对警察而言，这种国家的利益只意味着每星期十五个先令的薪水，意味着他和他的亲属刚刚免于饿死。而对那些律师、政客、官员和总统来说则意味着每年两万英镑的高薪，意味着豪华住宅、电灯、汽车以及其他舒适、奢侈之物，意味着成千上万人的血汗供他们享用。我之所以认为它是一种欺诈，是因为全社会没有形成对廉耻感的公认——这种廉耻感能够使输牌的赌徒付出口袋里的最后一个便士。没有这种廉耻感，财富的转让和占有造成了社会的贫富不均，这就像赌桌上钱的转让一样，没有什么道理可言，也没有什么约束力量。然而，那些律师、政客、官员及总统，虽然侈谈着社会和国家的利益，但他们实际真正依靠的仍然是警察潜意识中的廉耻感。这种廉耻感不仅使警察忠于职守，而且使之尊重他人的财产权并安于每星期十五先令的现状。而与此同时，律师、政客、总统却坐享着每年两万英镑的收入。我说他们欺诈，是因为当他们要求警察应该有廉耻感的同时，自身却公开声称政治无道德可言，并充当了毫无廉耻感的榜样。

诸位一定还记得我曾引用过的卡莱尔的那句名言：“君权对于我们来说，若不是一种神圣的权利，就是一种魔鬼般的罪恶。”在现代社会中，律师、政客、官员和总统之欺诈，便是卡莱尔所说的魔鬼般的罪恶。现代社会公职人员的欺诈和伪善，使得他们一面声称政治无道德可言，一面又动听地大谈什么社会之安、国家之善。如同卡莱尔所言：“正是这些伪善的耶稣会主义导致了普遍的苦难、兵变、谵妄，无套裤汉暴动的狂热和复活暴政的冷酷。数以千万计人的畜生般的堕落，以及团体组织的轻薄。”这一切，乃是我们所见到的现代社会的真实写照。一言以蔽之，正是这种欺诈与暴力的结合——耶稣会主义与军国主义的携手，律师与警察的合作，造就了现代社会的无政府主义者与无政府主义。这种践踏道德的暴力和欺诈的结合，使人产生了疯狂。这种疯狂促使无政府主义者向共和国的律师、政客、官员和总统投掷炸弹。

事实上，如果一个社会、一个人丧失了廉耻，政治没有了道德，那么，我敢说这个社会最终是无法维持下去的。因为在那样一个社会里，律师、政客、官员、总统靠欺诈的手段指挥警察来维持社会，警察被告知必须为社会而忠于职守，但是警察终将扪心自问：他自己——这个可怜的警察也是社会的一部分——毕竟，他和他的家庭还是社会最重要的一部分，现在如果有什么别的工作比当警察好，或许充当反抗警察的人能够使他挣得更多的钞票，以改善自身和家庭的状况，那么，这同样也可以说是为了社会的利益。如此一来，警察早晚会得出这样一个结论：既然政治已全无廉耻与道德可言，既然社会之善就只意味着个人获取更高的薪水，那么，还有什么理由可以阻止他为了赚钱而放弃警察的身份，成为一个革命党徒或无政府主义者？一旦警察得出这样的结论——为了更多的收入而应该成为革命党徒或无政府主义者，那么，这个社会也就到了毁灭的时候了。孟子说：“孔子成《春秋》，而乱臣贼子惧。”——在书中，孔子宣传了他的国教思想，并描述了当时的社会景象——就仿佛今日世界一般，人们的廉耻丧尽，政治亦无道德可言。

我们现在还是言归正传。我认为如果一个社会没有廉耻感，那么，它最终是无法维持下去的。因为正如我们所看到的那样，在社会生活中，即使是赌博、经商这一类的小事，廉耻感都是如此重要和必不可少，那么，对于人类已经建立起来的两个最基本的制度——家庭与国家来说，廉耻感更是何等的重要和不可或缺。众所周知，所有民族的文明史总是始于婚姻制度的确立，在欧洲，教堂宗教使婚姻成了圣事，即成为宗教的、神圣的事物。对这种神圣婚姻的约束是来自教会、来自上帝的权威。但这只是一个表面现象，换句话说，这只是外在的法律约束。对这种神圣婚姻真正的、内在的约束——正如我们在那些没有教堂宗教的国家所见到的那样，是廉耻感和君子之道。孔子说过："君子之道，造端乎夫妇。"换言之，在所有的文明国度里，有了廉耻感和君子之道才有了婚姻，有了婚姻制度方才有了家庭。

我曾说孔子所传的国教是一部名誉法典，而且指出它来源于君子之道。但是现在我还必须告诉诸位，在距孔子很遥远的时代里，就已经有了尚不十分明确、未诉诸文字的君子法，也就是大家所知道的有关礼节、礼貌得体的行为方式的礼教。后来，中国出现了一个伟大的政治家，中国法律的缔造者，即人们通常所说的周公。他制定并确立了形成文字的君子法，即关于得体的行为方式的法律。这部由周公制定的第一部形成文字的君子法为著名的周礼——周公之礼。它或许可以被视为中国的前儒教（Preconfucian religion），或者，像前基督教被称之为犹太民族的摩西法律一样，可以将这种前儒教称之为中华民族的旧制宗教（Religion of the old Dispensation）。正是周礼这中国人的旧制宗教——这一部首次形成文字的君子法，第一次给予了中国人的婚姻以神圣的、不可动摇的约束。中国人从此将神圣的婚姻称之为周公之礼——周公制定的关于良好的行为方式的法律。这种神圣的婚姻制度，这个前儒教，使中国人建立了家庭制度，并令中国人的家庭得到了巩固和持久的维系。或许可以将这个前儒教、周公的君子法称为家庭宗教，以区别于孔子后来所传的国教。

相对于家庭宗教而言，孔子在其所传的国教中创立了一个新的制度。换言之，孔子在其国教中，对君子之道的内容有了更广泛、更丰富的阐发。他创立的新的神圣制度不再被称之为礼——关于良好行为方式的法律，而是称之为名分大义。我将其翻译为有关名誉与责任的重要法则和名誉法。孔子所创的以名分大义为主旨的国教，取代了从前的家庭宗教，成为了中国人的信仰。

在旧的制度下，家庭宗教使妻子和丈夫受到神圣婚誓的约束——遵守他们神圣的婚约。同样，在孔子所创的新的国教制度下，中国人民和他们的帝王都要受到新的圣物即名分大义的约束——这部有关名誉和责任的重大法则或称为名誉法典，是由君臣共同遵守、神圣而不可侵犯的契约。简言之，昔日周公是严婚姻之礼，孔子的名分或名誉法典所确立的则是忠诚之道。因此，我认为孔子给予人们一个新的、内容更广泛、更丰富的君子法。相对于我说过的家庭宗教而言，孔子在中国建立了一个新的制度，并使之成为国家宗教。

换句话说，正像在从前的家庭宗教里订下了对婚姻的誓约一样，在孔子的国教中则订下了关于忠诚的神圣誓约。家庭宗教中婚姻誓约的确立，使得妻子绝对地忠诚于丈夫。同样，孔子传授的国教对忠诚的誓约即名分大义的确立，使得中国人民绝对地效忠于皇帝。国教的这种关于忠诚的誓约，或许可以称之为忠诚之道。你们也许还记得，我曾说过孔子在某种程度上是主张君权神授的。其实，与其说孔子主张君权神授，不如更确切地说孔子强调的是忠诚的神圣性。欧洲的君权神授理论，以超自然的上帝或深奥的哲学来解释君权的神圣。然而在中国，孔子教育人民绝对地效忠于皇帝，其约束力却是来源于君子之道——来源于人的廉耻感。在所有的国家里，正是这种廉耻感使得妻子忠实于自己的丈夫。事实上，孔子关于对君王绝对忠诚的理论，仅来源于简单的廉耻感，这种廉耻感使商人信守诺言、履行合同，使赌徒按规则行赌并偿还他的债务。

我在谈到家庭宗教时曾经指出：中国这种旧的宗教制度和所有国家中的教堂宗教，规定了婚约的神圣和不可侵犯，从而使家庭制度得以确立。同样，我所说的孔子所传授的国教，则规定了忠诚的神圣性，进而确立了国家制度。在这个世界上，如果说首创家庭宗教、确立神圣的婚姻制度，可以被认为是对人类和文明事业的伟大贡献，那么，我认为你就会理解，孔子创立国家宗教、确立忠诚之道是一项多么伟大的工作。神圣的婚姻巩固了家庭，使之得到长久的维系，没有了它，人类便将会灭绝。忠诚之道则巩固了国家，使之长存不朽，没有了它，人类社会和文明都将遭到毁灭，人类自身也将退化成野蛮人或是动物。因此，我说孔子对中国人民最伟大的贡献是给予中国人一个真正的国家观念——一个有着真实的、合理的、不朽的、完善基础的国家观念，并且给中国人创立了一个宗教——国家宗教。

正如我曾经说过的那样，孔子是在他晚年所著的一部书中传授了这一宗教。他将这部书取名为《春秋》。在这部书中，孔子首次确立了忠诚之道，称之为春秋名分大义，或简称为春秋大义。孔子的这部传授忠诚之道的著作，就是中华民族的大宪章。它使全中国人民和整个国家绝对地效忠于皇帝。这种神圣的契约，这部名誉法典，不仅是中国和政府，而且是中国文明的唯一一部真实的宪法。孔子说过，后人将通过这部书来了解他——了解他曾为这个世界做过些什么。“知我者其为《春秋》乎?”

我恐怕谈得太多，已经有些离题了。现在让我们言归正传。记得我曾说过，芸芸众生之所以总是感到需要宗教——我指的是欧洲意义上的宗教——是因为宗教可以为他们提供一个避难所。通过对一个全能之物即上帝的信仰，他们可以为自己找到一种安全感和永恒感。但是我也曾说过，孔子的哲学体系和道德学说，即著名的儒教，能够取代宗教，能够使人们甚至使大众不再需要宗教。那么，在儒教之中，必定有一种东西同宗教一样，能够给人们以安全感和永恒感。这就是孔子在其国教中给予中华民族的忠诚之道——对于皇帝的绝对忠诚。

由于这种忠诚之道的影响，在中华帝国的每个男人、妇女和儿童的心目中，皇帝被赋予了绝对的、超自然和全能的力量。而正是这种对绝对的、超自然的、全能的皇权信仰，给予了中国人民一种安全感，就像其他国家的大众从信奉上帝而得到的安全感一样。对绝对的、超自然的、全能的皇权的信仰，也使得中国人民形成了国家是绝对牢固和永恒的思想。这种国家是绝对牢固和永恒的认识，又使人们体会到社会发展无限的连续性和持久性，并由此最终使中国人民感受到了族类的不朽。族类不朽的意识起源于对全能皇权的信仰，对全能皇权的信仰产生了忠诚之道。因此，在其他国家中，是信仰来世的宗教给予了大众以永恒感，而在中国，这种永恒感则来自忠诚之道。

进一步说，正如孔子所传授的忠诚之道，使人们在国家方面感受到民族的永生。同样，儒教所宣传的祖先崇拜，又使人们在家庭中体认到族类的不朽。事实上，中国的祖先崇拜与其说是建立在对来世的信仰之上，不如说是建立在对族类不朽的信仰之上。当一个中国人临死的时候，他并不是靠相信还有来生而得到安慰，而是相信他的子子孙孙都将记住他、思念他、热爱他，直到永远。在中国人的想象中，死亡就仿佛是将要开始的一次极漫长的旅行，在幽冥之中或许还有与亲人重逢的可能。因此，儒教中的祖先崇拜和忠诚之道，使中国人民在活着的时候得到了生存的永恒感，而当他们面临死亡时，又由此得到了慰藉。在其他国家中，这种对大众的慰藉则是来自信仰来世的宗教。中国人民对祖先的崇拜与对皇帝的效忠具有同等重要的意义，原因正在于此。孟子说："不孝有三，无后为大。"因此，反映在国教之中的孔子的教育体系，其实只包含了两项内容：对皇帝尽忠、对父母尽孝，即中国人的忠孝。事实上，在中国的儒教或国教之中，有三项最基本的信仰，在中国被称之为三纲。按照重要性其排列的顺序是：首先，绝对效忠于皇帝；其次，孝顺父母，崇拜祖先；第三，婚姻神圣，妻子绝对服从丈夫。三纲中的后两项，在我说过的家庭宗教——或称之为孔子之前的旧的宗教制度中，就已经具有相同的内容。但是三纲之首——绝对效忠于皇帝，则是由孔子首次阐发，并规定于他创立的国教即新的宗教制度之中的。这儒教中的第一信条——绝对效忠于皇帝——取代了并且等同于其他任何宗教中的第一信条——对上帝的信仰。正因为儒教之中有了这种相当于信仰上帝的内容，所以，它能够取代宗教，使中国人民甚至是普通群众也没有感到有宗教的需要。

但是现在你或许会问：通过对上帝的信仰，利用上帝的权威，可以使人们服从并遵守宗教的道德规范，而没有了对上帝的信仰，只是绝对效忠皇帝，又怎么能够使人们、使普通群众服从并遵守孔子所传授的道德规范？在回答这个问题之前，请允许我首先指出你们有一个极大的误解，即认为使人们遵从道德规范的约束力是来自于上帝的权威。我告诉你们，在欧洲，神圣不可侵犯的婚姻要由教堂来认可，教堂声称，对婚姻的约束力来自于上帝。但我说这只是一个表面现象。正如我们在所有没有教堂宗教的国家所看到的那样，神圣婚姻的内在约束力是男人和女人自身的廉耻感和君子之道。因此，使人们遵从道德规范的真正权威，是人们的道德感，是君子之道。所以，信仰上帝并非人们遵守道德规范的必要条件。

正是基于这样一个事实，使得上个世纪的怀疑论者伏尔泰和汤姆·潘恩，以及当代的理性主义者海勒姆·马克希姆（Hiram Maxim）先生指责道:上帝的信仰，是始于宗教创始人并由神父们继续下去的一种欺诈行为。然而，这是一种下流的、荒谬的诽谤。所有伟人，所有富有智慧的人，通常都信仰上帝。孔子也信奉上帝，虽然他很少提及它。甚至像拿破仑这样富于智慧的豪杰，也同样信奉上帝。正如赞美诗的作者所言："只有傻瓜——思想卑劣、肤浅的人才会在心中说'根本没有上帝'。"然而，富于智慧的人们，其心中的上帝有别于常人。他们对上帝的信仰，就是斯宾诺莎所说的对神圣的宇宙秩序的信仰。孔子曾说过"五十而知天命"——懂得神圣的宇宙秩序。富于智慧的人们为这种宇宙秩序起了不同的名称。德国哲学家费希特称之为神圣的宇宙观。在中国的哲学语言中，它被称之为"道"。但是无论被赋予了什么名字，它只是一种关于神圣的宇宙秩序的知识。这种知识使富于智慧的人们认识到，道德规范或"道"属于宇宙秩序的一部分，所以必须遵守。

因此，虽然信奉上帝不是人们服从道德规范的必要条件，但是信奉上帝对于使人们认识到服从道德规范的绝对必要性，却是必不可少的。正是这种对宇宙秩序的认识，使得那些富于智慧的人服从并遵守了道德规范。孔子说：一个没有天命知识的人，即不懂得神圣的宇宙秩序的人，是无法成为君子的。（"不知命无以为君子也。”）然而，那些不具备如此智慧的大众无法领会神圣的宇宙秩序，因此也就不懂得必须遵守道德规范。正如马修·阿诺德所言：“只有在领会了道德规范之后，才能够严格地遵守它。而大众既无理解道德规范的智力，亦无遵守道德规范的能力。”正是由于这个原因，柏拉图、亚里士多德以及赫伯特·斯宾塞所宣传的哲学和道德学说，只对学者具有价值和意义。

但是，宗教的价值和意义则在于，它能够使普遍大众服从并严格地遵守道德规范。然而宗教又是如何做到这一点的呢？人们猜想是由于宗教教人信奉上帝使然。但是，正如我已经证明的那样，这是一个极大的误解。使人们从道或服从道德的权威只有一个，那就是人们自身的道德感，即君子之道。孔子曾说过：“道也者，不可须臾离也，可离非道也。”基督也说：“上帝就在你的心中。”因此，以为使人服从道德规范的力量来自信仰上帝，这是错误的。马丁·路德在评述一部希伯来预言著作时说过：“上帝不过是人们心中忠诚、信义、希望和慈爱之所在，心中有了忠诚、信义、希望和慈爱，上帝就是真实的，相反，上帝则成为虚幻。”因此，宗教所宣传的上帝，不过是人们心灵的一种依靠和慰藉。人们信奉上帝，信仰神圣的宇宙秩序，便拥有了一份忠诚和信义。这份忠诚和信义促使人们遵从规范。就像我曾说过的那样，对上帝的信仰，使大众获得了一种安全感和永恒感。

但是，如果说对上帝的信仰只是促使人们服从道德规范，那么，它主要依据的又是什么？是神的启示。马修·阿诺德曾说过：“无论何种宗教，无论是使徒保罗还是异教徒，都主张必须靠神的启示，靠激发人们生命的感情来完善道德。”那么，这种神的启示或人们生命的感情又是什么呢？

我曾告诉过诸位，孔子整个的教育思想体系或许可以被归纳为一句话：君子之道。孔子称君子之道是个秘密。孔子说：君子之道无处不在，但它仍然是一个秘密。（“君子之道费而隐。”）然而，孔子还说过：甚至愚夫愚妇亦能够对这个秘密有所了解，他们也能够奉行君子之道。（“愚夫愚妇可以与知焉。”）同样知道这一秘密的歌德，就把它——君子之道，称为“公开的秘密”。那么，人类是在何处、又是怎样发现了这一秘密的呢？诸位想必还记得，我曾说过，对君子之道的认识始于对夫妻关系的认识。歌德所谓的“公开的秘密”，孔子所说的君子之道，首先是被夫妇们所发现的。但是，他们又是如何发现了这一秘密——发现孔子的君子之道的呢？

我曾经告诉过你们，在欧洲语言中，与孔子的君子之道意义最相近的是道德法。但是孔子的君子之道与道德法还是有区别的——我指的是哲学家、伦理学家们的道德法与宗教家的道德法之间的差别。为了弄懂孔子的君子之道与哲学家、伦理学家的道德法有何不同，让我们首先找出后者与宗教家道德法之间的差异。

哲学家的道德法告诉我们，我们必须服从称之为“理性”的人之性。但是，理性通常被理解为一种思维推理的力量，它是人头脑中的一个缓慢的思维过程，可以使我们区分和认知事物外形可定义的特征。因此，在道德关系方面，理性即我们的思维能力，只能帮助我们认识是非或公正的那可以名状的特征，诸如习俗惯例、德行，它们被正确地称之为外在的方式和僵死的形式，即躯壳；至于是非或公正的那些无法名状的、活生生的绝对的本质，或者说公正的生命与灵魂，但是理性，我们的思维能力是无能为力的。因此，老子说：“道可道，非常道；名可名，非常名。”伦理学家告诉我们：我们必须服从人之性，即服从我们的良心。然而正如希伯来圣经中的圣人所言：“人心充满着各种欲念。”因此，我们把良心视作人之性而加以服从时，我们易于服从的往往并非我称之为“公正”的灵魂、公正那无法名状的绝对本质，而恰恰是充满欲念的人心。

换言之，宗教教我们服从的人之性，是我们必须服从的人之真性，这种本性既不是圣·保罗所说的世俗或肉体之性，亦非奥古斯特·孔德的著名弟子利特（Littre）先生所说的人类自我保护和繁衍的本性。这种人之真性是圣·保罗所说的灵魂之性，也就是孔子所言的君子之道。简言之，宗教告诉我们必须服从自己的真正本性，这个本性就是基督所说的我们心中的上帝。于是我们就可以理解，正如孔子所言的，宗教是一种精神化的东西，是比哲学家和伦理家的道德法则远为深刻的法则。基督也曾说过：“除非你比法律学家和法利赛人（即哲学家和伦理学家）更为正直（或道德），否则你根本进不了天堂。”①

同宗教一样，孔子的君子之道也是一种比哲学家和伦理家的道德法则远为深刻的法则。哲学家和伦理学家的道德法则要求我们必须服从自己的理性和良心。然而，孔子的君子之道则同宗教一样，要求我们服从自己真正的本性。这种本性绝非庸众身上的粗俗、卑劣之性。它是爱默生所说的一种至诚之性。事实上，要懂得何为君子之道，我们就必须首先成为一个君子，具备爱默生所说的至诚之性，并且进一步发挥自身这一天性。因此，孔子曰：“人能弘道，非道弘人。”

然而孔子还说过：如果我们学习并试图拥有君子之道的优美情趣和得体的举止，那么，我们就可以理解何为君子之道。中国人的“礼”在孔子的学说中有着各式各样的含义。它可以是礼仪、礼节和礼貌等，但这个字最好的译法还是“good taste”（文雅、得体、有礼）。当它被运用于道德行为的时候，礼指的就是欧洲语言里的廉耻感。事实上，孔子的君子之道不是别的，正是一种廉耻感。它不像哲学家和伦理学家的道德律令，是关于正确与谬误的形式或程式之枯燥的、没有生命力的死知识，而是像基督教圣经中的正直一样，是对是非或公正，对称作廉耻的公正之生命与灵魂，对那种无法名状的绝对本质之一种本能的、活生生的洞察与把握。

下面，我们能回答这样一个问题了，即人们是如何从夫妻关系中率先发现歌德所谓的秘密，及孔子的君子之道的。人们之所以能够发现君子之道，是因为他们具备了君子美好的情趣和得体的举止，即所谓的廉耻感。这使得他们能够明辨是非，能够把握公正的生命与灵魂那无法名状的绝对本质。但是，他们又是何以拥有了这份美好的情趣、得体的举止或廉耻感的呢？茹伯特的一句话可以对此做出解释。他说：“一个人除非懂得自爱，否则不能公正地对待他的邻居。”因此，是爱使人们明白孔子的君子之道——可以这么说，是男女之爱产生了君子之道，由此，人类不仅建立了社会和文明，而且创建了宗教——确立了对上帝的信仰。你现在可以理解歌德借浮士

---

① 法利赛人是古犹太教的一个派别，教条式地强调摩西律法，基督教《圣经》称其为表里不一的伪善者。

德之口所表达的忏悔了。它是以这样两句开头的：

> 我们的头顶之上难道不是茫茫的苍天？
> 我们的脚下岂非是坚实的大地？

我曾经告诉过诸位，并不是对上帝的信仰促使人去遵守道德规范。真正使人服从道德规范的是君子之道——从宗教的角度说，人们服从的是心中的上帝。因此，宗教真正的生命所在是君子之道。反之，对上帝的信仰，以及宗教所规定的各种道德法则都只是宗教的外在形式。宗教的生命与灵魂是君子之道，君子之道由爱而生。人类首先自男女之间学到了爱，但人类之爱并不仅限于男女之爱，它包括了人类所有纯真的感情，这里既有父母与孩子之间的那种亲情，也含有人类对于万事万物所抱有的慈爱、怜悯、同情和仁义之心。事实上，人类所有纯真的情感均可以容纳在一个中国字中，这就是“仁”。在欧洲语言中，古老的基督教术语中的神性（godliness）一词与“仁”的意义最接近，因为“仁”是人所具有的一种神圣的、超凡的品质。在现代术语中，“仁”相当于仁慈、人类之爱，或简称爱。简言之，宗教的灵魂、宗教的感化力的源泉便来自于这个中国字。“仁”，来自爱——不管你如何称呼它，在这个世界上，这种爱最初是起自夫妇。宗教的感化力就在于此，这也是宗教中的至上之德。正如我曾说过的那样，宗教正是据此使人服从道德规范或者说是服从“道”（它构成神圣的宇宙秩序的一部分）。孔子说：君子之道始于夫妻关系，将其推到极致，君子之道就支配了天地万物，即整个宇宙。（“君子之道，造端夫妇，及其至也，察乎天地。”）

现在我们已经知道，宗教之中存在着一种激情和感染力。但是，这种激情和感染力并非仅存于宗教之中——我指的是教堂宗教。这种激情和感染力能够使人，甚至是下愚之人，也服从道德规范而不为名利所动。事实上，每一位稍知廉耻的、自爱的、不为名利所动之人，都可以在其行为中发现这种激情和感染力。我认为这种激情和感染力并非仅存在于宗教之中，但宗教的可贵之处又正在于它具有这种激情和感染力。世界上所有伟大宗教的创始者之所以能够使教义留传后世，原因就在于此。而这一点也正是哲学家和伦理学家的道德说教所无法企及的。正如马修·阿诺德所说：宗教使人领会了道德规范，从而使之易于为善。但是，这种感染力和激情并不是只存在于宗教之中，所有的文学巨匠，特别是诗人的作品，也都有着同样的激情或感染力。例如，在我曾引述过的歌德的作品中，也同样富于激情和感染力。然而，不幸的是，这些伟大的作品却无法对大众产生影响，因为这些文学巨匠所使用的文雅的语言，是大众所无法理解的。世界上所有伟大宗教的创始人，大多数没有受过教育，他们讲着平民百姓所喜闻乐见的、朴素明了的语言，从而赢得了大众的爱戴。因此，所有伟大的宗教，其真正价值在于能够把感染力或激情传达给大众。为了弄懂宗教是如何具有了这种感染力或激情的，我们首先要考察一下宗教是怎样产生的。

正如我们所知，世界上所有伟大宗教的创始者，都是性格特殊、感情强烈的人。这使得他们感受到一种强烈的爱，或称之为人类之爱，我曾说过，这种爱使宗教具有了感染力，它是宗教的灵魂。这种强烈的爱或人类之爱，使宗教的创始人得以把握是非的本质，并将正义的法则与道德的规范相统一。因为他们是一些有着强烈情感的特殊人物，所以，他们有着丰富的想象力。这使得他们在不知不觉中把道德规范塑造成了一个人格化的、全能的、超自然之物。这个存在于想象之中的人格化的、全能的、超自然的道德法则，被称之为上帝。他们还坚信，他们所感受到的那种强烈的爱或人类之爱，也是来自于上帝。宗教中的感染力和激情就是这样产生了。这种感染力打动了大众，唤醒了他们的宗教情感，使之对简明扼要的教义奉若神明。然而，宗教的价值不仅仅在于它具有能使大众理解、服从规范的感染力和激情，宗教的价值还在于，它拥有一种能够唤醒、激发、鼓舞这种激情的机构，从而使人们感到有必要服从道德规范。在世界所有伟大的宗教中，这个机构被称为教堂。

许多人都以为教堂是用来教人信上帝的。这是一个极大的误解。在现代，这种误解已使得像弗劳德①这样诚实的先生对现代基督教的教堂感到了厌恶。他说：“我曾在英国的教堂听过上百次布道，但所

---

① 弗劳德（James Anthony Froude，1818—1894）：英国历史学家、小说家、传记作家。

听到的要么是教中的圣迹，要么是教士们的传教和使徒的传承等，但是，我从没听过对基督教最古老的戒律的宣讲，即教人做一个诚实的人，如‘不要说谎’‘不要偷窃’。”在他看来，基督教的教堂应该是劝善讲道的场所。但是，我认为他的看法也是错误的。毫无疑问，建立教堂的目的是为了使人为善，使人遵从道德规范，如“不要说谎”“不要偷窃”。但是，在世界上所有的伟大的宗教之中，教堂真正的功能是传教而非传道。正如我曾说过的那样，“不要说谎”“不要偷窃”之类的戒律只是一些僵死的、古板的教条，教堂则要以一种感染力和激情打动人们，使之遵从这些教条。因此，教堂真正的功能不在于劝善，而在于激发人们的为善之念。事实上，教堂是用一种激情来感动人们，使之为善。换句话说，在世界上所有伟大的宗教中，教堂只是一种机构，以它的感染力和激情来唤醒人们，使之服从道德规范。但是，教堂又是如何唤醒并打动人的呢？

众所周知，世界上所有伟大的宗教不仅赋予道德规范以激情和感染力，而且还鼓励人们对教主及使徒进行狂热的个人崇拜。当教主死后，他的门徒为了将这种对教主狂热的、无限的个人崇拜保持下去，于是就建立了教堂。在世界上所有伟大的宗教中，其教堂的起源正在于此。教徒们对教主有一种狂热的、无限的个人崇拜，教堂则不断地激发人们的这种感情，并将其世代保持下去，从而使人们受到感动而服从道德行为规范。准确地说，人们不仅信仰上帝，而且信仰宗教本身，即献出一份忠诚。那么，他们忠诚的对象是谁呢？这就是他们所信仰的宗教的创始者，在伊斯兰教中，他被称为先知；在基督教中，他名为耶稣。如果你问一个虔诚的伊斯兰教徒：为什么要相信上帝并服从道德规范？那么，他一定会问答：“因为我相信教中的先知。”如果你问一个虔诚的基督徒：为什么要相信上帝并服从道德规范？他必定会答以因为爱戴耶稣。这样你就可以懂得，所谓信仰先知、爱戴耶稣，事实上都只是一种感情，是一种像我曾说过的教徒对教主无限的、狂热的个人崇拜。教堂则不断地激发这种感情，并将其世代保持下来。世界上所有伟大的宗教所以能够使大众服从道德行为规范，其真正的力量、其感染力的源泉正是这种狂热的感情。

讲完这一段长篇大论之后，现在我可以回答你们刚才的问题了。你们问我，如果没有了对上帝的信仰，那么，又如何让人服从孔子国教中的道德规范——绝对效忠于皇帝呢？我已经向诸位阐明，使人服从道德规范的力量，并非来自宗教所宣传的对上帝的信仰。宗教能够使人服从道德规范，依靠的是一种名为教堂的组织，通过教堂激发人们的感情，使之感到应该遵守道德规范。在回答了诸位的问题之后，接下来我将向你们介绍一下被称为儒教的孔子的教育思想体系。儒教是中国的国教，相当于其他国家的教堂宗教。儒教也利用一种相当于教堂的组织来使人服从道德规范。在中国的儒教里，这个组织就是学校。在中国，学校就是孔子国家宗教里的教堂。正如你们所知，在中文里，宗教与教育所用的是同一个“教”字。事实上，正如教堂在中国就是学校一样，中国的宗教也就意味着教育。与现代欧美的学校不同，中国学校的教育目的和目标不是教人如何谋生、赚钱，而是像教堂宗教那样，传授一些诸如弗劳德先生所说的古老的戒律，如“不要说谎”“不要偷窃”。事实上，中国的学校是以教人明辨是非为目标的。约翰逊博士说：“我们为人处世最重要的是要有道、明是非，其次才是知识的学习和运用。”

然而，我们已经知道，教堂宗教能够使人们服从道德行为规范，靠的是激发人们的热情，即教徒对教主狂热的、无限的个人崇拜。这里，中国的学校——孔子国家宗教里的教堂，与其他国家宗教中的教堂相比，是有所不同的。学校——中国国教里的教堂，同其他宗教里的教堂一样，也是通过唤醒、激发人们的热情，使之服从道德行为规范。但是，中国学校所唤醒的那份感情，与宗教的教堂所激发出的那种激情相比，是有所不同的。在中国，学校——孔子国教的教堂，它不是靠鼓励、煽动对孔子狂热的、无限的个人崇拜来激发人们的热情。事实上，孔子在世之时，并没有鼓励弟子对他进行狂热的、无限的个人崇拜。直到他死后，才被人们尊奉为至圣先师，并为世人所熟知。然而，无论是生前还是死后，孔子都没有像教主那样，受到过狂热的、无限的个人崇拜。中国大众对孔子的尊奉，不同于伊斯兰国家的百姓对穆罕默德的崇拜，不同于欧洲的群众对耶稣的崇拜。就此而言，孔子不属于宗教创始者那一类人。要成为欧洲意义上的宗教创始者，一个人就必须有着强烈的、变态的个性特征。孔子的确是中国商王朝贵族的后裔。商族人有着富于激情的特性，就像希伯来民族一样。但是，孔子又生活在周王朝时期，周人如同古希腊人，富于完美的智力。这样孔子，如果可以打个比方，他是生在希伯来，具有希伯来民族激情充沛的特性，又在最完美的古希腊智识文化中受到训育，拥有了这一完美文化所能给予的东西。事实上，正如现代欧洲伟大的歌德终将被欧洲人民视为完美的人格楷模，视为欧洲文明所孕育出的“真正的欧洲人”一样，中国人已经公认孔子为一个有着最完美人格的典型，一个诞生于中国文明的“真正的中国人”。因为孔子具有太高的文化素养，所以，他不属于宗教创始者那一类人。实际上，孔子生前除了最亲密的弟子之外，他是鲜为人知的。

我认为，学校——中国国教中的教堂，它并不是通过激发人们对孔子的崇拜，来使人服从道德行为规范。那么，中国的学校又是如何激发人们的热情、使之服从道德规范的呢？孔子说：在教育过程中，是以《诗》进行情感教育，以《礼》进行是非教育，以《乐》完善人的品性。（“兴于诗，立于礼，成于乐。”）学校——中国国教中的教堂，教人以诗义，培养人美好的感情，使之服从道德行为规范。事实上，正如我曾说过的那样，所有伟大的文学作品都能像宗教一样使人受到感动。马修·阿诺德在谈及荷马及其《史诗》时说：“《史诗》那高尚的思想内容，可以令读者变换气质、受到陶冶。”实质上，在学校——中国国教的教堂里，一切文雅、有价值的美好东西都得到了传授。学校让学生不断想着这些美好的事物，自然激发出人之向善的情感，从而自觉地遵守道德规范。

然而，我曾告诉过诸位，像《荷马史诗》这样伟大的文学作品，其影响力并不能达及普通民众。因为这些文学作品所用的文雅的语言，是大众无法理解的。既然如此，儒教——中国的国教，又是如何激发起大众善良的情感而使之服从道德的呢？我曾说过，在中国国教中，学校相当于其他国家宗教里的教堂。但是更准确地说，在中国的国教里，相当于其他国家宗教的教堂是家庭。在中国，孔子国家宗教的真正教堂是家庭，学校只是它的附属之物。有着祖先牌位的家庭，在每个村庄或城镇散布着的有祖先祠堂或庙宇的家庭，才是国教的真正教堂。我曾经指出：世界上所有伟大的宗教之所以能够使人服从道德规范，是因为它能够煽动起人们对教主狂热、无限的爱戴和崇拜。而教堂则又不断激发着这种崇拜，使之世代延续下来。然而在中国则有所不同。孔子的国家宗教能够使人服从道德规范，但这一宗教的真正力量，其感染力的源泉，则是来自于人们对父母的爱。基督教的教堂教导人们："要热爱上帝。"中国国教的教堂——供着祖先牌位的家庭则教导人们："要热爱你们的父母。"圣·保罗说："让每个人以基督的名义起誓：永离罪恶。"而写成于汉代、几乎成为中国的《圣经》即《孝经》的作者却说："让每一位热爱自己父母的人远离罪恶。"一言以蔽之，基督教，教堂宗教真正的力量，其感染力的源泉，实质是对上帝的爱。然而儒教，中国的国家宗教，它的感染力来自对父母的爱——来自孝顺，来自对祖先的崇拜。

孔子说："践其位，行其礼，奏其乐，敬其所尊，爱其所亲，事死如事生，事亡如事存，孝之至也。"又说："慎终追远，民德归厚矣。"儒教——中国的国教，之所以能够打动人心，使人服从它的规范，原因就在于此。在儒教的各种规范之中，最重要的、最高的规范，就是对君王的绝对的效忠，就像世界上所有宗教均以敬畏上帝为最重要、最高的规范一样。换言之，教堂宗教基督教说："敬畏上帝并服从他。"孔子的国教儒教却说："尊崇君王并效忠他。"基督教说："如果你想要敬畏上帝并服从他，你就必须先爱基督。"儒教则说："如果你想要尊敬君王并忠于他，你就必须先爱父母。"

现在我已经说明了为什么自孔子以来的两千五百年的时间里，中国人没有发生心灵与头脑的冲突，这原因就在于中国的普通百姓感到不需要宗教——我指的是欧洲意义上的宗教。中国人不需要宗教，是因为儒教之中的某些内容可以取代宗教。这就是孔子在其国教中所传授的绝对的忠君的原则，即名誉法典，又称之为名分大义。所以，我曾这样说过：孔子对中国人民最伟大的贡献，就是在国教中宣传并给予了中国人这个绝对的忠君原则。

我认为有必要就孔子及其对中华民族的贡献再谈一些看法，因为这与我们现在讨论的问题——中国人的精神，是密切相关的。我希望通过这次演说能够使诸位懂得，一个中国人，特别是一个受过教育的中国人，如果背叛了名誉法典，抛弃了忠君之道，即孔子国教中的名分大义，那么，这样一个丧失了民族精神、种族精神的中国人，就不再是一个真正的中国人了。

最后，让我再简要地概括一下我们所讨论的主题——中国人的精神或什么是真正的中国人。我已经向诸位阐明，真正的中国人有着成年人的智能和纯真的赤子之心；中国人的精神是心灵与理智完美结合的产物。如果你研究一下中国的文学艺术作品，那么，你就会发现，心灵与理智的和谐，使中国人感到多么的愉悦和满足。马修·阿诺德对《荷马史诗》的一番评价，也极适合于中国文学。他说：“它不仅具有一种能够深深打动人类自然心灵的力量——这正是伏尔泰的作品所难以企及的东西，而且还能用一切伏尔泰所具有的令人钦佩的质朴和理性来表述思想。”

马修·阿诺德把古希腊最优秀诗人的诗歌称为富于想象理性的女祭司。而中国人民的精神，正如在最优秀的中国文艺作品中所见到的那样，正体现了马修·阿诺德所说的富于想象的理性。马修·阿诺德说：“后期异教徒的诗歌来自于知觉和理性，中世纪基督徒的诗歌出自心灵与想象。而现代欧洲精神生活的主要成分、现代的欧洲精神，则既不是知觉和理性，也不是心灵与想象，它是一种富于想象的理性（imagination reason）。”

今日欧洲人民现代精神的核心是一种富于想象的理性，如果马修·阿诺德的这种说法属实的话，那么你就可以懂得，中国人的精神，即马修·阿诺德所说的富于想象的理性，对于欧洲人民来说是何等的可贵！它是何等的可贵，何等的重要，你们应该研究它，并试着去理解它、热爱它，而不应该忽视它、蔑视它，并试图毁灭它。

在我结束讲演之前，我想给诸位一个忠告。我要告诫诸位，当你们思考我所试图解释的中国人的精神这一问题时，你们应该记住，它不是科学、哲学、神学或任何一种“主义”，诸如勃拉瓦茨基夫人[①]或贝赞特夫人[②]的理论或“主义”。中国人的精神甚至也不是你们所说的大脑活动的产物。我要告诉你们，中国人的精神是一种心灵状态、一种灵魂趋向，你无法像学习速记或世界语那样去把握它——简而言之，它是一种心境，或用诗的语句来说，一种恬静、如沐天恩的心境。

最后，请允许我在这里引用几句最具中国味道的英国诗人华兹华斯（Wordsworth）的诗句，它在描述中国人精神中恬静、如沐天恩的心境方面，比我已经说过的或所能说的都要贴切。这几行诗句所展示给你们的是中国式人之类型那心灵与理性的绝妙结合，是那种恬静、如沐天恩的心境赋予真正的中国人的难以言状的温良。华兹华斯在他关于廷滕（Tintern）修道院的那首诗中写道：

我同样深信，是这些自然景物
给了我一份更其崇高的厚礼——
一种欣幸的、如沐天恩的心境；
在此心境里，人生之谜的重负，
幽晦难明的世界的如磐重压，
都趋于轻缓；在此安恬心境里，
慈爱与温情为我们循循引路——
直到这皮囊仿佛中止了呼吸，
周身的血液仿佛不再流转，
躯壳已昏昏入睡，我们成了

① 勃拉瓦茨基夫人（E. P. Blavatsky，1831—1891）：俄国人。1875 年在纽约创立了通神学会。1879 年抵印度，三年后建立通神学总部。1891 年，她在世界各地已拥有近十万信徒。

② 贝赞特夫人（Annie Besant，1847—1933）：英国通神学者。早年宣扬无神论，1889 年突然加入了通神学会，变成勃拉瓦茨基夫人的忠诚信徒，充分地投身于印度的事业。1907 年当选为通神学会主席。

翩跹的灵魂；万象的和谐与愉悦
以其深厚力量，赋予我们
安详静穆的眼光，凭此，才得以
洞察物象的生命。

这种能使我们洞悉物象内在生命的安详恬静、如沐天恩的心境（the serene and blessed mood），便是富于想象力的理性，便是中国人的精神。

# 东西文明异同论[①]

1924 年

在今晚的演讲开始之前，我要请在座诸位多原谅，恐怕我今晚的演讲不太好。为什么呢？因为今晚的讲演不像前三次在大东文化协会所做的演讲那样，事先做了充分的准备。

我应大东文化协会的邀请来到日本时，只准备了三个演讲题目。因此，一直到两三天前，关于今晚的讲演，还没有想好要讲什么。好容易想到了“东西异同论”这个题目，遗憾的是已没有充足的时间准备了，因此，我所做的讲话中可能有些零乱不系统，如果这样，希望诸位不要予我以苛责。

有名的英国诗人吉卜林（Kipling）曾说：“东就是东，西就是西，二者永远不会有融合的时候。”这句话在某种意义上说有它的合理处。东西方之间确实存在着很多差异，但是我深信，东西方的差别必定会消失并走向融合的，而且这个时刻即将来临。虽然，双方在细小的方面存有许多不同，但在更大的方面，更大的目标上，双方必定要走向一起的。

因此，所有有教养的人，都应为此而努力，为此而做出贡献，而且这也是有教养人们的义务。

不久前，一个德国友人定居在广东，他非常关心东洋文明，他死的时候，我给他作了墓志铭：“你最大的祝愿，是实现东西方优良

---

① 本文是辜鸿铭在日本东京工商会馆发表的演讲。

方面的结合，从而消除东西畛域。”

因为常常批评西洋文明，所以有人说我是个攘夷论者，其实，我既不是攘夷论者，也不是那种排外思想家。我是希望东西方的长处结合在一起，从而消除东西界限，并以此作为今后最大的奋斗目标的人。因此，今晚我给大家讲讲东西文化之间有哪些差异。

东西文明有差异是理所当然的。从根本上说，东洋文明就像已经建成了的屋子那样，基础巩固，是成熟了的文明；而西洋文明则还是一个正在建筑当中而未成形的屋子，它是一种基础尚不牢固的文明。

一般说来，欧洲文明根源于罗马文明，而罗马文明又像诸位所知道的那样根源于古希腊文明。在罗马帝国灭亡后，欧洲人民就创造了一种新的文明——巴罗克文明，也就是欧洲中世纪文明。那时的欧洲虽然处在野蛮时代，但是随着基督教的兴起，蛮人逐渐进步，从而开始创造文明，而后，众所周知，文艺复兴时代到来。

恰巧与之相对应的是中国六朝的文艺复兴时代。众所周知，此时正是五胡乱华，而罗马人的古典文明也是被五个蛮族集团消灭的。从此欧洲人就以基督教和圣经为蓝本（基础），创造了新的巴罗克文明。

然而，随着欧洲人知识的进步，过去的宗教文化就不能适应了，如同中国在唐代兴起文艺复兴一样，在欧洲，有了意大利文艺复兴，进而有马丁·路德的宗教改革。为此，欧洲经历了四十多年的战争，终于成功地实现了改革。以后到了法国大革命，它是以改变政治结构为主要目的的，但社会自身却并未有所变化。因此，经历了上次的欧洲大战之后，欧洲人所面临的问题是改造社会。因此社会主义、过激主义四处兴起，过激主义的目的是彻底破坏旧的东西而制造新的东西。这种“破坏性”的主义，也是欧洲社会中必然产生的结果。所以，欧洲文明，实如同一个正在改造、构筑、建设当中的屋子。

而我们东洋的文明，则不仅已构成了屋子，而且已经住上了人。东西文明的差别就由此而生。欧洲人没有真正的文明，因为真正的文明的标志是有正确的人生哲学，但欧洲人没有。在中国，把真正的人生哲学称为“道”，道的内容，就是教人怎样才能正当地生活，人怎样才能过上人的生活。有“文以载道”这样一句话，“文”即文学，在中国，文学可以说是教给人们正确的人生法则的东西。西洋人长时间内为了寻找这真正的人生道路，做出了很大的努力，但至今未果。而中国人依据四书五经，就可以明“道”。很遗憾，欧洲没有这样的东西。欧洲有的是基督教，基督教教人们怎样去做一个好人，而孔子学说则教人怎样成为一个良好的国民。努力做一个好人当然是好事，但这并不是一件什么难事，比如登山拜神即可成为一个好人，而想做好一个良民，则须知“五伦”，这却是一件相当难的事。

为寻找正确的人生之道，欧洲学者提出了多种主张，如斯宾塞、卢梭等等。他们的主张从某个方面看是正确的，但是作为一个整体来看，它是不完善的，不是那种真理性的东西。诸君如果以为它们完全正确而予以汲取，那是非常危险的。

下面，我想分五条，讲一讲东西方的差异之处。第一，个人生活；第二，教育问题；第三，社会问题；第四，政治问题；第五，文明。以上五个问题，无论哪个范围都很广，非一晚所能尽述，故今晚我只拣重要的说一说。

首先，我们考察一下个人生活。

作为个人，我们必须首先考虑的是人的生活目的。换言之，即人应该做些什么，什么是人。对此，英国思想家弗劳德说：“我们欧洲人，从来没有思考过人是什么。”也就是说，作为一个人，是当一个财主好呢，还是去做一个灵巧的人好呢？关于这个问题，欧洲人没有成形的看法，由此可见，说欧洲人没有正当的人生目标，不是我一个人，欧洲第一流的思想家也持与我同样的意见。

相反，我们东洋人则早已全然领会了人生的目的，那就是“入则孝，出则悌”。即在家为孝子，在国为良民。这就是孔子展示给我们的人生观，也就是对于长者即真正的权威人士必须予以尊敬，并听从他的指挥。“孝悌仁之本”，是中国人的人生观，也是东洋人的人生观。

关于人生观方面，再一个差别就是，欧洲人认为人生的目的在于运动，而我们东洋人认为人生的目的在于生活。西洋人为运动而生活，东洋人则为生活而运动；他们是为赚钱而活着，我们则是为享受人生而创造财富，我们不把金钱本身作为人生的目标，而是为了幸福而活动。孔子说：“仁者以财发身，不仁者以身发财。”那意思就是好人为了生活而创造钱财，而恶人则是舍身去赚钱。西洋人，尤其是美国人，为了赚钱连命都不要，这就是东西方人的差异之处。也就是说，西洋人贪得无厌不知足，而东洋人则是知足者常乐。为了东西方能真正地走到一起，他们西洋人必须改变自己的做法，而采取我们的办法。

下面谈一下教育。欧洲的教育目的，在于怎样做一个成功的人，怎样做一个能适应社会的人。常常有西洋友人对我说：我们是生活在20世纪，而你们则由于还在接受19世纪的教育，所以就无法成功。实际上，我们东洋的教育，不仅能使我们的子弟适应现代社会的生活，而且还能促使现代世界向着更美好的方向发展。孔子说，教育的目的在于称作“大学”的根本之上。那就是“大学之道，在明明德”，也就是发现人们所固有的辨别道德的能力，这就是教育的目的。必须成为一个为社会所推崇的人，成为一个聪慧的人，也就是说，教育的目的，在于为了明德，在于为了创造一个新的更好的社会而培养人才。《大学》中的“在新民”之“民”不是指人民，而是指社会，创造新的更好的社会是高等教育的目的，这才是孔子的本意。诸位，共同努力为创造一个新的世界、新的社会而奋斗，努力做一个更好的法学家，良好的工程师，共同创造出一个美好的社会。

下面再谈谈东西洋教育方法的差异。

在中国，初等教育和高等教育有一个清楚的划线：在初等教育阶段，主要是教孩子们使用他们的记忆力，而不注意让他们使用判断能力，首先让他们通晓祖先留下来的东西。而在西洋，从孩提时代起，就对他们灌输艰深的哲学知识。在中国，则是在高等教育阶段方才对学生讲授深奥学问的。我认为这是难能可贵的办法，把像哲学那样深奥玄虚的东西讲给孩子们听是不合适的。尤其是对女孩子，还是不教为好。

还在爱丁堡做学生的时候，我们曾组织了一个七八人互相钻研、共同进步的学习小组，互相学着写论文。有一回，其中一个人说：这样好的论文是否可以发表？另外一个人反对说：这样的东西不能出版。大家于是就根据这个人的主张，约定四十岁以前不出东西，因为我们必须对我们的问世之作有确切的把握才可，而这在四十岁前是办不到的。

孔子说："四十而不惑。"我是坚决地遵守着这个约定的。我第一部书出版时正值四十一岁。虽然现在日本连中学生都可以出杂志，但我觉得还是禁止为好。

第三，谈一谈东西社会的差异。

东洋的社会，立足于道德基础之上，而西洋则不同，他们的社会是建筑在金钱之上的。换言之，在东洋，人与人之间关系是道德关系，而在西洋则是金钱关系。在东洋，我们注重的是名分。

试想一下，在封建时代，当领主对家臣说"你必须服从我"，而家臣反问"为什么"的时候的情形。那时，领主会很简单地回答道："根据名分，我是你的主人。"如果家臣又问："是什么样的名分？"领主又会回答道："是大义名分。"

然而在现在的日本，暴发户对工人说："你必须服从我！"如果工人反问："为什么？"那时暴发户将回答："是依据名分。"可如果工人再追问："根据什么名分？"暴发户将回答："是金钱名分。"（指金钱关系、财产等级所导致的人与人之间的关系。）这不是大义名分。可是在美国，名分完全以金钱为基础。在东洋，人与人之间的关系，实在是神圣的道德关系，夫妻、父子、君臣都是天伦关系。而在美国，人与人之间只是利害关系，人们之间的关系建筑在金钱的基础之上。

而东洋社会则建立在"亲亲""尊尊"这样的两个基础之上，也就是社会亲情和英雄崇拜（Affection and Hero-worship）。我们热爱父母双亲，所以我们服从他们，而我们所以服从比我们杰出的人，是因为他在人格、智德等方面值得我们尊敬。学者同车夫相比，所以比车夫更值得尊敬，是因为学者从事的是脑力劳动，比较艰苦，而车夫从事的是体力劳动，不像脑力劳动者所从事的那样高难，所以，他所受到的尊敬，自然要低得多。假如有这么一个社会，让车夫坐车，而让学者拉车，尊敬车夫而鄙视学者，那么，这社会还成其为社会吗？

现在的中国就有这样的趋势，我们或许当车夫更合算。如果金钱成为社会的基础，那么，社会就有堕落到这种状态的危险。

《中庸》上说："仁者人也，亲亲为大。义者宜也，尊贤为大。"如同上面所讲的那样，我们服从父母是因为我们热爱父母；我们服从贤者，是因为我们尊敬贤者，这就是东洋社会的基础。诸位来听我的这个讲演，是因为诸位有尊贤之心，尽管我实在没有这样的资格。

下面谈谈政治。

关于政治，我以为可以分为三阶段。政治的构成是以保护人民的安宁为目的的，在它的初期，文化尚不发达，人民愚昧无知，同小孩相似。那时候为了保证社会的秩序和安宁，换言之，就是针对少数人做坏事，该采取怎样的措施？为此统治者说："你们不得做坏事，如果做坏事，就要受到神的惩罚。"在中国，这种政治方式被叫作"神道设教"。这便是初期的政治。

帝政时期的欧洲是通过基督教来统治人民的。但是，随着文艺复兴运动的兴起，人民日渐觉醒，不再信神了，相应的也就不怕神灵的惩罚了。因此，欧洲的统治阶级，尤其是普鲁士国王，便实行警察统治，依靠警察来保障社会的安宁和秩序。也就是说文艺复兴之后的欧洲，所行的是强权政治，最近的欧洲大战就是这种强权政治的结果。这并不是我个人的意见，英国伟大的思想家卡莱尔就说"欧洲社会是混乱加上警察"（即警察统治的无政府社会），他的意思就是说，欧洲政治如果放弃强权，第二天就会乱作一团。

因此，怎样摆脱强权政治，就是战后欧洲所面临的重大问题。

然而，在我们东洋，我们既没有那样的对神的恐惧，也没有对警察的恐惧。那么我们怕什么呢？因为怕什么才维持了我们社会的秩序呢？那就是良心！那就是廉耻和道德观念！正因为忌讳这个，我们才不干非礼之事。在中国，归还借的钱，并非因为怕律师，也不是怕法院的追究，不还所借的钱，对自己来说是一种耻辱，是因此而还钱而非为别的。我服从中国的天子并非出于害怕，而是出于尊敬。也就是说，我们遵守的是三纲五常，一旦有了这个，就不用警察了。当然，在中国也并非满街圣人、人人君子，坏人还是有的，所以警察也还是要的。我只是说，一般的纠纷，依据礼义廉耻就可以解决，所以警察用不着那么多。在这一点上，是值得欧洲人好好学习的，而我们则没有向他们学习的必要。

最后，也就是第五，讲讲东西文明的差异。

关于这个，我们得首先考虑一下文明的意思。所谓文明，就是美和聪慧。然而欧洲文明是把制作更好的机器作为自己的目的，而东洋则把教育出更好的人作为自己的目的，这就是东洋文明和西洋文明的差别。常有人说，欧洲文明是物质文明，其实欧洲文明是比物质文明还要次的机械文明。虽然，罗马时代的文明是物质文明，但现在的欧洲文明则是纯粹的机械文明，而没有精神的东西。

举个例子说明一下，比如写东西，西洋人使用打字机，这样，我们所有的表现美的手法，就难以发挥出来。

再一个就是在西洋，连招呼自己家的用人都用电铃。而在东洋，则这样做（打一个手势）马上就可以叫来用人，而这样做要好得多。在日本，现在也开始采用西洋的机械文明了，要想从明天开始就校正它是困难的，但是应该考虑到他们的文明是错误的，我们有必要在一边采用他们的文明的同时，一边要加以修改。如果说，现在无法排除已经从他们那儿学来的机械文明，那么，就不要再增加了。

最后，为了在东京向诸位道别，我还想再说一两句。我在日本所做的讲演中，对日本颇加赞扬，这是我的真正公正的评价，但是一些外国论者歪曲说是对日本人的讨好，实际上我根本没讲讨好日本人的话，如果说讨好，也没有必要讨好日本人，要讨好毋宁讨好中国人，应该拍袁世凯、曹锟的马屁，那样的话，至今我不是大总统也是总理大臣了。因此说我讨好日本人纯粹是诬蔑。我赞扬了日本，因为赞扬也就相应地希望诸位把日本建设得更好。我常说日本人实在是了不起的国民，对于这样赞誉，诸君应该了解到诸位的责任更加重大。

在孔子的书里有这样一句话，叫“责备贤者”。它的意思就是高尚的人，领导社会的人，站在社会前列的人，应负有更大的责任。

诸位是社会的指导者，因此诸位不要忘记你们身负有比一般人更重大的责任。

一般的人，即使做了坏事也没什么大害，而有教养的人，引人注目的人，也就是像诸位这样的人，如果做了坏事，那就将给社会带来非常恶劣的影响。我留了这样的辫子，不是出于个人的喜好，而是出于对满洲朝廷的忠节而保留的。切望诸君不要有负于我对日本的称赞，做一个高尚的人。

# 康有为

(1858—1927)

## 生平简介

康有为（1858—1927），又名祖诒，字广厦，号长素，又号明夷、更甡、西樵山人，广东省南海县（今佛山市南海区）人，人称康南海。政治家、思想家、教育家。他信奉孔子的儒家学说，并致力于将儒家学说改造为可以适应现代社会的国教，曾担任孔教会会长。1895年7月和梁启超创办《中外纪闻》，不久又在北京组织强学会。1897年德国占领胶州湾，康再次上书请求变法。次年1月奉旨向光绪帝呈《应诏统筹全局折》，又进呈所著《日本明治变政考》《俄罗斯大彼得变政记》二书。同年4月和梁启超组织保国会，号召救国图强。6月16日被光绪帝任命为总理衙门章京，准其专折奏事，筹备变法事宜，史称“戊戌变法”。变法失败后逃往法国。1898年3月在北京又组织了保国会。1899年在加拿大组织“保救大清光绪皇帝会”，简称“保皇会”，鼓吹开明专制，反对革命。辛亥革命后，作为保皇党领袖，始终反对共和制。1917年和张勋发动复辟，不久即宣告失败。晚年仍宣称忠于清朝，溥仪被逐出紫禁城后，他曾亲往天津至溥仪居处探望。1927年3月31日于山东青岛去世。主要著作有《春秋董氏学》《孔子改制考》《新学伪经考》《大同书》《欧洲十一国游记》《广艺舟双楫》等。

# 在宁垣学界的演说

1916 年

鄙人寄迹海外，已十九年有余，游历三十余国，每一念及故国，忧心如焚。今幸无恙归来，得与诸君聚首会场，诚为毕生幸事。犹忆去国之时，学校规模雏形未备，今则农业工商以及女子学校均有，此大多数之莘莘学子，将来造福于国，国家前途，实无可限量。然欧美各国致富之由，咸以农工商为最要，故农工商三项，即为国民托命之源，与孔子之道同一贯彻，不可须臾离也。

今日自负知时之士，动以孔子尊君，倡言废孔，殊不知一肆之主亦谓君，非定皇帝已也。孔子之道，以修身为本，无论是何宗教，如耶稣，如天主，如印度之婆罗门，皆非修身不可。是孔子之道，如长江之海，为万流之宗，而必欲废弃之者，无异于人之自戕也。且孝悌忠信，为立国之大本，试思诸君不以孝悌加之于人，岂能使人尽孝悌于我。此孔子之道，所以不能废，如废孔则为无教之国，国且将不国矣。今日中国之人，遇事仿求欧美各国，亦有不可效法之事，必求其善，而去其不善，此日本之所以富强也。若徒务虚荣，不求实际，是犹绕道而行，不走由沪至宁之捷径，而假道浙粤、欧美、印度以还也。长此不悟，富强无期，诸君其共勉之。

# 谭人凤

(1860—1920)

## 生平简介

谭人凤（1860—1920），字有府，号石屏，晚年自号雪髯，人称谭胡子，湖南新化人。清末民初著名政治军事人物。早年加入洪门，曾中秀才，1890年后以教书为业，同时在乡中开设山堂“卧龙山”。1904年因支持华兴会开展反清活动，被迫流亡日本，后在黄兴介绍下加入中国同盟会，先后参加镇南关起义、黄花岗起义等武装活动。1911年7月与宋教仁等人发起成立中国同盟会中部总会，被推举为总务干事、总务会议议长。武昌起义爆发后，前往武昌协助军政府工作。1911年底，北洋军兵临武昌城下，军政府领导人黎元洪和黄兴先后逃离武昌，谭于12月6日被推举为战时总司令，率军坚守武昌。黄兴赞誉他“能争汉上为先着，此复神州第一功”。民国成立后，反对与袁世凯议和，策划北伐。南北议和后，反对袁世凯出任总统，也反对宋教仁改组同盟会为国民党走议会道路，出任长江巡阅使闲职。1913年宋教仁被暗杀，谭返回湖南策动谭延闿参加“二次革命”，失败后流亡日本。1915年回国参与护国战争。后又追随孙中山参加护法战争。1920年病逝于上海，归葬家乡谭家山，民国政府为其立三块无字碑。

# 在湖南同乡会上的演说

1912 年 4 月 10 日

世间一切事业，由人类组合而成。若各自单独进行，则往往势弱而难振。故近世学者每举一事，必荟萃全国英贤，集思广益，共谋进行。旅沪同乡诸君子有鉴于兹，欲于是时维持公益，联络感情，遂有湖南同乡总会之组织，辱推鄙人为会长。鄙人虽衰老无能，亦当竭其绵力，以从诸君子之后。

本会所以立成之意，不外力谋治安，讨论吾湘建设进行方法。凡此数者知之匪难，行之维艰。今欲宏济艰难，以竟厥志，则唯有我湖南人各负责任已耳。溯自起义以来，四民失业，举国皆然，吾湘尤甚。昔伊尹以天下为己任，一夫不获其所，若己推而纳诸沟中，况在我至亲至爱之故乡父老子弟乎？近世以来，国中有事，我湖南人靡不群策群力，踊跃从事。此次武昌起义，湖南首先光复，以为后援。汉阳之战，湘人死事甚多，是我湖南人担负责任之观念，固已早闻于国中。今民国初基，建设种种进行方法，尚未规定，而我湖南即呈此萎靡现象，无乃初气过锐，再三之后，渐就衰竭欤？抑或破坏之后，事事旋扰，我父老子弟惮于建设之艰难欤？暮气发生，则事事归于腐败，言念及此，能不悚惶！诸君子类皆三湘灵秀，夙于政界学界工界商界富有经验，且又热心本会之公益者。是会重振精神，结合团体，对于内，共谋湖南建设之进行，殚智竭虑，绳愆纠谬，以为后觉之导师；对于外，调查旅居湘人各界若干，公私财产分计若干，失业者如何使之复业，被屈者如何使之昭申，其或有逸出范围致损湖南名誉者，如何使之纳于范围之中。出之以诚心，持之以毅力，毋弃责任，毋负初衷，必令我湖南两千余万之父老子弟，同具共和民国之资，而后总会之目的乃达。西□有之曰国民，无不立于欲立之地位，是在我父老子弟共勉。

# 在山东民军欢迎会上的演说词

1916 年 7 月 8 日

鄙人生长南方，虽从事革命有年，鲜与北方同志接洽。此次来东游历，乘便视察各处民军。今诸君开会欢迎，得与诸同志聚晤一堂，欣幸无既。但谓之欢会则可，欢迎愧弗敢当。鄙人自念年老无状，既无张良之智能为民军参赞戎机，复无曹刿之谋能为民军鼓其余勇，而主席于君之报告，又多揄扬过当，感激之下，惭愧良深。唯既承诸君雅意殷勤，亦不得不有所贡献。

请先言革命之原理。我国自暴秦专制以来，人民呻吟于虐政淫威之下已数千年于兹矣。明政不纲，满奴闯入，以少数野蛮种族，压制多数文明国民。明达之士，痛祖国之沉沦，提倡革命，结合同盟，有民族、民权、民生三大主义。民族者，排除满族，以光复汉族，此主义已于辛亥一役达到目的矣。民权者，以人民为主，官吏当受人民之支配。譬之公司经理，由股东聘用，股东有去留经理之权。盖人民纳税输赋，无异投资之股东，官吏任职受薪，实等雇用之经理。文明各国称大总统曰公仆，即此意也。此主义亦于辛亥一役创造。独恨袁氏敢行叛逆，又欲变民国为帝国，各省群起讨罪，亦足见民权之不可侮矣。民生者，则取社会政策，务使家给人足，无甚贫甚富之悬殊。含哺鼓腹，共乐春台，讲让兴仁，同游化宇。中国异日臻此景象，俾吾辈子孙得享幸福，诸君当亦必愿而乐之矣。此吾党所抱之主义，吾辈皆当拼命做去，以求达完全之目的者也。

请试言革命之痛史。中华民国四字，由民党处心积虑，经几许挫折，历几许艰辛而后造成。前仆后起，大小革命数十次，其间痛史，诸君未必详知，鄙人亦不能殚述。总之，前后死者当不下数百人。而黄花岗一役，莘莘学子，落落奇才，同时死难者且有七十二烈士，当亦诸君之所共闻。夫好生恶死，人之恒情，而乃不惜生命甘心就死，果何为乎？为欲惩顽振懦，唤醒国魂而已，为求国利民福，愿牺牲少数以谋多数之幸福而已。是殆仙佛临凡，耶稣降世，而始有此舍身救世之苦衷。鄙人对此志士仁人，实不胜顶礼膜拜。而视为仇敌之奴隶官吏，甚或抄其家，没其产，逮捕其父母妻孥，株连其邻里、亲族，伤心惨目孰过于斯？诸君，诸君，今若不将此辈奴隶杀尽，代为报仇，何以慰英灵于地下！此吾辈当念先烈之痛史，勉负后死者之责任者也。

试就已往、现在之弱点而推及将来之危机。美洲八年战争，卒脱英人羁绊；法国三次革命，终建真正共和，其民气之振兴为何如人也。我国国民志气薄弱，辛亥之役，□于书生之见，南北议和，当事诸公图博功成身退之名，拱手推让，是实一大弱点，亦异日历史上一大污点也。迨授人以柄，又不敢取放任主义，致袁氏阴险猜忌，杀元勋，撤都督，咄咄逼人，激成“二次革命”。于是摧残民党，解散国会，废弃约法，为所欲为，毫无忌惮。一班鹰犬，且奉以英明神武之徽号，加我爱国志士以乱党恶名。袁氏之帝梦，不得谓非此辈助成之也。迨帝制实行，始恍然觉悟，起而反对，良心虽未尽灭，而前此相助为理之种种谬政，实亦罪有难辞。

今试问癸丑以还，袁政府之蠹民病国，较之前清为如何？鄙人敢断其为更甚。外债之收入倍于前清，铁道之断送倍于前清，土地之丧失倍于前清。即不称帝，罪亦不胜诛矣。时势造英雄，滇黔突起倡义，进步党与欧事研究会出色人物，遂乘机逐鹿于功名富贵之场，军务院于是乎成立，方谓人才荟萃，必大有为。乃自天殛元凶，黎氏继任，愚民醉生梦死，歌颂太平，军务院亦随议员政客之主张，不申防风氏后至之诛，不问莽大夫助逆之罪，斤斤以复约法、开国会为词。南方民军锐气已就消沉，无复根本解决之希望，鄙人所以北来视察也。诸君，诸君，须知约法乃一纸空文，必有武力盾其后方能维持。况今之秉政者，仍是藐法犯法之人，约法安有效力？国会可用武力胁迫，前事具在，讵得一之已甚，遂不再至乎！前车既覆，后辙仍蹈，革命弱点，昭然若揭，而危机遂于此阴伏矣。国家多一次动乱，即多一次疮痍。中国革命已经三度矣，此次又成一不痛不痒之收场，敢决其长治久安，无事杞忧乎？窃以为未必也。夫已动之人心，不易镇定，万一因各种腐败情形之感触而有四次革命发生，中国其能胜此痛苦乎？现在欧战方殷，列强不暇东顾。一旦欧战平息，再谋革命，势将群起干涉，国家尚能存在乎？譬之破屋，截毁另建，或可安居，若罅漏补苴，一值风雨飘摇，必归倒塌。又譬之人身患毒，忍痛一割，去腐生肌，患将立愈，若畏痛辄止，留待异日再割，溃愈宽，割愈苦，人将且割死矣。不忍目前之痛苦，杜将来之隐患，惨病将有不可胜言者。此即鄙人之所谓危机也。

据以上各情言之，不从根本解决，何以达吾党之主义？何以慰死者之灵魂？何以起既死之人心？何以救灭亡之惨祸？诸君勤劳为国，辛苦经营，当必有毅力决心，无俟鄙人鼓励。唯现时大势已经变动，何行何止，颇有研究之价值，当与诸君详细商之。

滇黔首义，以取消帝制为前提；桂粤继起，以迫袁退位为前提；袁死黎继，以复约法、开国会为前提。今三事皆已解决，不成问题，所当争执者，惩罚罪人一条而已。而麇集于上海之咬文名士、阔绰官绅、浮嚣政客，意在敷衍了局，对此事并无强硬之主张。误国之罪，不得谓非此辈司之也。南方（残缺）因上海为全国舆论机关，随其论调为转移，亦遂释甲（残缺）惰气。近有友由沪来缄，谓自约法、国会两事颁布命令，（残缺）有似唐人所云：“九天阊阖开宫殿，万国笙（残缺）处堂，响响相乐，可怜亦可笑也。”庄子云：“夫哀莫大于心死，而人死亦次之。”人心至此，夫复何言？就正义而论，黎氏且人本庸碌，内有权奸侧目，外有逆党拥兵，未必力能统摄，势将因其为傀儡也，而敢挟持以作恶。顾瞻险象，心胆俱惊。

齐鲁居海陆之冲要，扼南北之咽喉，泱泱大风，管仲曾用之以伯天下。今且有德州工厂供制造，津浦路线便运输，可守可战，此天下天府之雄图也。日前视察潍县、周村、高密等处各民军，虽不敢概许为节制之师，而其雄赳之风，勇敢之气，固犹有田横士卒敢死之遗风焉。地既便利，民又倔强，使一鼓下济南，进可扫全国之妖氛，退可做中央之屏蔽。鄙人实不能不有所厚期于诸君也。虽然，举国唱和平，必责东鲁一隅逆转风帆，排除众议，毅然出当廓清余孽之任，此非有大魄力与有大胆略者，必不能为。鄙人亦未敢过望。唯以地方之人办地方之事，是则诸君应负之责任、应尽之义务，而无可推诿者也。盖唯专制国家，则重在中央集权，官吏必由中央派遣，地方无参与政治之权能。若夫共和国家，则重在地方分权，官吏可由地方推举，中央特负监督之责任。诚以人民之疾苦，唯地方人始能周知，人品之邪正，亦唯地方人始能详悉。举地方人为地方官，既无隔膜之虞，又不敢有悖谬之事，上与下习，官与民亲。以视狐假虎威，由中央派遣者之作威作福，贻害地方，相去奚啻霄壤耶！此则民国首当注意之事，断不允仍任外来民贼鱼肉地方也。现广东陈炯明誓驱龙济光，江西李烈钧誓驱李纯，湖南绅士业已驱汤芗铭而举曾继吾为都督，皆注重地方分权，以策地方自治者也。今张怀芝以一介武夫，雄踞济南，既无政府脑筋，又复残民以逞，日前挑衅，袭取民军临朐、安丘两县，纵兵抄抢，杀戮无辜，声罪讨之，名正言顺！此盖专为保卫地方起见，民意所在，鄙人敢断言中央未便袒护，南方各重要人物亦必声援。此万全之策，抑亦鲁省民军今日之所当有事也。

抑尤有说者，鲁省民军，现分潍县、周村两部，本属志同道合，而又各树义帜，两不相谋，是则可笑之事也。鄙意以为，合则力大，分则势孤，似宜开诚布公，联络一气，否则强敌在侧，而犹互相携贰，有不两败俱伤者乎？亟望诸君居间调停，促双方之猛省，整军经武，同驱卧榻虎狼；救世匡时，共做中流砥柱，鲁之幸亦国之幸也。鄙人实不胜厚望焉。

诸君，诸君！鄙人年近六旬，九死一生，半世心血，多消耗于革命，老病之身，无多岁月，即亡国，较之诸君必少减身受之痛苦，而必欲拼此头颅，坚持激烈之革命者，恐无以对未死之同胞，既死之亡友耳！满腔郁气，颇难尽言，今日幸聚一堂，拉杂说说，愿君等自择焉。

# 在北京各界追悼黄兴蔡锷大会上的演说

1916 年 12 月 1 日

今之全国国民为黄、蔡二公开追悼大会者，以黄公开创民国，蔡公再造共和，使天假之年，造福国家，必无限量。乃不旬日相继辞民国而去，湖南之不幸，亦民国之不幸也，能无同声一哭耶！但二公未死以前，国人相待，实多不近人情之处。对黄公则毁之谤之不留余地，对蔡公亦闻有“假革命出风头之徒，阴谋暗杀者”，岂非咄咄怪事耶？无他，妒贤嫉能之心盛，故有此倒行逆施之举也。今则盖棺论定，不特素所亲爱佩服者崇拜推尊，即向之毁者、谤者、妒者、忌者，非莫不歌其功、颂其德，自悔前非。此虽由全国国民尚有天良发现之时，实亦二公功德有足以感人者在也。

然则二公生既为豪杰，死更公认为完人，事业勋名，自足炳耀千古，夫复何悼？虽然，吾不为死者悼，不得不为生者悼也。心所谓危，不敢不告，敢就今日之国势为将死未死之四万万同胞一请命焉。诸君，诸君，亦知中国今日所处之地位与民间所受痛苦，其危险为奚若耶？譬之破舟飘摇于大海之中，及适值飓风暴起，其中载客舵工水手存亡生死，皆决于俄顷之间。分应若何，谨凛努力同心，以谋共济。我国千疮百孔，无异于破舟，国民等破舟中之载客，而政府与国会则破舟中之舵工水手也。乃据所见所闻，府与院冲突，阁员与阁员冲突，政府与国会冲突，议员与议员冲突，至中央与地方之枘凿，尤昭然在人耳目，无可讳饰者也。纠纷错杂，百事废弛，显呈无政府状态，尚复成何政体？长此不易，吾敢一言以断之曰：

亡而已矣。呜呼，以民党数十年铁血换来之共和，一旦沦亡，吾知死者心必不甘，岂生者反忍？专为目前计，不为子孙计，相与共谋救济乎？决无是理也。

顾救济之法为何？夫亦曰虽无治人，当有治法而已。何以云然？黄陂、合肥[①]虽无大略雄才，要不失为忠厚长者，且皆以不赞成帝制、副舆望，选为总统、总理。项城之辙，敢信其必不敢蹈，使果意见融和，亦何尝不可巩固民国！惜乎权限既欠分明，而左右辅弼又皆有不慊人意之士，遂致抵牾龃龉，意见横生，无数要政，皆因之不能举办，是则一大缺点也。顾或谓现在民国既采法制，一切内政当由总理负责。至总统之地位，不过树其威严，以立内外之感观而已。数月以来，所谓责任内阁者，徐州会议抗命，龙屠[②]黩武殃民，陕督[③]窃权肆虐，山东民军迄今尚未收束。其余各省秩序，依然紊乱。总理皆未过问，失职之咎，实无可辞。据所云云，亦似近理，然自鄙人思之，民国约法，亦实含有总统制于其间，非真正内阁制也。总理之措施，总统亦有时可以牵掣，加以阁员同意权多方制限，难为一系之结合，则欲望其如身使臂，臂使指，亦势有所不能，似未便专为总理责也。故鄙意主张不求治于人，当求治于法。假令早定宪法，划清权限，各循轨道而行，则各方面冲突之情形，皆可消归乌有，是则不能不以之望于立法机关也。

乃观国会之现状，彼提一弹劾案，此提一质问书，日与政府为难，而于制定宪法，则以省制加入问题哓哓争哄，停滞进行。独不思既为民国地方，即应有分治之权，即或虑与中央统一有妨，亦只当专就条文研究。且省长民选之议，主张者闻已让步，则取概括规定已似无流弊之可言。而少数抗议诸君，必阻碍根本之大计，殊不解是何居心？夫议会经一番痛惩，当有一番警戒。昔日国民、进步两党争闹意见，卒之摧残国会，助成帝制进行之祸源，蠹国殃民，咎应谁负？回头猛省，当有悔心，犹忍再闹党见耶！

---

① 黄陂，即黎元洪。合肥，即段祺瑞。

② 龙屠，即龙济光。

③ 陕督，指陈树藩。

窃闻人言，现在国会跋扈者，尤以帝制余孽为最甚，竟敢昌言曰：“我是帝党，尔又奈何？”噫，是诚不要脸，抑并不要命也。夫官吏慑于淫威，兼为保守禄位起见，赞成帝制，情尚可原；议员受国民之付托，自绝于民，甘为奴隶，又敢公言承认，果何所恃而不恐？须知有罪在身，异日议员解除，国人犹将皆曰可杀。劝有帝制嫌疑者，惩前毖后，无太狓狂。

至此次共和复活，袁氏实受冥诛，除云南、贵州、广西外，其余树义帜谋响应者，悉不过做投机事业，并无若何功绩之可言。闻一般自命为政客者，颇多贪天之功以为己力，标榜鼓吹，争猎财权。吾恐未得则百计钻营，其失犹仅在无人格；既得则无恶不作，其害则将中于人民。是亦鄙人所深恶痛绝者也。

总之，鄙人非好犯众之讳，摘人之奸徒，以国势阽危，不得不为良心上之主张，直言奉劝。望今日到会诸公，皆当以救国为前提。如黄、蔡二公之为国为民不存利己之心，不挟攘权之见，则黄、蔡二公虽死，国尚可以图存。不然今日有全国国民为黄、蔡二公开追悼大会，倘异日国亡种灭，更有谁为全国国民追悼耶！吾故曰：不为死者悼，而独为生者悼也。鄙人不解忌讳，拉杂言之，尚乞诸公察谅。

# 吴稚晖
(1865—1953)

## 生平简介

吴稚晖（1865—1953），原名朓，后改名敬恒，字稚晖，江苏武进人。无政府主义者，政治家、教育家、篆书名家。曾为清朝举人。1901年留学日本，入东京高等师范。1902年5月任上海爱国学社教员。1903年利用《苏报》鼓吹革命，因“《苏报》案”发生，与蔡元培被迫去英国。1905年加入中国同盟会。1906年在法国与张静江、李石曾等创建世界社，发刊《新世纪》周刊。1911年后多从事新文化运动，提倡国语注音与国语运动。1919年和李石曾发起组织勤工俭学会，创办里昂中法大学并发起留法勤工俭学运动，呼吁中国青年到海外以半工半读方式留学。是年5月首批学生九十多人抵达法国，学生中有周恩来、李立三、聂荣臻、陈毅等。1922年任里昂中法大学校长。早年学习世界语，并在国内外刊物上竭力宣传推广，1923年至1925年曾与蔡元培共同创建北京世界语专门学校，并积极倡导注音识字运动。1924年在上海创办“中华粥会”。1927年任国民党中央监察委员。1943年国民政府主席林森病逝后，蒋介石力邀其为新主席，但被其推辞。1949年蒋介石派专机“美龄号”将其从广州接到了台北。1953年病逝。一生淡泊朴素，关心教育，重要著作有《客座谈话》《上下古今谈》《荒古原人史》《二百兆平民大问题》《注音符号作用之辨证》《稚晖文存》等。

# 研究学问之方法

1917 年 6 月

记者曰："汪先生之言如姜桂，入口即可醒睡。吴先生之言如橄榄，始入口时颇涩，回味却甜。吴先生演说之时日已忘却，其演说之语言，尚未忘却。此盖从福尔摩斯之教，以为人脑中宜装紧要物品，先须排去不紧要物品也。阅者谅之。"

唐少川先生报告："吴先生道德学问，众所素知。吴先生为俭学会总理，使吾青年至欧洲留学，可省费而得相当之学校。吴先生曾著《天演学图解》《荒古原人史》《上下古今谈》，今又为《中华新报》主笔。吾人常服膺其言论，但今日得亲观仪容，亲闻伟论，尤为快慰。"（众拍掌）

吴稚晖先生登演台而言曰：

有人主张以南腔北调为普通话，故今即以南腔北调为演说词。（按吾国各省言语不同，颇足为文化之阻碍，或欲以官话为国语，各校皆设国语科，庶可期言语统一。然官话亦甚难，有以北京话为即正当之官话者，有谓假官话不纯正，不如仍操土语者。使以操北京话者，与操广东话者相语，则两人可全然不解。然使操北京话者浅就些，于其语言中夹些广东白，操广东白者勉强学舌，语言中亦带些北京话，两人之意，却可互通。此殆即所谓南腔北调欤。南腔北调，似非纯粹之语言，却可互通意义。久之，或成为普通话。）余年已老大，自不敢称年轻人，然对于学问上程度实是一个小学生。今蒙朱少屏、唐少川二位先生介绍至此。唐先生所言，使弟愧极。环球中国学生会内，常请名人演说。譬如吃大餐的，眼界甚高。然吃惯大餐，或反生厌，不如吃些盐菜，反觉别有风味。今日演题为“研究学问，改去从前习惯”。见此演题者，以为必有奇伟之论，实则内容未必可观。

此次从欧洲回国到家乡，见乡中有青年子弟无所事事。问何故不入学堂，答曰：“学费贵得很，又年纪不相当，程度不相当。”问何故不自己在家中为学，答曰：“非校中教师教授乎学不来。且自算年龄，已非为学之时代。最好请先生至上海后，介绍些事情做做。”余细细揣测其语意，大约是认学问为一事，做事情又是一事，把学问与职业划分为二。此病甚大，已成习惯。今日所言，即欲改去此习惯也。若说要进了学堂始可为学，则中国在此时期，尚无许多学堂可分配全国之人，自然不学者愈见得多了。吾以为一个人不要划分为二，只消分配些时间、精神在学问上，又分配些时间、精神在职业上，即可尽又有职业又能为学之责任。吾国昔时用功之人，伏案读书。得家信，见信面有“平安”二字，即置而不阅，仍埋头读书。其所读之书有用否，姑勿论，其专一之精神却足为吾人师资。吾又遇亲戚家有子弟，因父兄是做八股出身，以为现今学校之科目，自己教不来。其实字是一样的，即就算学而论，旧时之算学书，若欲作为课本，要算坏极了。然李壬叔、华若汀辈阅之，亦能学至微积。吾见姚先生优于文学，即以文学教其子。其子之文学，亦斐然可观。原来父兄教其子弟，原可用特别教法，不过此法不能通行全国耳。设学校教国民，是教些普通智识，只好用普通教法。但谓无学校即无学问，则误会了。学了要找出路，亦是天理人情，然又有一弊。昔人云一行作吏，此事遂废。一若作吏后遂不能为学者，又以读书作文为敲门砖，不过在敲门时用之。敲开了门，即用不着了。于是留学生至外国学些学问，亦看作敲门砖。糟了，只消骗着举人、进士、知县、外交官等等。所学的学问，就用不着了。社会上如此趋势，如何生得出大学问家？

制造大学问家，是一件极重要之事。但一国之中，他事不见进步，岂有此事独好之理？吾是外行，若自己学问极好，则说此话时，恐即卖弄自己的大学问。就吾本身说，从七八岁起至五十余岁，有几多智识乎？七八岁时起，念几句“大学之道，在明明德”之书，做破承题本领甚高。算来闹尊孔问题，最合格式，旁的都是外行。但是一国之中，须有了大学问家，则学问始有威权。不敢得罪全国同胞，恐怕现在是没有大学问家，彼此立一水平线上。譬如从芦席上跌到地上，相去无几。又如一桶水倒来倒去，仍旧是水，不能变作油。试问大学问家如何产出呢？要国中喜欢学问的人多，自然产出。英儒斯宾塞原生于读书人家，其叔父颇属望其得学位，但斯宾塞初时并无求得学位之意向。先学建筑学，后助工程师做事，在伦敦至倭明罕之一条铁路上做一副工程师。后因风潮失业，乃学经济学，亦不甚得意。至三十五岁为《经济学报》主笔，渐渐发挥其议论，其文渐见重于世，遂成为大学问家。其所以成大学问家，初似与父兄无关，实则叔父之希望不可谓非有力之暗示，可称为家造之哲学家。譬如家造之酱菜，比之从紫阳观买来的，其味更好。又穆勒约翰，亦有名之哲学家也。其父甚古董，彼自幼甚聪明。其父抱于膝上，即教以诗歌。十一二岁时，在法国某校内，已甚有名。足见自己制造之佳。人若有强有力之本领，不怕没饭吃。勿谓职业可妨学问，如立志自己造成，二十岁不成，则三十岁；三十岁不成，则四十岁；四十岁不成，则五十岁，必可造成了。某君至八十岁始学西班牙文，自言曰：“余死后下棺，即可谓学过西班牙文的人。”故做学问须横冲直撞地学过去。

同在欧洲留学之朋友，不以我为胡闹，常喜听余谈论。余以学问是公器，故以不通之话，与之谈，常劝以研究。此次欧洲战争，如从学问上比较，当推德国。因德国百人中受过大学教育者有十余人，英国百人中受过大学教育者四人。如此比较，则英人远逊德人矣。某人在课堂内云：“吾盼德人胜，如输则永无化学品可用了。”德之化学品，何以冠绝各国？因其制化学品也，一定在试验室内再三研究。德皇又全力设一化学研究机关。足见大学的学问，尚是不够。将来教育完美，恐法律问题之价值要低下去。假如吾人开一会，演说种种有益之事，决不说吾们去杀人放火。因听众程度高，皆受过教育，皆知杀人放火为恶事。若说杀人放火为有益，众人皆嗤之。亦毋庸告诫人勿杀人勿放火。故知程度高了，法律就用不着。要人人喜欢学问，先要教育普及。要教育普及，一定要强迫的。只是公家费用不易，如教出来可以致用，则私家需用此等子弟之处甚多。不过现在众人未知教育好处，故不易普及耳。故第一步须强迫。初等小学用强迫，中学亦强迫，大学亦强迫。总之，成丁前，仰供给于社会。成丁后，彼为社会做事。如此互引而进步，一屋子人，都成为大学问家可也。因国中有学问的人少，故有了些许学问，已经了不得。此即“村中无虎，狗为王”之谓也。如人人有了学问，则小小学问，不稀奇，自然大学问家随而产生矣。外国科学家，看看显微镜，看看石子，似亦无足为奇。岂知只消如此，已利害之极乎。某次美国人与英国人诉讼，辩至难于解决，裁判官不能断。用了银子，请一顾问来，做了许多式子出来，官司即赢了。足见学问之价值。留学生至外国，不久即急急归家，以为可取近利，岂知实甚亏本。王亮畴在外国，闹来闹去，学的是法律。须出中国洋三千元，吃二十八餐饭，从英国至法国几次。彼老主意，长期留学，不肯轻易回来，回来不肯应留学生考试。俗人之见，必以为彼如此作为，要没饭吃了。岂知人家教他做事，不是司法总长，便是外交总长。以为王宠惠的学问，是有价值的，不敢以几个铜角子买他，亦足见学问到底有价值。

有学问者，自己一定快乐。嗜好改变，不愿向新世界游耍了。因学问之趣味，比之游新世界更好。譬如听得鼓乐喧天大家要走出去看，明知是人家做亲，如走得慢些，前面的行牌执事已过去，还要问问旁人，先前过去的是什么排衙。这叫作求知之情。一事也，他人知之，己独不知，很觉不快。如从知的道路一直走去，觉是很有趣的。孔子曰：“知之者不如好之者，好之者不如乐之者。”仅仅求知，尚是功夫浅的，要造到好之、乐之境界，始为深入功夫。做学问的，须造到好之、乐之境界，始渐有大学问家之希望。譬如今日天下雨，因要到徐家汇去赌钱，就雨湿泥泞都不怕了。若是父亲患病，到徐家汇去请医生，必且心中自忖曰：“如此大雨，吾今冒雨而去，可称为孝子了。恐怕明日《中华新报》要登出《某孝子冒雨赴徐家汇请医生》。”两者相比，却是赌钱的是真热心。要做大学问家，须用真热心做去。或谓中国各事未完备，如何能产出大学问家。然则共和民国，亦是不容易产出的；现在不要论它是好是坏，共和民国居然产出了。足见凡事只要用意思去做，意思到了，或者常人认为万难产出的，竟可迅速产出，得意外的好结果。

# 摩托救国论（一）[①]

1931年11月10日

各位在座的都是中国有希望的青年，现在国耻当前的时候，责任格外重大，非比我老朽了。但是中国的国耻，绝不是破题儿第一遭，也不是什么新奇的花样。中国的国耻甚多，并且很久就有的了。先自黄帝、尧、舜时算起，中间受了不少外族的欺侮：蚩尤、猃狁、匈奴、北魏、辽、金、元、满清。我们中国已做过不少次的亡国奴了。但是中国人向来是以堂堂大国自居好肉麻的角色，以为那些蛮夷的小小的捣乱不算什么一回事，也不过像臭虫、虱子一般地打麻烦罢了。到了鸦片战争，我们的两广总督也被别人捉到印度的加尔各答做囚虏去了。吃这样的苦，我们还不以为可耻。到了甲午那年，日本小鬼竟敢公然地同满清大皇帝捣起蛋来了，无故在东海里打沉中国好几条运船。这时我们的皇帝太翁才勃然大怒，下圣旨叫迎头痛击日本的兵舰。哪知道这一气气过火了，就把辛苦练成的北洋舰队气得精光大吉，并且还赔款、割地，真是“赔了夫人又折兵”，大触霉头。到了庚子那年，大家觉得洋鬼子越发太胡闹了，似乎有打一下的必要。这么一打，又打脱了不少的银子，打丢了不少的权利，从此大家才晓得天天起来都是国耻，灶神菩萨，一碰一鼻子灰。这样对付外国人，不是根本的办法，所以才革命，推翻满清。想不到我们革命后还有国耻，更想不到最近又这样大的一个国耻！

---

① 本文是吴稚晖在中央大学发表的演讲。

……在前几回的国耻里，我们的外交家不会用手腕，所以老上当。这一次的国耻，虽不绝后也要算空前了。所以怕再上当，就反对直接交涉。既然这样，就赞成间接交涉了。换句话说，就是让国联或第三国出来调停。国联这次可算卖尽了老力。但是狡猾的日本在日内瓦扯着把子，中国就做了个大笨瓜一肚子气闷着，这样哪能说得上交涉呢？间接交涉又是个此路不通。所谓反对直接交涉就是同反对交涉一样，直截了当说一句，就是不交涉！然则怎样办呢？那只有一条路，大家去拼命！换句话说，就是反对直接交涉，主张直接战争！战争这两字太可怕了，就说抵抗吧！但是我们一面又唱不抵抗呀！或者不抵抗，是不直接抵抗，就是拖人下水的方法，惹别国同日本干。但是这种障眼法有谁个文明国家肯上当呢？民国十六年武汉收回了英租界，说还要收回日租界，于是日本开了几十只军舰到汉口。鲍罗廷便教我们呱呱叫的外交家陈友仁出来说一声不抵抗。日本人一看，弄得莫名其妙，随后把军舰又开走了。那一回就算是不抵抗成了功。但是实际上就算是不要了一次脸！这一回我们又叫不抵抗了，结果怎样，不能断定。世界上好的事和坏的事是隔不多远的。越是好办法，愈加容易出纰漏。譬如跑铁丝一样，从铁丝上跑过去了，自己是呱呱叫的好角色，能够得大众的喝彩。但是一跌下来，脑袋不开花也嘴巴不整了。如果走木板桥，虽不出色，但不危险。越是出色的事情，危险愈大。不抵抗三字用得巧是很好，用得不巧就倒霉了。如果世界还有所谓公理，不抵抗的最后，终得到所谓同情。那么这回的事，解决起来就很容易了。否则除了不交涉不抵抗外，还有什么玩意儿可做呢？所以我们觉得不抵抗，终不是好办法，最好的还是只有拼命。因为就是现在用不着拼命，将来恐怕还是要拼命的。说到拼命，绝不是空手做得过去的。除了这种拼命的决心以外，还要有准备。啊！说到准备，又要教人捏把冷汗了。我们从甲午认识并且了解国耻的由来以后，到如今已三十多年了。拿我个人来说，我准备了些什么呢？别的人在这三十多年中又准备了些什么呢？现在我们仍然在这里唱抵制日货。怎么东京没有人唱抵制华货呢？这证明中国准备了这样久，连准备一点华货被人抵制的都没有！推开窗子说亮话，我们现在为什么提倡不抵抗呢？

不过因为不能抵抗罢了。为什么不能抵抗呢？就是没有极厉害的机关枪、大炮。我们从今天起就要做准备，准备。准备三年不成，五年；五年不成，十年；十年再不成，那么老大的中国真真不可救药了。

……我们现在缺乏的就是机器，所以不能同别人抵抗。庚子那年八国联军进平、津的时候，有二百几十个德国兵占据了北洋学堂最漂亮的建筑，所谓大楼。有一天来了二三万中国义和团，有的背着火枪，有的持着长矛，攻打大楼，德国兵一个个按着不动。看见义和团都是雄赳赳的大汉，好像戏台上装的张翼德差不多，耀武扬威，看得很有趣。等他们快到楼下的时候，“轰！”一排机关枪，不费力就把一批中国人打死了。于是义和团又排队向大楼前进。这样一批一批送了两三千人的老命。结果二百几十个德兵，弄得摇头奇怪。所有我们只说拼命，还不行，还得准备机器。但是机器的花样太多，我们只要准备一样就够了，那就是摩托。法国不也是一个海军国么？可是当英、美、日拼命在那儿讨论海军问题时，他丝毫不管，却暗地里在那里造飞机。现在列强都晓得没有哪一国的飞机有法国这样多，是世界第一等的空军团！我们也来学法国的方法，准备摩托：天上的飞机，地上的铁甲车，海底的潜水艇。如果三样，只要这三样，能够发展到相当的样儿，就足够自卫了。但是中国事事不如人，发展摩托哪能比别人强呢？其实我这话错了，中国人不见得事事都不如人的。譬如鸦片烟，世界上的人都不吸，独我们中国人吸，不是胜过别人的地方吗？（此时大家的鼓掌声笑声齐作）你们不要笑，据海关上过去的统计，每年中国人吸鸦片的消耗大约有五万万，实际上十万万都不止，你看惊人不惊人？他们能吸十万万的鸦片，再玩一玩十万万的摩托有什么不能呢？把摩托看作鸦片第二。要是中国人个个都有摩托癖，一定可以救中国了。

# 摩托救国论（二）[1]

1933 年 2 月 13 日

诸位先生：

今天是总理纪念周，因此就想到总理建国方略的实业计划。实业计划完全是物质建设的方略，要是能全部实现，一定可以救国。我之所以提倡摩托救国，也逃不出实业计划的范围。

各位是专家，我这乡下人在各位面前讲摩托救国，未免觉得有点班门弄斧。摩托救国，缩小范围来讲，也可以说是飞机救国；放大了讲，就是物质建设和国防建设。我是乡下人，所以喜欢说乡下话。乡下人说话颇有真理。譬如绅士问话，必定问这人有学问没有。乡下人问起来，要问这人识字不识字。其实在识字多少，便是这人的有学问没有学问。因为一个字解释很多，你认得这一个字，未必都知道各种的解释，那便算不得有学问。所以这是乡下人的真情。你假使再问我们乡下人，中国人不及西洋人究竟在什么地方，我们一定回答说，是因为中国没有机器。这又是一个真理。机器不如人，别看这是件小事，实在是件大事。看看任何帝国主义者，总是拿机器来欺负人。中国就吃了这个亏。

有人说，现在中国人的道德太差，人心不古，但是我不相信。每个人本来就有道德的，现在人的道德，未必不如古人。因为物质不进步，就把道德变成空话。《儒林外史》上有一位高翰林，他说

---

① 本文是吴稚晖在建设委员会纪念周发表的演讲。

"己饥己溺"。正是八股文料里教养门的话头，可以认得真的么？所以天天不给人家饭吃，天天劝人讲道德，不是替高翰林的八股文料里多添些话头么？现在的人，口头讲道德，哪一个不是天花乱坠。何必嫌他不会讲，再去锦上添花，送些料头给他呢？我且举几个古人的话来证明我的理由。从前管子说过："衣食足而后知荣辱。"可见得足了衣食，才能去导人民于正轨。孟子说："救死而恐不赡，奚暇治礼义哉。"这句话翻作白话，就是说："肚子饿了，哪能不做贼呢。"孟子向来是讲仁义而不讲利的，这里却这样说，好像自己反对自己。其实这才是人生的真理。

诸位如再不信，我可以再请中国第一位圣人孔夫子出来。孔夫子在卫国，就是现在河南彰德一带。冉有替他赶车，孔子看见人民众多，就叹息道："庶以哉。"冉有便问："既庶矣，又何加焉？"孔子道："富之。"假使冉有当时只问这句便止，那我今天的话就难以证明了。幸而冉有接问："既富矣，又何加焉？"孔子曰："教之。"富之便是"足衣足食"，教之便是文化。可见得必定使百姓富足之后，方能谈得到教育文化。无衣无食，国破家亡，生存尚成问题，哪里去讲道德礼义呢？

今天为什么说这种话呢？因为中国人做了几千年文章，大家总有点夸大狂，总以为只要有了一点精神文明，可以立国。我在八九岁时，到先生家里，看见一位发《福音书》的外国人，我笑得要命。现在以为洋化是好的，那时看见满面生毛的外国人，我只当他是一个猢狲。后来中法之战，大家还觉得中国是中朝天国，一定可平定蛮夷。但是已经怀疑觉得只有陆军是天下莫强焉，海军实在不如人。

到了甲午那一年，我正三十一岁。我在北京的时候，那时一班名流，所谓翰林进士便像今日的教习学生，大家都慷慨激昂骂李鸿章卖国，怕西洋人罢了，怎里连日本小鬼怕起来呢？六月二十五日，日本打坏了一只商船。七月初一光绪皇帝下了上论，说要迎头痛击。我们听了大为高兴。记得那时有一位湖南抚台吴济卿，他很气愤地自己请缨到前敌去。湖州人吴昌硕先生，也随同前去。吴先生很有见识，到了营口，一见事情不妙，连忙教家中发了一个电报，把他叫回来，说是母亲有病。他回到上海，一班名士请他在四马路五层楼吃茶，就是现在四马路世界书局那地方。有位高邕者见了他，就向他打躬作揖地说：“昌翁，昌翁，你是忠孝两全。”他是脚底下明白，所以早走了。否则随了大帅逃走，就是狼狈不堪。从此中国陆军的纸老虎也被人拆穿。

自从甲午以后，中国维新，大家都到日本留学，我也是其中一个。彼时日本人又来灌米汤，说中国是以精神文明立国的。我们听了也很高兴。庚子以后大家又到西洋去。我们到欧洲，欧洲人每每问我们是不是日本人，我们说不是。那没有涵养的人，便立刻变了脸。那涵养的人还要安慰我们，就说“一样，一样”，这是什么话呢？那时天天怕瓜分共管，一直闹了一二十年，岂料国民党改组之后，口气一变，忽然要打倒帝国主义。试问拿什么东西去打呢？人家打来，又拿什么东西来抵御呢？

现在最时髦的话是抵抗，我们抵抗，是维持我们的人格，是做人的最小限度，有什么稀奇呢？现在一般青年，中学读完，还要到大学去，大学完了，还想到外国去留学。留学的结果，还不是取得学士、硕士、博士的衔头来写履历。这些头衔从前尚可骗人，试问现在，还有什么人要着这博士、硕士的履历呢？所以再这样不求实际地下去，恐怕日趋堕落，一定同归于尽。我提倡飞机救国，因为我们学人家来不及，只有拣要紧的，来迎头赶上。一国的文化，只靠武力做后盾，现在的武力，唯有飞机超越一切。

有人说：“长兵胜短兵。”我们看看汉朝匈奴以及辽金元清，他们取胜中国，又有什么文化呢？不过他们有他们特长的武力。我们看清朝的上论，每每说“本朝以骑射开国”。“骑射”，就是清朝特长的武力，就是长兵胜短兵的明证。我们今日的长兵是飞机。我们样样不如外国，假如飞机比人好，制造得好，使用得好，也未必不可胜过人家。

飞机的建设比较费用少而收效速，是中国救死救亡的唯一出路，所以我主张飞机救国。因为提到飞机，就想到摩托救国。摩托就是发动机，飞机固然必须摩托，但是借摩托的制造还可以促进各项工业，促进我们的实业计划。我们如能造得好摩托，除飞机外，我们还可以造坦克车和潜水艇。西洋在一百五十年前，也是同我们差不多。自从1769年以后，因为蒸汽机的发明而到现在的程度。所以事在人为，只要我们认定一项去做，没有不成功的。例如近来有人发明烧炭的摩托，也是一件很好的事。总而言之，不问用煤炭用油，或用水力，都可发生动力。动力之中，又分静动力与动动力，如蒸汽电厂、水力电厂、蒸汽原动机，这都是静动力，固定在一处地方，不能移动的；如飞机、潜艇、汽车，所用的动力，从油的热力发生，可以自动自如，或飞行，或捷走，都是动的动力，比静的动力还要紧。我们此时大家都应该发愤去研究动动力，并去找寻汽油的来源，以备与敌人决死战。扩而充之，可以促进我们的工业，促成我们的实业计划。到了那时，又有谁敢来侵略我呢?

此外不过我有一句切实话，就是奉劝诸位先生遇见亲戚朋友，教他们子弟，以后再不要学什么文学法政，因为中国实在不需要这些东西。犹之乎下雪，在现在是很好的，称谓瑞雪，假若在六月里下，就要上灾异记了。假若中国能和外国站在水平线上，自然没有外侮。能力相等，也就自然有了道德。

我现提出八个字，作为我们今后共同趋求的目标，就是“实业计划，匹夫有责”。

# 赵戴文
(1866—1943)

## 生平简介

赵戴文（1866—1943），字次陇，晚号清凉山人，山西省五台县人。清末民初政治家。1893年应科试，列一等第一名，被选入令德堂（山西大学前身）就读。此后任教于宁武中学和山西大学堂。1905年被公费保送日本留学，入东京弘文学院就读，其间在山西同乡会结识阎锡山。次年加入中国同盟会。回国后秘密与阎锡山等策动革命。1912年民国成立后，历任山西都督府秘书厅长、山西督军公署参谋长、晋北镇守使等职务。1917年在山西牵头成立“洗心社”，特聘阎锡山担任社长。每礼拜集会一次，宣传“明明德”“良知”“公而忘私，国而忘家”等人生哲学和政治主张。1919年受阎锡山委派，在山西创立国民师范学校，兼任校长。在他的亲自主持下，该校迅速发展成为太原市规模最大、经费最多的一所师范专科学校。该校学生几乎遍及政府各个部门，赵戴文亦因此而被官场中人尊崇为“先生”。1929年任国民政府监察院院长。1936年任山西省政府主席。抗日战争全面爆发后，兼任第二战区长官部政治部主任、国民党山西省党部执行委员会主任委员等职。1943年因肝病恶化，自知时日无多，于9日30日草就《希望世界和平之遗言》一文。是年12月27日病逝。著有《洗心社演讲录》《清凉山人文稿》《周易序卦说》《禅静初谭》《读经隅笔》等。

# 孟子的学说[1]

1934 年

我所拟定的讲题，想大家已经早见了，现在要讲孟子的学说，先讲一讲孔子的学说。孔子的学说，可以说就是“仁学”，孔子的学说，就是欲仁求仁得仁成仁，所以大家必先要认识“仁”字；天地间一切的生物，莫不是仁成的，但是我们的仁在什么地方？一切动物植物的仁在什么地方？如外表上的躯壳，人与人的形骸，皆不相同，生物的形骸，亦各不相同，至于“仁”却是相同的。人身也有这个东西，仁，人心也，人之手足目耳任何一部，加以解剖，都不至丧命，但是以一极微如细毛的荆针刺及肉心的要处（仁所寄的方寸地），人定要死。孔子天地万物形体，皆不同，而“生理”“生机”“生气”皆同，即仁皆相同，仁者以天地万物为一体认，孔子谓人能造天地万物，也就是说造化皆由我仁心而造，所谓“身在天地后，心在天地先，天地由我造，其余安足言”，不唯我有这个，你们也有，天地皆由我造，其余就不必说了，你们大家知道，心能先于天地吗？当然心是先于天地的。

孔子曰：“回也，其心三月不违仁，其余则日月至焉而已矣”“仁者，己欲立而立人，己欲达而达人”，譬如邻家有好子弟，别人忌恨得了不得，这就是不仁之心，我能立，就想教别人亦能立，我有饭吃，就想教别人也有饭吃，我有住的，就想教别人也有住的，

---

① 本文是赵戴文在山西大学教育学院发表的演讲。

就是仁，颜回能三月不违仁，“以能问于不能，以多问于寡，有若无，实若虚，犯而不校，从事于斯”而已矣，孔子门下如有不仁者，即曰“小子鸣鼓而攻之可也”。今天我问大家，现在天下仁者多呢？不仁者多呢？（众答不仁者多）但是不怕人不仁，唯怕自己不仁，我们应该切记着以仁存心。我现在的仁心，也就是我七十年来的经验。颜回能三月不违仁，其余的能一月一日不违仁。就现在说吧，如学校里发现了不大规则的事，就是你们疯狂了，就是你们的不仁，教员疯狂了，也就是教员的不仁。孔子治学有六个阶段，也就是六个过程，孔子说过：“吾十有五，而志于学，三十而立，四十而不惑，五十而知天命，六十而耳顺，七十而从心所欲不逾矩。”孔子治学，这六个阶段完全很是科学的，他十五岁时，立志于学，所谓学者，就是大学的学法，曰“在明明德”，曰“在亲民”，曰“在止于至善”，仁是什么？即“生理”“生机”“生气”，仁是它的本名，明德，就好比他的字，又号至善；所以明明德，即求仁也。又说“性相近，习相远”，性本近于善，因物欲的蒙蔽而离善遂远，要光明了明德，止于至好至善的地方，也就是真至于学了。三十而立，立就是独立不惧，我们三十岁时，说要学圣人，不惧旁人的非议嘲笑，为天地立心，为生民立命，为往圣继绝学，为万世开太平，……但体上说要独立，用上说要中立，中者，不过与不及之谓也。四十而不惑，不惑则是心灵与万事万物相通，四十岁的时候，万事万物全能清楚，例如你们在街上遇有两个小孩打架，你们不问他别的，去给他们说理，但一有人告诉你，某小孩是某有势力的小孩，你们就许不过问了，若由立而至不惑，就不是如此，不问他有势力与没有势力，都要依理去讲的，这就是由立至不惑地位了。五十而知天命，即考研宇宙的一切，如：宇宙由何而来？众生由何而来？也就是考究天命，如我的身体由何而来，你们大家是由何而来。大家都是一样的，一个人在父母交媾的时候，天地间的“仁”，即侵入母体的子宫，所谓“仁”这个东西，小得很，若用千倍的显微镜去看，总可以看见。我自有生以来，以至六十，以至七十，以至于死，皆可曰命，孔子至五十才知天命，知道天地造化，知道人之所由来的道理，知道天地间的一切。六十而耳顺，如从前山西党部拘捕了来山西运动第二次革命的孔文轩，对他将有意外的危险，我向阎主任说教放他走，后来安顿妥当，送孔去后，我向党部要人说，放孔某走，完全是我的主张，不是别人的过，及至次日省党部开会时，有一党员，在会中骂了我一点多钟，我没有觉着他骂我是不对的，这就是耳顺，我能听见而无一些壅塞，如荆棘入耳，也能通过，孔子说“富贵贫贱患难夷狄，君子无入而不自得焉者”，也就是这个意思。但那年我正是六十岁，所以领会到耳顺的境界。若七十岁时，就可以随心之所欲，也越不了规矩，也就是七十而从心所欲不逾矩之意。

孟子学说，重仁而外，加了一个“义”字，义亦即合宜之意。孟子学说是主张仁义的学说；所以开宗明义第一章，即曰“仁义而已矣，何必曰利”。孟子治学的功夫，亦有六个境界，他说：“可欲之谓善，有诸己之谓信，充实之谓美，充实而有光辉之谓大，大而化之之谓圣，圣而不可知之之谓神。”现在若有一美女过去，你们能不看她，这就叫善之可欲。遇见一美女，仍本乎“非礼勿视”，而不看她，这就是善有诸己。如在路上别人有遗丢了的大洋，你见了就喊叫着，而还给那失钱的人，这就是有诸己之信。充实了这个就谓美，充实而使有光辉就谓大，大而化之就谓圣。所谓能大能化者，就是能明了这“宇宙观”“人生观”“世界观”了。而五十岁就能知道怎样有这宇宙，怎样有这世界、有这人生的，譬如种一棵桃树，而结了许多的桃子，人生亦是如此，最初由一个种子而生出众种子，以至于生出全世界的人类，然而桃树的种子由何而生呢？由仁而生。宇宙亦由仁而生也，人类亦由仁而生也。然而最初之仁由何而来，这就是圣而不可知之之谓神了。

孟子对政治，所主张者，全在“人和”治国治天下，他说：“天时不如地利，地利不如人和”，他又说“今之所谓良臣，古之所谓民贼”，他所以定“善战者服上刑，连诸侯者次之，辟草莱任土地者又次之”，若仁者当国，必定要将以上三样人而加以刑法了。我们应注意孟子所主张的人和，这是他关于政治的主张。我常与人说，中国近二十年来，连年内战的结果，已丢了东北四省，若要再有内战，必要被人将国土完全占去。我前与蒋委员长也说过这话；所以现在提倡学说，要提倡孔孟学说！要提倡人和学说！要提倡不战争的学说！不但中国要提倡这非战学说，就是全世界也应提倡非战学说。孟子说“域民不以封疆之界，固国不以山谿之险，危天下不以兵革之利，得道者多助，失道者寡助，寡助之至，亲戚畔之，多助之至，天下顺之”；所以“君子有不战”，若“战必胜”“攻必克”，如辟草莱任土地连诸侯及善战者，都是失道而寡助者，今之世界各国，都是善战者，都是积极扩张军备，你们说非杀人而何？扩张空军海军，不是预备战争，杀戮人民，还有什么用？前数日报载，美国米其尔（米歇尔）将军说：“若能将航空飞船大加充，不出二日，就可击灭日本。”或东亚任何一国，皆可以消灭；然杀人父者，人亦杀其父，杀人子者，人亦杀其子，灭人国者，人亦灭其国，侵略战斗，是极不对的，但是如何才可以救天下呢？即孟子所言：“当今之世，舍我其谁？”所以必以孔孟的非战学说，人和学说，才可救中国救世界的，但孟子说舍我其谁，也不是个奇异的，就是养生送死无憾的这句话，这就是王道，孟子的学说，在使人民皆可仰事俯蓄的，孟子说：人性皆善，人之所以不善，都是强迫引诱的不善了，我们现在要做到善，就是“明明德”，就是“止于至善”，要求仁，要欲仁，要得仁，而后成仁。成仁而后即知天地由何而造了，是故天地有毁灭之一日，心（仁）绝无毁灭的时候，你们不以为这是不相干的话么？再说谦让，从前的学生最讲谦让，现在的学生多不讲谦让的，人的心是如太阳一样，能照遍全世界，照遍万事万物，我们个人的名姓，没有什么价值，人心则贵重无比了，而仁是不可限量的；就是说我们的外面所见到的骨架可谦让的，而心则不可谦让的，也就说仁是绝不可谦让的，所以孔子又说“当仁不让于师”。

今天因我身体有些不适，大约讲了一点多钟，就此结束吧。

# 张一麐
(1867—1943)

## 生平简介

张一麐（1867—1943），字仲仁，号公绂，江苏吴县人。著名爱国人士。曾任徐世昌内阁教育总长、国民参政员。幼时有神童之称。十二岁应童子试，即为秀才。1885年顺天乡试，中举人。1903年录经济特科，入袁世凯幕。1907年袁世凯任军机大臣，随袁掌书记。1909年袁开缺回籍后解职回乡。1912年任袁世凯大总统府秘书长。此后还曾担任北京政府政治会议议员、政事堂机要局局长、教育总长、国语统一筹备会会长。1916年因不满袁世凯称帝辞职南归，1917年任冯国璋总统府秘书长。1919年在上海开南北和平会议，被推举为和平期成会副会长。会议失败后辞官归里，在苏州安居。在此期间，曾与张謇组织苏社；与李根源组织吴县善人桥农村改进社，改良农业，兴办教育；与吴荫培等创设吴中保墓会，保护乡里文化遗迹；参与《吴县志》总纂；倡议开辟体育场、图书馆、阅报室、植物园、蚕学馆、博物馆等社会文化教育设施。1931年九一八事变后，创办《斗报周刊》，号召奋起救亡图存。1932年“一·二八”淞沪抗战爆发后，积极参加各种活动，支援抗战。1936年“七君子”事件发生后，多方奔走，设法营救。1937年“八一三”事变后，组织抗敌后援会，捐募军需，收容难民，并与李根源着手组织“老子军”，鼓舞全国人民同仇敌忾。苏州沦陷后，易服扮僧匿居于城西穹窿山安置伤兵，组织抗日。经人力劝后，才最后撤离。由上海取道香港，转赴武汉，被聘为国民参政会参议员，后又随参政会移住重庆。1943年10月因病逝世于重庆。著有《现代兵事集》《古红梅阁别集》《心太平室诗文钞》。

# 《孟子》大意[①]

1928 年

近两年来精神不大好，不愿多讲话，也不会讲话。此次干事苏德宏先生一定要我来讲，所以不得不上来随便讲几句。别的忘记了，小时候读的《论语》《孟子》，还没有忘记，年前我曾组织过一个“平旦学社”，章太炎先生曾来讲过“《论语》大意”，我想诸君多已听到。今天我来把《孟子》的大意讲一讲，谈不到演讲，只好说是自己来温一温旧书。

我为什么要讲《孟子》呢？也有一个原因：因为现在的时局，差不多和春秋以后、秦以前的战国时代相仿佛，而尤其是在军阀势力之下的前年。孟子说：

“争地以战，杀人盈野；争城以战，杀人盈城。此所谓率土地而食人肉!”

至于百姓之苦，苦不堪言，孟子说：

“老羸转于沟壑，壮者散而之四方者几千人矣。”

“……犹解倒悬也。”

春秋以下，孟子生时，还有许多小国，如鲁、邹、宋等，后来逐渐并吞，仅存了秦楚齐燕赵韩魏七雄称霸，这时候有几个政客如苏秦、张仪、公孙衍之辈，凭其三寸不烂之舌，从中挑拨离间，攫取白玉黄金以自享，竟使七国的国君说一句话，国民没有一个敢公

---

① 本文是张一麐于1928年暑假在苏州青年会上的演讲。

然反对。有这等魄力而毅然直讲的唯有孟子。

孟子这时与春秋时代的背景，迥然不同。孔子当时的言语，还是很和缓，因为他还在想行周公之道，他正想保全整个的周朝，他曾说过一句：

“……吾其为东周乎？”

至于孟子呢，他知道东西周是无可救，而百姓之苦又不能不救，他看透了当时社会的环境，所以他便大倡其“王道”，保民而王，这便是真正的民生主义。

孟子说：

“诵其书，记其书，不知其人可乎？是以论其世也。”

我们设想其当时的环境，所谓论其事，必论其世，知人论世，这是孟子讲得再彻底不过的。孔子虽不主张霸道，而对于管仲尚有褒词，管仲相桓公，他曾说一句：

“如其仁，如其仁。”

这句便是很好的证据。

至孟子则不然。所以对齐桓公说：“仲尼之徒，无道桓文之事者。”告公孙丑云：“管仲、晏子、曾西之所不为也，而于为我愿之乎？”因战国时代的七雄，俱以霸主自命，故孟子绝对崇王而黜霸，以贯彻他救民水火的意思。

今天我把这题分为三项来讲：一、孟子的家庭教育；二、孟子的学术思想；三、孟子的政治思想。

一、孟子的家庭教育

母教，又谓胎教，就是胎里教育，放大了也就是家庭教育。小孩子富模仿性的，家庭中的人一举一动，皆影响于小孩子很大，小孩子自生至六七岁，完全靠着母亲来教养的——父亲还在其次——所谓“贤母出贤子”，这句真不错。

家庭教育以后，谁都知受学校教育，如到某一社会里，受其某种之影响，便进而至于社会教育，再进而至于国家教育，若再到欧美各国，去异样的环境里，更进而至于受世界教育（气运教育）。

谈到孟子，三岁就丧了父亲，幼时的家庭教育，当然只有他母亲一人了。大家都知道“孟母三迁”的故事：起初是住在近坟墓的地方，我家这位孟夫子，青天白日的在家里竟然学哭，做着扫墓的事情了。聪明不过他的母亲，鉴及此非所以居其子之地——长此以往，影响这孩子很大——于是便搬了家，搬到一块热闹的市场中，气象真是一新，不像以前的荒凉与凄寂了，哪知我家这位孟夫子又在家里做起杀猪及商场中生意买卖的事情来了。那位贤良的母亲又鉴及此非所以居子之地，于是又来搬家，搬到近学宫的地方来——当时的学宫有读书人居在里边的——不久，孟夫子在家里便学做其俎豆礼器揖让的事情来了。他母亲的目的达到了。可见环境与教育很有关系，而幼稚教育与人生也有莫大的关系。所谓“少而习焉，其心安焉，不见异物而迁焉”。

还有“断机杼”这件事，大家都知道的。一天孟子放学回来，他母亲问他：“学问有进步否?”他很直率地答说：“没有什么进步。”当他练温功课时，不知怎的停了下来，他母亲立时拿起一把剪刀，将机上布划断，孟子很奇怪地问道：“为什么要将此很好的布划断呢?”他母亲答道：“你半途辍学，即像划断此布一样。”孟子觉悟到这一点，于是便努力读书，卒成了一个伟大的人物。母教之重要可知——这是关于孟子的家庭教育。

二、孟子的学术思想

现代科学倡明，物质很发达，三十年前派人留学日本，后来又派人留学欧美，总希望我国的科学界进步一些，谁知到现在还是这样子。吴稚晖先生说非科学莫能救国，固然，我们还应当从事于科学，不过现在我们可以拿些什么东西出来与人家比拟呢？哲学上原分为唯物、唯心两派，西洋人所有的是唯物，物质文明；我们中国所有的是唯心，精神文明。我记得欧战后，梁启超先生他到欧洲去考察他们的文明，西方人不禁大骇道:啊！啊！我们的物质文明现在破产了，我们正渴求你们的东方精神文明来灌溉我们呢！关于这一点德国感觉得最甚，对于儒家的学说，他们研究得也很精深。

孟子的学说，第一是讲“性”。先秦讲性的有二派：一派是主“性恶”（荀子这派）；一派是主“性善”（孟子这派）。当然各有各的理由。而孟子呢，他是提高人的人格，列人于进化的路上的。他说：

“人之所以异于禽兽者几希。”

科学家说人与禽兽同类，但人为什么不与禽兽并称呢？也就是在于人有进化，是讲理性的，不若禽兽之专讲欲而不讲理，欲而无理是不会进化的。我们孟子主性善，由哪一点可以看出呢？孟子说：

“人之不学而能者，其良能也；所不虑而知者，其良知也。”

良知之说，明王阳明先生曾立为一派，后传至日本，即根据孟子——他言必称尧舜，人人皆可以为尧舜的。至于他性善的标准是什么呢？他说：

“恻隐之心，人皆有之；羞恶之心，人皆有之；恭敬之心，人皆有之；是非之心，人皆有之。恻隐之心，仁也；羞恶之心，义也；恭敬之心，礼也；是非之心，智也。仁义礼智，非由外铄我也，我固有之也，弗思耳矣。故曰‘求则得之，合则失之’，或相倍蓰而无算者，不能尽其才者也。《诗》曰：‘天生烝民，有物有则，民之秉彝，好是懿德。’孔子曰：‘为此诗者，其知道乎；故有物必有则，民之秉彝也，故好是懿德。’”

清戴东原，他是相信荀子，反对孟子的。荀子说人做好事，皆是假的、虚伪的。而孟子始终以为人之异于禽兽，就是有这四种德性，他并且提出一个“天”字，指出性善的源头，他以为性善是依照自然，顺乎天理的。

孟子讲性善最浅近的一点，在“求放心”，他说：

“仁，人心也。义，人路也。合其路而弗由，放其心而不知求，哀哉！人有鸡犬放则知求之，有放心而不知求。学问之道无他，求其放心而已矣。”

最要之点，在求放心。他又说：

“养心莫善于寡欲。其为人也寡欲，虽有不存焉者寡矣；其为人也多欲，虽有存焉者寡矣。”

人皆说儒者之道无欲，其实不是无欲，不过将欲缩小，使其寡欲罢了。寡到极处，那就离禽兽愈远，人格愈完全了。

仁义礼智四种，总言之即是良心。所以良心，为什么一个人没良心的事就不好做的呢？孟子说：

“牛山之木，尝美矣，以其郊于大国也。斧斤伐之，可以为美乎？是其日夜之所息，雨露之所润，非无萌蘖之生焉。牛羊又从而牧之，是以若彼濯濯也；人见濯濯也，以为未尝有材也。此岂山之性也哉。虽存乎人者，岂无仁义之心哉，其所以放其良心者，亦犹斧斤之于木也，旦旦而伐之，可以为美乎？其日夜之所息，平旦之气，其好恶与人相近也者几希，则其旦昼之所焉，有梏亡之矣。梏之反复，则其夜气不足以存，夜气不足以存，则其违禽兽不远矣。人见其禽兽也，而以为未尝有才焉者，是岂人之情也哉。故苟得其养，无物不长，苟失其养，无物不消。孔子曰：'操则存，舍则亡，出入无时，莫知其乡，唯心之谓欤。'"

他不单是存心养性，并且还要养气。他又说：

"吾知言，吾善养吾浩然之气。其为气也，至大至刚，以直养而无害，则塞乎天地之间，其为气也，配义与道；无是，馁也。"

所以孟子一生不用诡诈，一生很直爽的。当时七国的局势虽然汹汹，然而他还是照常说他要说的话。有人一定要问到孟子的养气，他是从何而养起的呢？那就是由求放心而来的，将好的心保存起来，将它扩而充之，充乎宇宙之间。——这是孟子学术思想的大略，一时也说不尽许多。

三、孟子的政治思想

关于政治方面，孟子也常常谈到，并且还有许多主张。他极提倡平均制产，实行井田制，一夫受田百亩（当时百亩，约抵现在三十余亩）。他第一先叫人有饭吃，然后再叫人有衣穿。譬如一个人衣食不足，在上等人不以为什么，而在下等人那就发生问题了。所以他说：

"无恒产而有恒心者，唯士为能；若民，则无恒产，因无恒心，苟无恒心，放僻邪侈，无不为已；及陷于罪，然后从而刑之，是罔民也；焉有仁人在位，罔民而不可为也？"

他的主张是：

"是故，明君制民之产，必使仰足以事父母，俯足以畜妻子，乐岁终身饱，凶年免于死亡，然后驱而之善，故民之从之也轻。"

他为什么要有这种主张呢？他也有他的理由，他接着说：

"今也制民之产，仰不足以事父母，俯不足以畜妻子，乐岁终身苦，凶年不免于死亡，此唯救死而恐不瞻，奚暇治礼义哉。"

怎样实行他的主张呢？他在下面又接着说：

"王欲行之，则盍反其本矣，五亩之宅，树之以桑，五十者，可以衣帛矣，鸡豚狗彘之畜，无失其时，七十者，可食肉矣，百亩之田，勿夺其时，八口之家，可以无饥矣。”

讲到农，他主张先富而后教的，所以他跟上来便说：

“谨庠序之教，申之以孝悌之义。”

“尧舜之道，孝悌而已矣。”孟子在政治上怎么解决民生，讲得极平淡，而道理无穷。如果照他的主张做起来，人人有饭吃，人人有衣穿，社会上一切的争执也就没有了。孟子讲到“孝悌”也很着重，他说：

“人人亲其亲，长其长，则天下平。”

真的，人人皆是这样子，天下自然而然会平的。他还说：

“老吾老，以及人之老，幼吾幼，以及人之幼，天下可运于掌。”

又说：

“君子之德风，小人之德草，草上之风必偃。”

上行下效，天下人都来讲礼教，世界也就平定，没有其他的争执了。

民国五六年间，我到过日本，我们知道日本是崇礼教的，在路上无论遇到什么人皆是客气非凡。有一天我在路上遇到一个警察官，他对我非常的客气，他对我说：“我们从中国得到礼教的理论，我们来实行了，而你们中国人主张的，为什么倒不实行呢?”是的，我们的精神文明，不是放在肚子里的，应当实行出来了与西洋物质文明相颉颃。当时真使我惭愧得很，于是敷衍他道：“现在国家正在淆乱的当儿，但是几千年伏在人心中的宝物，总要发表出来的。”吴稚晖先生说西洋人讲孝悌礼义反比我们进步，这话我很相信。

孟子讲政治还有一个极好的主张，这主张就是“非战，和平”。

“故善战者服上刑。”

“不教民而用之谓之殃民，殃民者，不容于尧舜之世。”

“我善为陈，我善为战，大罪也。”

诸如此类，不可胜举。宋牼说秦楚罢兵，将言其不利，孟子以为“先生之志则大矣，先生之号则不可”。可见孟子绝对主张和平，唯和平可救国。他和平的方法，就是仁义，就是王道。当战国人君好战的风气极盛，孟子能直言不讳，这是何等的魄力！

今天讲的，好似背书，谈不到演讲，既不会讲，又不会演，这样子正好比自家来温一温旧书。

# 蔡元培
(1868—1940)

## 生平简介

蔡元培（1868—1940），字鹤卿，又字仲申、民友、孑民，乳名阿培，并曾化名蔡振、周子余。汉族，浙江绍兴山阴县（今绍兴县）人，原籍浙江诸暨。革命家、教育家、政治家，民主进步人士，国民党中央执委、国民政府委员兼监察院院长。民国首任教育总长。早年参加反清朝帝制的斗争，民国初年主持制定了中国近代高等教育的第一个法令——《大学令》。1916 年至 1927 年任北京大学校长，革新北大，开“学术”与“自由”之风；1920 年至 1930 年兼任中法大学校长。北伐时期，国民政府奠都南京后，主持教育行政委员会，筹设中华民国大学院及中央研究院，主导教育及学术体制改革。1928 年，他创办国立艺术院，后来发展成为中国美术学院，这是近代中国第一所综合性的国立高等艺术学府。1928 年至 1940 年专任中央研究院院长，贯彻对学术研究的主张。曾数度赴德国和法国留学、考察，研究哲学、文学、美学、心理学和文化史，为他致力于改革封建教育奠定思想理论基础。1933 年倡议创建国立中央博物院（今南京博物院前身），并亲自兼任第一届理事会理事长。1940 年 3 月 5 日在香港病逝。著有《哲学大纲》《中国伦理学史》等。

# 我之欧战观①

## 1917年1月1日

今日贵会开恳亲会，鄙人得随诸君子之后，躬逢其盛，欢欣莫名。鄙人对于政治方面，毫无经验，对于创造共和，亦未稍尽汗血之劳，欢迎两字，实不敢当。今日承贵会相招，命鄙人述欧战之情形。鄙人近从欧洲归国，自应略有见闻。但鄙人并无军事上之知识，对于此次战争，自不能发挥其真谛。又此次战争，一方系同盟国，一方系协约国，鄙人来自法国，对于同盟国一方面，自必大有隔阂。兹以管窥所及，略为诸君子陈之。

欧战持久之原因。此次欧洲战争，牵连之国甚多，除欧洲一二小国外，其余各国，尽牵连在内。至战争最激烈者，则属德、法、俄三国，而尤以德、法之战为最久。故鄙人所欲言者，为德、法二国所以能持久之原因。

科学之发达。据鄙人观察以为，第一因科学之发达，第二因美术之发达。聚聆此论，似近迂腐，然其中却有真理。何以谓由于科学发达也？战争要品，厥惟军械。世界日近文明，军械亦日新月异。比利时之列日（Liege）炮台，为世界最著名者，当造此时，以为无论何种炮弹，皆能抵御。而德国秘制之巨炮，竟攻破之。是其战胜实由军械进步；而军械进步，实由科学进步。又粮饷尤为军事上要品，然为地力所限，不能为无已之加增。德国虑粮糈缺乏，恃科学

① 本文是蔡元培在北京政学会欢迎会上的演讲。

之力，制造种种代用品以济之。又战争之初，德军得势，亦半由于交通之便利。德国之交通计划，于无事时预备已极周到，一值开战，则即为运输军队之用。其工程之完坚，组织之精密，无不源于科学。法为民主国，其军备不能如德国之强。故开战之初，不免失败。然以科学发达之故，军械之制造，饷糈之调度，交通之设备，尚足与德抗衡，故能持久不敝，与德互有胜负。至俄国则版图虽较德、法二国为大，而科学比较的不发达，军械不足，交通不便，遂一蹶而不振矣。

国民道德然进而求之，战争以军人为主体。军备虽完善，交通虽便利，苟军人无舍身为国之公德，亦自无效。德国取侵略主义，法国取防御主义。主义虽不同，而为军人者，俱能奋勇前进，此由于国民之道德。俄国官吏有贪赃纳贿者，军官有私扣兵饷者，政治之腐败，已达极点，而国民教育，亦未普及。虽以德、法二国之精兵与之，亦万不能操必胜之权。

道德与宗教至道德之养成，有谓倚赖宗教者，其实不然。以此三国比较之，俄国最重宗教，莫斯科一市，即有教堂千余所。国家以希腊教为正教，对于异教之人，不禁虐待。犹太人因保守犹太旧教，屡受俄人虐待。可见信仰宗教，实以俄人程度为最高。德国北方多奉耶教，南方多奉天主教。而德人对于宗教，并不极端信仰。即如星期日，各教堂虽均有教士演讲，而普通人不皆往听。至于大学生，则对于教士多非笑之。一元论哲学家如海开尔（Hecker）等，尤攻击宗教。法国人对于宗教，较之德人尤为浅薄，即如圣诞日，德国尚停市数日，饰树缀灯；法国则开市如常，并无何等点缀。至于教堂中常常涉足者，不过守旧党而已。自 1892 年至 1912 年，法国厉行政教分离之制，凡教士均不得在国立学校为教员，自小学以至大学皆然。此外反对宗教之学说，自服尔得尔（Voltaire）以来，不知有若干人。可见法国人对于宗教之态度矣。俄人宗教上之信仰，较德、法人为高，而战争中之国民道德，乃远不如德、法，可见宗教与道德无大关系矣。

美术之作用。然则法、德两国不甚信仰宗教，而一般人民何以有道德心？此即美术之作用。大凡生物之行动，无不由于意志。意志不能离知识与情感而单独进行。凡道德之关系功利者，伴乎知识，恃有科学之作用；而道德之超越功利者，伴乎情感，恃有美术之作用。美术之作用有两方面：美与高是。

美与高。美者，都丽之状态；高者，刚大之状态，假如光风霁月，柳暗花明，在自然界本为好景。传之诗歌，写诸图画，亦使读者观者有潇洒绝尘之趣，是美之效用也。又如大海风涛，火山爆发，苟非身受其祸，罕不叹为壮观。美术中伟大雄强一类，其初虽使人惊怖，而神游其中，转足以引出伟大雄强之人生观，此高之效用也。

德法之民性。现今世界各国，拉丁民族之性质偏于美，而日尔曼民族之性质偏于高。德国鞠台（Goethe）之戏曲，都雷（Durer）与呵尔拜因（Holbein）之图画、克林格（Klingel）之造像，皆于雄强之中带神秘性质，此偏于高者也。法国语调之温雅，罗科科（Rococo）时代建筑与器具之华丽，大卫（David）与英格尔（Ingres）等图画之清秀，皆偏于美者也。凡民族性质偏于高者认定目的，即尽力以达之，无所谓劳苦，无所谓危险。观德军猛攻凡尔登之役，积尸如山，猛进不已，其毅力为何如！凡民族性质偏于美者，遇事均能从容应付，虽当颠沛流离之际，决不改变其常度。观法人自开战以来，明知兵队之数、预备之周，均不及德，而临机应变，毫不张皇，当退则退，可进则进，若握有最后胜利之预算，而决不以目前之小利害动其心者，其雍容为何如！此可以见美术与国民性之关系。而战争持久之能力，源于美术之作用者，亦必非浅鲜矣。

帝国主义与人道主义。又有一层，此次战争，与帝国主义之消长，有密切关系。使战争结束，同盟方面果占胜利，则必以德国为欧洲盟主，亦即为世界盟主，且将以军国主义支配全世界。又使协约方面而胜利，则必主张人道主义而消灭军国主义，使世界永久和平。何以言之？在昔生物学者有物竞争存、优胜劣败之说，德国大文学家尼采（Nietsche）遂应用其说于人群，以为汰弱存强为人类进化之公理，而以强者之怜悯弱者为奴隶道德。德国主战派遂应用其说于国际间，此军国主义之所以盛行也。然生物学者又有一派发现生物进化公例，不在竞争而在互助。俄国无政府主义者克鲁巴特金（Kropotkin）亲王集其大成，而作《互助论》。其出版时本用英文，亦有他国文译本，然未为多数人所欢迎也。自此次战争开始，协约国一方面深信非互助无以敌德。既于协约各国间实验之，而《互助论》之销数乃大增。此即应用互助主义于国际，而为人道主义昌明之见端也。吾人既反对帝国主义，而渴望人道主义，则希望协约国之胜利也，又复何疑！

# 就任北京大学校长演讲词

1917年1月9日

五年前，严几道先生为本校校长时，余方服务教育部，开学日曾有所贡献于同校。诸君多自预科毕业而来，想必闻知。士别三日，刮目相见，况时阅数载，诸君较昔当必为长足之进步矣。予今长斯校，请更以三事为诸君告。

一曰抱定宗旨。诸君来此求学，必有一定宗旨，欲知宗旨之正大与否，必先知大学之性质。今人肄业专门学校，学成任事，此固势所必然。而在大学则不然，大学者，研究高深学问者也。外人每指摘本校之腐败，以求学于此者，皆有做官发财思想，故毕业预科者，多入法科，入文科者甚少，入理科者尤少，盖以法科为干禄之终南捷径也。因做官心热，对于教员，则不问其学问之浅深，唯问其官阶之大小。官阶大者，特别欢迎，盖为将来毕业有人提携也。现在我国精于政法者，多入政界，专任教授者甚少，故聘请教员，不得不聘请兼职之人，亦属不得已之举。究之外人指摘之当否，姑不具论，然弭谤莫如自修，人讥我腐败，而我不腐败，问心无愧，于我何惧？果欲达其做官发财之目的，则北京不少专门学校，入法科者尽可肄业于法律学堂，入商科者亦可投考商业学校，又何必来此大学？所以诸君须抱定宗旨，为求学而来，入法科者，非为做官；入商科者，非为致富。宗旨既定，自趋正轨，诸君肄业于此，或三年，或四年，时间不为不多，苟能爱惜光阴，孜孜求学，则其造诣，容有底止。若徒志在做官发财，宗旨既乖，趋向自异。平时则放荡冶游，考试则熟读讲义，不问学问之有无，唯争分数之多寡；试验既终，书籍束之高阁，毫不过问，敷衍三四年，潦草塞责，文凭到手，即可借此活动于社会，岂非与求学初衷大相背驰乎？光阴虚度，学问毫无，是自误也。且辛亥之役，吾人之所以革命，因清廷官吏之腐败。即在今日，吾人对于当轴多不满意，亦以其道德沦丧。今诸君苟不于此时植其基，勤其学，则将来万一因生计所迫，出而仕事，担任讲席，则必贻误学生；置身政界，则必贻误国家。是误人也。误己误人，又岂本心所愿乎？故宗旨不可以不正大。此余所希望于诸君者一也。

二曰砥砺德行。方今风俗日偷，道德沦丧，北京社会，尤为恶劣，败德毁行之事，触目皆是，非根基深固，鲜不为流俗所染。诸君肄业大学，当能束身自爱。然国家之兴替，视风俗之厚薄。流俗如此，前途何堪设想。故必有卓绝之士，以身作则，力矫颓俗，诸君为大学学生，地位甚高，肩此重任，责无旁贷，故诸君不唯思所以感己，更必有以励人。苟德之不修，学之不讲，同乎流俗，合乎污世，己且为人轻侮，更何足以感人。然诸君终日伏首案前，芸芸攻苦，毫无娱乐之事，必感身体上之苦痛。为诸君计，莫如以正当之娱乐，易不正当之娱乐，庶几道德无亏，而于身体有益。诸君入分科时，曾填写愿书，遵守本校规则，苟中道而违之，岂非与原始之意相反乎？故品行不可以不谨严。此余所希望于诸君者二也。

三曰敬爱师友。教员之教授，职员之任务，皆以为诸君求学之便利，诸君能无动于衷乎？自应以诚相待，敬礼有加。至于同学共处一室，尤应互相亲爱，庶可收切磋之效。不唯开诚布公，更宜道义相勖，盖同处此校，毁誉共之。同学中苟道德有亏，行有不正，为社会所訾詈，己虽规行矩步，亦莫能辩，此所以必互相劝勉也。余在德国，每至店肆购买物品，店主殷勤款待，付价接物，互相称谢，此虽小节，然亦交际所必需，常人如此，况堂堂大学生乎？对于师友之敬爱，此余所希望于诸君者三也。

余到校视事仅数日，校事多未详悉，兹所计划者二事：一曰改良讲义。诸君既研究高深学问，自与中学、高等不同，不唯恃教员讲授，尤赖一己潜修。以后所印讲义，只列纲要，细枝末节，以及精旨奥义，或讲师口授，或自行参考，以期学有心得，能裨实用；二曰添购书籍。本校图书馆书籍虽多，新出者甚少，苟不广为购办，必不足供学生之参考。刻拟筹集款项，多购新书，将来典籍满架，自可旁稽博采，无虞缺乏矣。今日所与诸君陈说者只此，以后会晤日长，随时再为商榷可也。

# 以美育代宗教说[①]

1917 年 4 月 8 日

兄弟于学问界未曾为系统的研究，在学会中本无可以表示之意见。唯既承学会诸君子责以讲演，则以无可如何中，择一于我国有研究价值之问题为到会诸君一言，即“以美育代宗教”之说是也。

夫宗教之为物，在彼欧西各国已为过去问题。盖宗教之内容，现皆经学者以科学的研究解决之矣。吾人游历欧洲，虽见教堂棋布，一般人民亦多入堂礼拜，此则一种历史上之习惯。譬如前清时代之袍褂，在民国本不适用，然因其存积甚多，毁之可惜，则定为乙种礼服而沿用之，未尝不可。又如祝寿、会葬之仪，在学理上了无价值，然戚友中既以请帖、讣闻相招，势不能不循例参加，借通情愫。欧人之沿袭宗教仪式，亦犹是耳。所可怪者，我中国既无欧人此种特别之习惯，乃以彼邦过去之事实作为新知，竟有多人提出讨论。此则由于留学外国之学生，见彼国社会之进化，而误听教士之言，一切归功于宗教，遂欲以基督教劝导国人。而一部分之沿袭旧思想者，则承前说而稍变之，以孔子为我国之基督，遂欲组织孔教，奔走呼号，视为今日重要问题。

自兄弟观之，宗教之原始，不外因吾人精神作用构成。吾人精神上之作用，普通分为三种：一曰智识；二曰意志；三曰感情。最早之宗教，常兼此三作用而有之。盖以吾人当未开化时代，脑力简

① 本文是蔡元培在北京神州学会发表的演讲。

单，视吾人一身与世界万物，均为一种不可思议之事。生自何来？死将何往？创造之者何人？管理之者何术？凡此种种皆当时之人所提出之问题，以求解答者也。于是有宗教家勉强解答之。如基督教推本于上帝，印度旧教则归之梵天，我国神话则归之盘古。其他各种现象，亦皆以神道为唯一之理由。此知识作用之附丽于宗教者也。且吾人生而有生存之欲望，由此欲望而发生一种利己之心。起初以为非损人不能利己，故恃强凌弱，掠夺攫取之事，所在多有。其后经验稍多，知利人之不可少，于是有宗教家提倡利他主义。此意志作用之附丽于宗教者也。又如跳舞、唱歌，虽野蛮人亦皆乐此不疲。而对于居室、雕刻、图画等事，虽石器时代之遗迹，皆足以考见其爱美之思想。此皆人情之常，而宗教家利用之以为诱人信仰之方法。于是未开化人之美术，无一不与宗教相关联。此又情感作用之附丽于宗教者也。天演之例，由浑而昼。当时精神作用至为混沌，遂结合而为宗教。又并无他种学术与之对，故宗教在社会上遂具有特别之势力焉。

迨后社会文化日渐进步，科学发达，学者遂举古人所谓不可思议者，皆一一解释之以科学。日星之现象，地球之缘起，动植物之分布，人种之差别，皆得以理化、博物、人种、古物诸科学证明之。而宗教家所谓吾人为上帝所创造者，从生物进化论观之，吾人最初之始祖实为一种极小之动物，后始日渐进化为人耳。此知识作用离宗教而独立之证也。宗教家对于人群之规则，以为神之所定，可以永远不变。然希腊诡辩家，因巡游各地之故，知各民族之所谓道德，往往互相抵触，已怀疑于一成不变之原则。近世学者据生理学、心理学、社会学之公例，以应用于伦理，则知具体之道德不能不随时随地而变迁；而道德之原理则可由种种不同之具体者而归纳以得之；而宗教家之演绎法，全不适用。此意志作用离宗教而独立之证也。

知识、意志两作用，既皆脱离宗教以外，于是宗教所最有密切关系者，唯有情感作用，即所谓美感。凡宗教之建筑，多择山水最胜之处，吾国人所谓天下名山僧占多，即其例也。其间恒有古木名花，传播于诗人之笔，是皆利用自然之美以感人者。其建筑也，恒有峻秀之塔，崇闳幽邃之殿堂，饰以精致之造像，瑰丽之壁画，构成暗淡之光线，佐以微妙之音乐。赞美者必有著名之歌词，演说者必有雄辩之素养，凡此种种皆为美术作用，故能引人入胜。苟举以上种种设施而屏弃之，恐无能为役矣。然而美术之进化史，实亦有脱离宗教之趋势。例如吾国南北朝著名之建筑，则伽蓝耳。其周雕刻，则造像耳。图画，则佛像及地狱变相之属为多；文学之一部分，亦与佛教为缘。而唐以后诗文，遂多以风景人情世事为对象；宋元以后之图画，多写山水花鸟等自然之美。周以前之鼎彝，皆用诸祭祀。汉唐之吉金，宋元以来之名瓷，则专供把玩。野蛮时代之跳舞，专以娱神，而今则以之自娱。欧洲中古时代留遗之建筑，其最著者率为教堂。其雕刻图画之资料，多取诸新旧约；其音乐，则附丽于赞美歌；其演剧，亦排演耶稣故事，与我国旧剧《目连救母》相类。及文艺复兴以后，各种美术渐离宗教而尚人文。至于今日，宏丽之建筑多为学校、剧院、博物院。而新设之教堂，有美学上价值者，几无可指数。其他美术，亦多取资于自然现象及社会状态。于是以美育论，已与宗教分合之两派。以此两派相较，美育之附丽于宗教者，常受宗教之累，失其陶养之作用，而转以刺激感情。盖无论何等宗教，无不有扩张己教、攻击异教之条件。回教之谟罕默德，左手持《可兰经》，而右手持剑，不从其教者杀之。基督教与回教冲突，而有十字军之战，几及百年。基督教中又有新旧教之战，亦亘数十年之久。至佛教之圆通，非他教所能及。而学佛者苟有牵教义之成见，则崇拜舍利受持经忏之陋习，虽通人亦肯为之。甚至为护法起见，不惜于共和时代，附和帝制。宗教之为累，一至于此。皆激刺感情之作用为之地。

鉴激刺感情之弊，而专尚陶养感情之术，则莫如舍宗教而易以纯粹之美育。纯粹之美育，所以陶养吾人之感情，使有高尚纯洁之习惯，而使人我之见、利己损人之思念，以渐消沮者也。盖以美为普遍性，绝无人我差别之见能参入其中。食物之入我口者，不能兼果他人之腹；衣服之在我身者，不能兼供他人之温，以其非普遍性也。美则不然。即如北京左近之西山，我游之，人亦游之；我无损于人，人亦无损于我也。隔千里兮共明月，我与人均不得而私之。中央公园之花石，农事试验场之水木，人人得而赏之。埃及之金字塔、希腊之神祠、罗马之剧场，瞻望赏叹者若干人，且历若干年，而价值如故。各国之博物院，无不公开者，即私人收藏之珍品，亦时供同志之赏览。各地方之音乐会、演剧场，均以容多数人为快。所谓独乐乐不如人乐乐，与寡乐乐不如与众乐乐，以齐宣王之惛，尚能承认之。美之为普遍性可知矣。且美之批评，虽间亦因人而异，然不曰是于我为美，而曰是为美，是亦以普遍性为标准之一证也。

美以普遍性之故，不复有人我之关系，遂亦不能有利害之关系。马牛，人之所利用者，而戴嵩所画之牛，韩干所画之马，绝无对之而作服乘之想者。狮虎，人之所畏也，而卢沟桥之石狮，神虎桥之石虎，绝无对之而生搏噬之恐者。植物之花，所以成实也，而吾人赏花，绝非作果实可食之想。善歌之鸟，恒非食品。灿烂之蛇，多含毒液。而以审美之观念对之，其价值自若。美色，人之所好也，对希腊之裸像，绝不敢作龙阳之想。对拉飞尔若鲁滨司之裸体画，绝不敢有周昉秘戏图之想。盖美之超绝实际也如是。且于普通之美以外，就特别之美而观察之，则其义益显。例如崇闳之美，有至大至刚两种。至大者如吾人在大海中，唯见天水相连，茫无涯诶。又如夜中仰数恒星，知一星为一世界，而不能得其止境，顿觉吾身之小虽微尘不足以喻，而不知何者为所有，其至刚者，如疾风震霆、覆舟倾屋、洪水横流、火山喷薄，虽拔山盖世之气力，亦无所施，而不知何者为好胜。夫所谓大也，刚也，皆对待之名也。今既自以为无大之可言，无刚之可恃，则且忽然超出乎对待之境，而与前所谓至大至刚者肸合而为一体，其愉快遂无限量。当斯时也，又岂尚有利害得丧之见能参入其间耶！其他美育中，如悲剧之美，以其能破除吾人贪恋幸福之思想。《小雅》之怨悱，屈子之离忧，均能特别感人。《西厢记》若终于崔、张团圆，则平淡无奇；唯如原本之终于草桥一梦，始足发人深省。《石头记》若如《红楼后梦》等，必使宝、黛成婚，则此书可以不作；原本之所以动人者，正以宝、黛之结果一死一亡，与吾人之所谓幸福全然相反也。又如滑稽之美，以不与事实相应为条件，如人物之状态，各部分互有比例。而滑稽画中之人物，则故使一部分特别长大或特别短小。作诗则故为不谐之声调，用字则取资于同音异义者。方朔割肉以遗细君，不自责而反自夸。优旃谏漆城，不言其无益，而反谓漆城荡荡寇来不得上。皆与实际不相容，故令人失笑耳。要之美学之中，其大别为都丽之美、崇闳之美（日本人译言优美、壮美）。而附丽于崇闳之悲剧，附丽于都丽之滑稽，皆足以破人我之见，去利害得失之计较，则其所以陶养性灵，使之日进于高尚者，固已足矣。又何取乎侈言阴骘、攻击异派之宗教，以刺激人心，而使之渐丧其纯粹之美感为耶。

# 在南开学校全校欢迎会上的演讲

1917 年 5 月 23 日

余自归国以来，居京瞬将一稔。虽经贵校数约来津，只以事冗，未获践诺，深以为恨。兹者承贵校励学、敬业、演说三会约邀，来与诸君为学术上之讨论，并可请益于诸君，是诚可欣喜者。既来兹，复蒙贵校董严先生、校长张先生殷殷招待，开会欢迎，得与全校诸君共话，感激实甚。

贵校为国中知名之学校，鄙人闻名久矣，深以未得参观为憾。今兹之来，未得有所预备，姑取各学校普通注重之德、智、体三育，为诸君言之。三育之重，各国学校殆莫不皆然，在国中则有名无实者犹居多数，此实大可商榷者也。

今请首言体育。古之所谓勇夫、侠士，君子称之，此即体育之发端。逮汉，人民犹有佩剑之遗风，久之，则此俗渐失，人人习于颓靡，身体柔弱，腰弓背屈。群以为知识发达，道德增加，便足为毕人生事，于是，囚首垢面者，反目为是，雄躯壮干者，鄙为不足道。殊不知有健全之身体，始有健全之精神；若身体柔弱，则思想精神何由发达？或曰，非困苦其身体，则精神不能自由。然所谓困苦者，乃锻炼之谓，非使之柔弱以自苦也。

今之学校中，盖咸知注视体育者，但国人之惰性甚深，致学生仍不得充量以提倡。贵校连捷华北，体育已臻佳境。东亚虽败，然断不可视为败兴之举。以体育之提倡，贵乎全体四万万人中。设尽四万人体育发达，余者仍颓唐故我，则全国体育依然列于软弱之类。

矧东亚与赛诸君，尽属之学校，其数不过有数十人，即胜亦不得便以为荣；故此次之败，乃赐我良机，俾体育发达者不以是自满，且因之愈倡练习之风。而贵校体育号称发达者，大望始终勿怠，为国人倡焉。

次言智育。学校中之智育，多不外乎教科书。顷闻贵校教科书大都以英文充用，此法甚善。盖贵校非他校比，贵校学生大多数为将来升学研究之人，而他种学校尚多急于生活之学生。昔黄韧之先生主张职业教育，即本此故。原中国今日之学生，受国家之影响，家庭之阻挠，所志多不能遂，转而入于谋生自活之途，此职业教育所以急待注意者也。若诸君者，则升学乃唯一之方针，固无须谋及职业矣。但升学亦有二种方向：一即倾向于研究，一即得有普通专门学术。二者乃此后升学必由之径，愿诸君审察之。教授假诸外人，此乃借径熟习外国语言，以备研究各种科学。英文科学高于他国，固无论矣；若德若法，要亦可资滋助。吾国学规，有英、德文之须习，而各国亦以多习他国语言为则。若贵校既习英文，复新增德文。此后吾甚盼法文、意大利文亦靡不增加。盖学校范围小者，其力不充，不得不因陋就简。至贵校则数达千人，前程方兴未艾，扩而大之，固甚易易也。

论德育，在国中甚属难言。旧日道德，隐然有一种魔力，法规所定，无论当否，无丝毫违抗改变余地。国之君主，家之家长，私塾之师，其令之严，被动者唯有服从，无所谓自由其思想，使居于判断是非之地。此种思想之钳制，积数千年，至今日学校校长犹存此风。其是也，全校是之；非也，全校非之。于是，校风播荡，国风斯成，国中思想之不自由，较之各国思想发达者，有霄壤之别矣。然贵校于斯，殊异于众。贵校董严先生于旧道德素称高贵，而校长张先生又属基督徒；但二先生绝不因己之信仰强诸君以为从。校中各会会章不一，人者纯属自由择选，无丝毫信仰之束缚。此种自由足为未来之道德开一新径。吾甚愿诸君守此勿变，以养成此种优美之习惯焉。

# 大战与哲学[①]

1918 年 10 月 18 日

现在欧洲的大战争，是法国革命后世界上最大的事。考法国革命，很受卢梭、伏尔泰、孟德斯鸠诸氏学说的影响。但这等学说，都是主张自由、平等，替平民争气的；在贵族一方面，全仗向来占据的地盘，并没有何等学理可替他辩护了。现今欧战是国与国的战争。每一国有他特别的政策，便有他特别相关的学说。我今举三种学说作代表，并且用三方面的政策来证明他。

第一是尼采（Nietzsche）的强权主义，用德国的政策证明它。第二是托尔斯泰（Tolstoy）的无抵抗主义，用俄国过激派政策证明它。第三是克罗巴金（Kropotkin）的互助主义，用协商国政策证明它。考尼氏、托氏、克氏的学说，都是无政府主义，现在却为各国政府所利用。这是过渡时代的现象呵！

古今学者，没有不把克己爱人当美德的。希腊时代的诡辩派，虽对于普通人的道德，有怀疑的论调，但也是消极地批评罢了。到 1845 年，有一德国人约翰加派斯密德（Johon Karporschmilt）发行一书，叫作《个人与他的所有》，专说“利己论”。他说：“我的就是善的，我就是我的善物。善呵，恶呵，与我有什么相干？神的是神的，人类的是人类的。要是我的，就不是神的，也不是人类的。也没有什么真的，善的，正义的，自由的，就是我的。那就不是普通

---

① 本文是蔡元培在北大国际研究演讲会上的演讲。

的，是单独的。”他又说：“于我是正的，就是正。我以外没有什么正的。就是于别人觉得有点不很正的，那是别人应注意的事，于我何干？没有一事，于全世界算是不正的，但于我是正的，因是我所欲的，那就我也不去问那全世界了。”这真是大胆的判断呵！

到了19世纪的后半纪，尼采始渐渐发布他个性的强权论，有《察拉都斯遗语》《善恶的那一面》《意志向着威权》等著作。他把人类行为分作两类：凡阴柔的，如谦逊、怜爱等，都叫作奴隶的道德；凡阳刚的，如勇敢、矜贵、活泼等，都叫作主人的道德。彼所最反对的是怜爱小弱，所以说“怜爱是大愚”，“上帝死了，因为他怜爱人，所以死了”。他的理论，以为进化的例，在乎汰弱留强。强的中间有更强的，也被淘汰。逐层淘汰，便能进步。若强的要保护弱的，弱的就分了强的生活力，强的便变了弱的。弱的愈多，强的愈少，便渐渐地退化了。所以他提出“超人”的名目。又举出模范的人物，如雅典的亚尔西巴德（Alcibiades）、罗马的该撒（Caesar）、意大利的该撒波尔惹亚（Cesare Borgia）、德国的鞠台（Goethe）与毕斯麦克（Bismarck）。他又说：此等超人，必在主人的民族中发生，这是属于亚利安人种的。他所说的超人，既然是强中的强，所以主张奋斗。他说：“没有工作，只有战斗；没有和平，只有胜利。”他的世界观，所以完全是个意志，又完全是个向着威权的意志。所以他说：“没有法律，没有秩序。”他的主义是贵族的，不是平民的，所以为德国贵族的政府所利用，实行军国主义。又大唱“德意志超越一切”（Deutsche uber alles），就是超人的主义。侵略比利时，勒索巨款；杀戮妇女，防她生育；断男儿的左手，防他执军器；于退兵时拔尽地力，焚毁村落，叫它不易恢复。就是不怜爱的主义。条约就是废纸，便是没有法律的主义。统观战争时代的德国政策，几没有不与尼氏学说相应的。不过尼氏不信上帝，德皇乃常常说“上帝在我们”，又说“上帝应罚英国”。小小的不同罢了。

与尼氏极端相反的哲学，便是托氏。托氏是笃信基督教的，但是基督教的仪式，完全不要，单提倡那精神不灭的主义。他编有《福音简说》十二章，把基督教所说五戒反复说明。第一是绝对不许杀人；第四是受人侮时，不许效尤报复；第五是博爱人类，没有国界与种界。他的意思，以为人侮我，不过侮及我的肉体，并没有侮及我的精神，但他的精神是受了侮人的污点，我很怜惜他罢了。若是我用着用眼报眼、用手报手的手段去对付他，是我不但不能洗刷他的精神，反把我自己的精神也污蔑了。所以有一条说：“有人侮你，你就自己劝他；劝了不听，你就请两三个人同劝他；劝了又不听，就再请公众劝他；劝了又不听，你只好恕他了。”这是何等宽容呵！《新约福音》书中曾说道：“有人掌你右颊，你就把左颊向着他。有人夺你外衣，你就把里衣给他。”这几句话，有“成人之恶”的嫌疑，所以托氏没有采入《简说》中。

托氏抱定这个主义，所以绝对地反对战争。不但反对侵略的战，并且反对防御的战。所以他绝对地劝人不要当兵。他曾与中国一个保守派学者通讯，大意说：中国人忍耐得许久了，忽然要学欧洲人的暴行，实在可惜，云云。所以照托氏的眼光看来，此次大战争，不但德国人不是，便是比、法、俄、英等国人，也都没有是处。托氏的主义，在欧洲流行颇广，俄境尤甚，……[①]所以与德人单独讲和，不愿与协商国共同作战了。

……[②]现在误用托氏主义的俄人失败了；专用尼氏主义的德人也要失败了；最后的胜利，就在协商国。协商国所用的，就是克氏的互助主义。互助主义，是进化论的一条公例。在达尔文的进化论中，本兼有竞存与互助两条假定义。但他所列的证据，是竞存一方面较多。继达氏的学者，遂多说互竞的必要。如前举尼氏的学说，就是专以互竞为进化条件的。1880 年顷，俄国圣彼得堡著名动物学教授开勒氏（Kesster）于俄国自然科学讨论会提出“互助法”，以为自然法中，久存与进步，并不在互竞而实在互助。从此以后，爱斯彼奈（Espinas）、赖耐桑（L. L. Lanessan）、布斯耐（Lovis Buchner）、沙克尔（Huxley）、德普蒙（Henry Drummond）、苏退隆（Sutherland）诸氏，都有著作，可以证明互助的公例。

克氏集众说的大成，又加以自己历史的研究，于 1890 年公布动物的互助，于’91 年公布野蛮人的互助，’92 年公布未开化人的互助，’94年公布中古时代自治都市之互助，’96 年公布新时代之互助，于 1902 年成书。于动物中，列举昆虫鸟兽等互助的证据。此后各

①② 此处略有删节。

章，从野蛮人到文明人，列举各种互助的证据。于最后一章，列举同盟罢工、公社、慈善事业，种种实例，较之其他进化学家所举“互竞”的实例，更为繁密了。在克氏本是无政府党，于国家主义本非绝对赞同，但互助的公例，并非不可应用于国际。欧战开始，法、比等国，平日抱反对军备主义的，都愿服兵役以御德人。克氏亦尝宣言，主张以群力打破德国的军国主义。后来德国运动俄、法等国单独讲和，克氏又与他的同志，叫作“开明的无政府党”的联合宣言，主张打破德国的军国主义，不可讲和。可见克氏的互助主义，主张联合众弱，抵抗强权，叫强的永不能凌弱的，不但人与人如是，即国与国亦如是了。现今欧战的结果，就给互助主义增了最重大的证据。德国四十年中，扩张军备，广布间谍，他的侵略政策，本人人皆知的了。且英、法等国，均自知单独与德国开战，必难幸胜，所以早有英、法协商，俄、法协商等预备，就是互助的基本。到开战时，德国首先破坏比国的中立。那时比国要是用托氏的无抵抗主义，竟让德兵过去攻击法国，英、法等国，难免措手不及了。幸而比国竟敢与德国抵抗，使英、法等国，有从容预备的时期。俄国从奥国与东普鲁士方面竭力进攻，给德国不能用全力攻法。这就是互助的起点。后来俄国与德国单独讲和，更有美国加入，输军队，输粮食，东亚方面，有日本舰队巡弋海面，有中国工人到法国助制军火。靠这些互助的事实，才能把德人的军国主义逐渐打破。现在，德人已经承认美总统所提议的十四条，又允撤退比、法境内的军队。互助主义的成效，已经彰明较著了。此次平和以后，各国必能减杀军备，自由贸易，把一切互竞的准备撤销，将合全世界实行互助的主义。克氏当尚能目睹的。

照此看来，欧战的结果，就使我们对于尼氏、托氏、克氏三种哲学，很容易辨别了。我国旧哲学中，与尼氏相类似的，只有《列子》的《杨朱》篇，但并非杨氏“为我”的本意。（拙作《中国伦理学史》中曾辩过的）托氏主义，道家、儒家均有道及的，如曾子说“犯而不校”，孟子说的三“自反”，老子说的“三宝”，是很相近的。人人都说我们民族的积弱，都是中了这种学说毒，也是“持之有故”。我们尚不到全体信仰精神世界的程度，只可用“各尊所闻”之例罢了。至于互助的条件，如孟子说的“多助之至，天下顺之。寡助之至，亲戚畔之”，“不通功易事，则农有余粟，女有余布”。普通人常说的“家不和，被邻欺”，“群策群力”，“众擎易举”，都是很对的。此后就望大家照这主义进行，自不愁不进化了。

# 欧战后之教育问题[①]

1919 年 3 月 29 日

鄙人今日承青年会诸先生之邀，来此讲演，适值大风扬尘，而诸先生仍惠然肯来，鄙人深感诸先生之盛意，尤恐无以副诸先生之望，谨先告罪。

今日演题为“欧战后之教育问题”，本青年会诸先生所预定。此番战争之后，世界各事无不有所改变，教育主义自不能不随之而改变。鄙人意见，以为战前教育偏于国家主义，战后教育必当偏于世界主义。即战前主持教育者，仅欲为本国家造成应用之人才。而战后主持教育者，在为世界养成适当之人物。此战前战后教育主义区别之点也。

请将各国战前教育主义之异点分别言之。

## 一、军国民教育

军国民教育重在整齐、严肃，尤在服从。持此主义者，常用军法部勒学生，而尤时时以尊爱王室之道德勉励之。可以德、日两国为代表。其中最特殊者，为德国大学之学生会。入此等会者，以贵族子弟为多。每会各有中古时遗传之制服及徽帜。初入会者，一切受旧会员之命令。及资格较老，则亦可以命令人，直与陆军学生之

① 本文是蔡元培在天津青年会发表的演讲。

入联队相类，时时开会，狂饮啤酒，练习剑术。偶然甲会与乙会小有冲突，则各出选手，约期决斗，胸臂皆加保护，而露其面部，以面部受伤而倒地者为负。此等决斗，为警章所禁，然政府默许之。故德国大学生以面部多有伤痕为荣。其他平民子弟不加入贵族学生会，则相约而为自由学生会。不为酗酒击剑，而以研究学问、励行公益为目的。乃政府反恐其接近社会党而时时干涉之。此可见军国民主义之缺点矣。

## 二、绅士教育

绅士教育以养成一部分绅士为目的，所谓 Gentleman 是也。得以英国为代表。如剑桥、牛津诸大学，初不以科学为重，而在养绅士之态度，此其最著者。其他各种学校，亦多有此习惯。曾闻有中国留学生，出言偶失绅士体统，其友即与之绝交者。更闻有一中国官费女学生，因其冠不合时式，而受校长之责问者。其不自由如此。

## 三、宗教教育

各教会所设学校均以传布教会势力为主旨，固不待言。即欧美政府，自法国而外，亦无不承认各学校有宗教一课。如校中偶有异教徒之子弟，则许其不受此课，而家中别延本教之教员以授之。

## 四、资本家教育

欧美各国虽定有义务教育年限，亦多不收学费，以图教育之普及。然此等制度以初等教育为限。其高等教育往往学费甚昂，非素封之家不能使其子弟受此等教育。于是高等教育遂为资本家所专有。而其教育又大抵偏重实利主义，几若人类为金钱而生活者。遂使拜金主义弥漫全国。美国其代表也。

又，各国教育之实况，城市教育每较乡村教育为优。男子教育每较女子教育为完美。又，一国中含有异民族者，则往往欲以一民族同化其他民族，而不许以其本族之语言施教育。如俄国之于芬兰人，德国之于波兰人，日本之于朝鲜人是也。是皆教育上之最不平等者也。

以上所举，均战前之状况也。既经此番大战，教育界实受莫大之教训。例如德之军国主义以全国人民为机械，而供野心家之利用。其始虽若无敌于天下，而卒以寡助之故，渐致失败。国中人民，亦渐悟政府之不良，起而革命。此后德国永无军国民主义之教育，固可断言。而和平会议中，且提议限制军备，废征兵制，则军国民教育之不能容于今日，可概见矣。英国于战争期内，所需受高等教育而有实际的技能之人，甚形不足。教育总长费休氏遂于1917年1月14日提出教育改革案，1918年8月已由上、下两院通过。其主义在一面使下级人民之国民教育力求完全，一面又使下级人民之子弟得进而受高等教育。是即改绅士教育为平民教育之主义也。至于宗教教育，虽皆以平等、博爱为言，然其独尊己教，排斥他教之习惯，在昔既酿为战争；而浸入青年脑中，反与平等、博爱之义相违。且各教并列，其所根据者既超乎经验以上，不能以学理证明其是非，则宜循信仰自由原则，俟各人成年以后，自由选择；不宜对未成年之学生，而强以成人之所信仰者桎梏之。故法国已于1912年确定教育中不得参入宗教之律。而大战以后，瑞士教育家亦有此种提议。他日必将普及于各国，可无疑也。资本家教育之流弊，一方面促成贫富不平等之阶级，一方面激成社会革命之反动。而此等未受高等教育之平民，即畀以资产，亦不免因自由竞争而陷于劣败之境遇。故根本解决，宜从普及高等教育入手。战前如法国等，虽有平民大学之制，然究居少数，而其制亦未为完备。战后各国，鉴于俄、德两国之阶级战争，必将注意于此焉。

读美国全国教育会所提出教育革新基本计划，极言乡村教育之不可不与都市教育并重。吾友陶孟和君视察日本教育，谓近日趋势注重科学教育，提高女子教育。又如准民族自决主义，若波兰人若捷克斯拉夫人均有自主教育之机会，则同化异民族主义之教育，亦必以渐减杀。是诚教育平等之好现象也。

虽然，平等者，破除阶级而绝非消灭个性。从前行阶级制度教育时，重在一级中绝对平等。如美国教育会所举德国教育之劣点，谓“平民学校中，专以种种仪节制度限止之，使养成其服从心、信仰心，与夫唯帝命是听之恶根性，……以轧制平民之生活、工作、知力，为一种物质的机械”，是其例也。既破坏阶级制度，则即当解放个人之束缚，而一任其自由发展。盖世界为有机的组织，有特长者不可强屈之以普通。世界有进化的原则，有天才者尤当利用之以为先导。此后新教育，必将渐改年级制而为选科制。又如美国普通学校之大组织与二重学年制，亦渐近选科制，而可以采用者也。

我国昔日之教育制度，多效德、日二国。故清季有“尚武”之条件，今军阀派所办学校，尚有专用军法部勒者。学校之中，苟有教会之人为教员，则往往诱导学生，使之归依宗教。拘守旧学者，又欲定孔教为国教，以规定于学校教科之中。言义务教育，则初级者尚未普及，何论高等。言女子教育，则高等学校既不许男女同校，又不为女子特设。视各国战前之教育，尚远不逮。然则既受此大战之教训，鉴于各国教育界之革新，宜如何奋勉耶?

# 东西文化结合[1]

1921年6月14日

当1919年9月间国立北京大学行暑假后开学式，请杜威博士演说。彼说："现代学者当为东西文化作媒介，我愿尽一分子之义务，望大学诸同人均尽力此事"云云。此确为现代的重要问题。其中包有两点：（一）以西方文化输入东方；（二）以东方文化传布西方。

综观历史，凡不同的文化互相接触，必能产出一种新文化。如希腊人与埃及及美琐波达米诸国接触，所以产生雅典的文化。罗马人与希腊文化接触，所以产出罗马的文化。撒克逊人、高卢人、日耳曼人与希腊、罗马文化接触，所以产出欧美诸国的文化。这不是显著的例证么？就在中国与印度文化接触后，产出10世纪以后的新文化，也是这样。

东方各国输入西方文化，在最近一世纪内，各方面都很尽力。如日本，如暹罗，传布得很广。中国地大人众，又加以四千余年旧文化的抵抗力，输入作用尚未普及。但现今各地方都设新式学校，年年派学生到欧美各国留学，翻译欧美学者的著作，都十分尽力。我想十年或二十年后，必能使全国人民都接触欧美文化。

至于西方文化，固然用希伯来的基督教与希腊、罗马的文化为中坚，但文艺中兴时代，受了阿拉伯与中国的影响，已经不少。到近代，几个著名的思想家，几乎没有不受东方哲学的影响的。如

---

① 本文是蔡元培在华盛顿乔治城大学发表的演讲。

Schopenhauer 的厌世哲学，是采用印度哲学的 Nietzsche 的道德论，是采用阿拉伯古学的。Tolstoy 的无抵抗主义，是采用老子哲学的。现代 Berffson 的直觉论，也是与印度古代哲学有关系的。尤（其）是此次大战以后，一般思想界，对于旧日机械论的世界观，对于显微镜下专注分析而忘却综合的习惯，对于极端崇拜金钱、崇拜势力的生活观，均深感为不满足。欲更进一步，求一较为美善的世界观、人生观，尚不可得。因而推想彼等所未发现的东方文化，或者有可以应此要求的希望。所以对于东方文化的了解，非常热心。

我此次游历，经欧洲各国，所遇的学者，无不提出此一问题。举其最重要者，如德国哲学家 Eueken 氏，深愿依 Dewey、Russell 的前例，往中国一游。因年逾七十，为其夫人所阻。近请吾友张嘉森（C. S. Chang）译述中国伦理旧说，新著《为中国人的伦理学》一书。法国的数学家 Painleve 氏既发起中国学院于巴黎大学，近益遍访深通中国学术的人延任教授。英国的社会学家 Wells 教授与其同志与我约，由英、华两方面各推举学者数人，组织一互相报告的学术通讯社，互通学术上的消息。欧洲学者热心于了解东方文化，可见一斑了。至于欧洲新派的诗人，崇拜李白及其他中国诗人，欧洲的新派图画家，如 Impresionism、Expressionism 等，均自称深受中国画的影响，更数见不鲜了。

加以中国学者，近亦鉴于素朴之中国学说或过度欧化的中国哲学译本，均不足以表示东方文化真相于欧美人。现已着手用科学方法整理中国旧籍而翻译之，如吾友胡适的《墨子哲学》，是其中的一种。

照这各方面看起来，东西文化交通的机会已经到了，我们只要大家肯尽力就好。

# 北大十月二十五日大会演讲

1922 年 10 月 25 日

现在我们是经过一回分离，又从新会晤了。大家都有痛定思痛的感想，与假期后开学式不同，这是无可疑的。我这一回的辞职，有多数的人都说我“小题大做”。但是我对于 18 日的暴举，实在看得很重大。第一，此等蔑视他人人格、即放弃自己人格的举动，虽极无知识的人，犹所羞为，今竟出于大学的学生。第二，尔日所要求的事，甚为微末，很有从容商量的余地，为什么要用这种蛮横的手段，显系借端生事，意图破坏。第三，二千几百人中，偶然有几个神经异常的人，不算奇怪，但是最少数人有这种异常的计划，为什么竟有一部分的人肯盲从？为什么其他大多数的人都像隔岸观火？事前既不加纠正，临时又毫无制裁；数千人的社会，其中分子，彼此不相关切如此；将来土崩瓦解的状况，可以预推了。我因此很抱悲观，所以决计辞职。

但是经过几日综合各方面的报告，觉得我那第三条感想，不免有神经过敏的地方：一、因为这一次暴动，发得太骤，同学里面专心用功的人，事前实没有知道，临时又正在上课，对于少数人轨外的行动，实在猝不及防。二、大多数不赞成暴动的学生，业已签名声明，可以证明那一日的暴动，不过几个人应该负责任了。我既然发现这个条件，而学生又屡来恳留，评议会亦催我复职，政府又不肯派人接替，退回辞呈，我再不回校，似乎有坐视本校破坏的决心，我实在不敢，所以不得不回校。

但是我回校以后，就能保证本校不破坏么？我一个人有多大能力？本校现正在最困难的地位，不是全校同人齐心协力来维持它，怕的终不免有破坏的一日呵！破坏的原因，起于外界的，还容易对付；起于内部的，对付较难。内部破坏的原因，在物质方面的，尚易挽回；若在精神方面，就不可救药了。精神方面的破坏，原因最大的就是感情隔阂。一个物体，若是内部的摄引力，受了障碍，它的各部分，受了外界较强的摄引，一定要分解，这是无可疑的。人群也是如此，若是一群里面，大家互相亲爱，就是有彼此不相了解的事，一定可以用很诚恳的态度，把两方为难的情形，比较研究，得到折中的办法；就是一方面的意见，不能不完全牺牲，也一定可以无憾。若是感情有了隔阂了，遇着小小不方便的事，就可以看作有大作用在后面；听了旁人几句挑拨，信为千真万真；还要加上春秋诛意的方法，锻炼周纳上去，敌对的意思日增，良好的感情日消，那就无时无事不可起冲突了。我们若是为维持本校，要使求学的可以安心用功，教授与办事的人，都可以安心图求学者的利便，总要大家保持一种良好的感情，不要多所猜疑，就别的都容易解决了。

我也很知道现代的青年，所处的地位，实在困难。外面政治上、社会上空气坏极了，叫人烦闷到极点，就不知不觉地激荡起来。我还记得二十年前革命主义宣传最盛的时候，学生都怀着革命的思想，跃跃欲试，就在学校里面试验起来。说是学生是学校的主人翁，譬如一国的国民；教职员是学生的公仆，譬如国家的政府；国民可以革政府的命，学生就可以革教职员的命。那时候长江一带，这样试验革命的学校，不知多少。它的导火线都很简单，大半为记分不公平或饭菜不好等小问题，反对一个教员或一个庶务员，后来迁怒于全体教职员，闹到散学。

但是我觉得用学校来比国家，实在有点不对。一、国家是国民所建设的，国民不满意于本国，不能就离去本国，只好拼命地想改造国家的方法；学校不是学生所建设的，学生不满意于本校，可以改进他校，社会上断不以改造学校完全责备学生。二、政府的人物，是由国民里面选出的，无论是否胜任，但他们的年龄资格能力等等，在国民里面要寻出与他们同等的或超过他们的一定很多；教职员是不从学生里面选出来的，年龄大半与学生不同；教员的能力，总是以学生不能及的为合格；职员终日不休地办事，又绝非学生所耐烦的。三、国家的岁入，完全由国家缴纳，所以曾有“不出代议士不纳租税”的条件；学校的经费，并不是全由学生出的，将来国家财政充裕，竟可有完全不收学费的一日，断不能以国民的权利移用到学生上。所以我向来觉得学生以对于政府的观念移用到学校里是不可不改正的。现在政治上的失望与改革的热诚，激动人人的神经，又与二三十年前差不多了。学生在学校里面要试验革命的手段又有点开端了。我希望有知识的大学学生，很要细心检点。又近来政治不循轨道，各方面不循轨道的举动，在国会，在国务院，在各种行政机关，都已经数见不鲜；本难怪学生不能不受他们的影响。但是大学的学生，知识比常人为高，应该有自制的力量；做社会的模范，却不好以受外界暗示作护符。我所希望的，就是大家平日都保持良好的感情，有不了解的事，都立刻用开诚布公的意思解决它，不要蓄积起来，生出无数的误会。有事的时候，还要保持冷静的头脑，能划清界限，不为一时的冲动所左右。这不但在学校里面，可以克尽维持的责任，就是离校以后，在社会办事，也一定有益于社会。这是我们痛定思痛的时候，希望大家互相勉励的。

# 中国新教育之趋势[①]

1927年11月12日

今天是总理诞辰，我们都来开会纪念他，那么，对于他的主义一定是十分信仰，对于他的计划一定是要力行的。但是总理的计划很大，如军事、教育、政治、经济等皆是，我们不能够完全担任，只能分工做去，以谋完成他的计划。我们分任教育，所以只能讲教育。前天贵校教务长说，同学们要我来讲中国新教育的趋势，现在请先说大学区的组织，然后再说新教育的意义。

大学区是地方教育行政上的一种制度。在七八年前，我曾发表过意见说最好是以大学来管理全省的学务，但是，未曾实现。迨国民革命军达到浙江之后，蒋君梦麟就要把浙江先行试验一下，因为现在是20世纪，无一桩事体不与从前相差很远的，我们应该顺应时代的潮流，不能牢守旧制，不谋改革。而且一省的教育范围很大，大学、中学、小学都包括其中，断非一个教育厅所能办得好的，我们拿工业上制造品来说，是以美为要件的，譬如一只花瓶，一定要经过科学方法的发明，富有美术的意味，买花瓶的人，必定选一个合意的，就是以它为美丽。何以要有所选择呢？就是因为好的被选择，不好的被淘汰，美术才有发展进步的机会呵！教育是培养人才的，是不可以不注意科学与艺术的。办学校的教职员，有的是师范生，有的不是师范生，他们好不好，教育厅是应当去考察的，假如

① 本文是蔡元培在暨南大学发表的演讲。

仍由从前官僚化的教育厅来管理地方教育行政，那是永无改进的希望的。因为教育厅厅长及科长、科员等，他们的学识，固然未必全在学校教职员之上，而且他们离开学校很久，不甚明白社会的潮流，所以他们尽敷衍表面，而无实际的心得。现在大学区的办法，是由大学校长兼管本区的中小学及其他特殊教育，教育行政都归大学教授组织，并且有研究院担任种种计划。这种制度，法国久已实行了，法国分全国为十七个大学区。我本想分全国为十个大学区，恐怕难于成功，所以规划在江苏、浙江两省试办，不过粗具规模罢了。现在的教育行政部，是一部分教授和专门研究过教育的学者来组织的，我想比从前的教育厅总许要好些，办得长久，定会发达的。至于中央的大学院，除掉一小部分属于行政事情以外，其余皆是研究的机关，如美术院、音乐院，中央研究院等皆是。

现在我再来讲新教育之意义，可分三点：

一、养成科学的头脑。从前有许多不是科学的，如心理学从前是附属于哲学，现在应用物理的方法、生理的方法来研究它，便成为科学了。又如经济、政治也是应用科学方法来研究的。还有许多用统计的方法的，均不离科学，而且与科学相连贯。现在有许多人最易受刺激，听人怎样说，便怎样信，这实在是因为他们没有科学头脑，不能求其因果，凡事要考求其所以然，要穷究其因果关系，那么他的头脑才算经过一番科学的训练。譬如开车，我要由上海到真如，定要再等一个钟点，并且要亲自站里头看看开行的时刻表，不是人家怎么说，我便怎样信的。因为科学家所发明的，都是有因果、有系统的，物质同办事的两方面，固然是要如此，对于精神的——教育——也是要养成科学的头脑的。希望科学家全体起来，研究怎样可以叫人养成科学的头脑，不妨多办几所研究院。

二、养成劳动的能力。劳动是人生一桩最要紧的事体。在总理的三民主义中的民生问题，简单说起来，就是人人要能生产，人人能生活。犹如古人所说“一夫不耕，天下受其饥，一妇不织，天下受其寒”的意思。若要人人能生产，那是非打破“劳力”和“劳心”的成见不可，因为有这种的分别，易使一般劳心的永远劳心，劳力者永远劳力，渐渐形成两种阶级。这两种阶级的发生，实由于教育的不平等。所以想想救此弊端，非普及教育不可，使劳动者得有智识，劳心者也去劳力，这实在是一件要紧的事。李石曾先生说过、各个人至少要当三年兵，一年做工，使得劳心者可以养成劳动的习惯，真是一件最好的事！现在大学院创办劳动大学，分为劳工学院、劳农学院，收中学、小学的毕业生，入劳动大学读书，养成他们做工的习惯；又有工人学校，使劳工得些智识，如这样的学校，以后还望逐渐地添办起来。

三、提倡艺术的兴趣。我们无论做什么事，因为艺术的关系，能够增进我们的精神，便增加了一种兴趣，这就叫作艺术的兴趣。譬如一个文学家，他终身埋在文学里面，旁人看他所工作的，似乎很苦恼，然而他终是不停地工作，这便是得到一种艺术的兴趣，甚至于全忘他的生死。诸君从南洋回到本国来，言语不通，真是非常痛苦的一件事，很可借艺术来调剂，最好多开些音乐会、展览会。在国家方面，多开设几所美术馆、音乐院来提倡艺术的兴趣。不过现在中国，还没有完全的音乐院。这是只有希望做教员的能够学术化，担任的钟点不要多，留着余暇来自修；同学们要认真求学，不可计算几时毕业，只想多收几份讲义便算了事。

从前国内政治不好，教员都不能安心做事，学生不能一心求学。现在军阀的势力已经去掉，到了训政时期，大家可以抱定宗旨，将精神收敛在学校以内，来做国家建设的人才。在此时期，对于科学、劳动、艺术三方面，均须努力。外面虽来了刺激，不像从前那样兴奋。此是我希望诸位同学的。

# 整顿北京大学的经过[1]

1936 年 2 月 16 日

今天北大同人会集于此，替我祝寿，得与诸先生、诸同学相见，我心甚为愉快，但实觉得不敢当。刚才听得主席王同学报告，及前教授石先生等致辞，均属极恳挚的勉励和奖誉之言，真叫我于感激之余，惭愧得了不得。我今年实在还未到七十岁的足数日子，记得蘧伯玉有句话："行年五十，当知四十九年之非。"我今年就算七十，那么今是昨非之感，恐怕不过是六十九年的种种错误罢了。自今以后，极愿至其余年，加倍努力于党国及教育文化事业，以为报答，并希冀借此稍赎过愆。

今日在座者，皆北大有关系之人，请略说当年北大情形。北大在民元以前叫作京师大学堂，包有师范馆、仕学馆、译学馆等部分，我当时也曾任译学馆教员，是为我服务北大之始。尔后我因赴德国留学，遂与北大脱离。至民五冬，我在法国接教育部电促回国，任北大校长。我回来，初到上海，有人劝我不必就职，说北大腐败极了，进去若不能整顿，反于自己的声名有碍。这当然出于爱我的意思。但也有少数人就说，既然知道北大腐败，更应进去整顿，就是失败，也算尽了心。这也是我不入地狱谁入地狱的意思。我到底服从后说而进北京。

自入北大以后，乃计议整顿北大的办法：第一，我拟办的是设

---

① 本文是蔡元培在南京北大同学聚餐会上的演讲。

立研究所，为教授、留校毕业生与高年级学生的研究机关。我在译学馆的时候，就晓得北京学生的习惯，他们平日对于学问上并没有什么兴会，只求年限满后，可以得到一张毕业文凭。教员自己也是不讲进修的。尤其是北大的学生，从京师大学堂老爷式学生嬗继下来，他们的目的不但在毕业，而尤重毕业以后的出路，所以专门研究学术的教员，他们不见得欢迎；若使一位政府有地位的人来兼课，虽然时常请假，他们还是攀附得很，因为毕业后有阔老师做靠山。这种科举时代遗留下来的劣根性，是于求学上很有妨碍的。所以我到校后第一次演说，就说明“大学生当以研究学术为天职，不当以大学为升官发财之阶梯”。然而这类习惯费了多少年打破功夫，终不免留下遗迹。

第二件事就是所谓开放女禁。其实中国大学无所谓女禁，像英国牛津等校似的。民九，有女学生要求进校，以考期已过，姑录为旁听生。及暑假招考，就正式招收女生。有人问我：“兼收女生是否创制新法?”我说：“教育部的大学令，并没有专收男生的条文；从前女生不抗议，所以不招女生，现在女生来要求，而程度又够得上大学，就没有拒绝的理由。”这是我国大学男女同学的开始。稍后，孔德学校也有女学生，于是各中小学逐渐招收她们了。我一向是主张男女平等的，可惜今天到会的女同学，只有赵、谭、曹三位，仍觉得比男同学少得多。

第三件我提倡的事，就是变更文体，兼用白话，但不攻击文言。我本来不赞成董仲舒罢黜百家，独尊孔子一类的主张，因为学术上的派别也和政治上的派别一样，是相对的，不是永远不相容的。在北大当时，胡适之、陈仲甫、钱玄同、刘半农诸君，暨沈氏兄弟，积极地提倡白话文学；刘师培、黄季刚诸君，极端维护文言。我却相信，为应用起见，白话文必要盛行，我也常常作白话文，替白话文鼓吹；然而，我曾声明，作美术文，用文言未尝不好。例如我们写字，为应用起见，自然要写行楷，若如江艮庭的篆隶写药方，当然不可；若是为人写斗方或屏联作装饰品，即写篆隶章草，有何妨害。可是文言、白话的分别适用，到如今依然没有各得其当。

以上系我在北大时举办的或提倡的几件较大的事情。其他如注意美育，提倡军训，培养学生对于国家及人类的正确观念，都是没有放松。只可惜上述这些理想，总没有完全实现。可见个人或少数人的力量，终是有限。综计我居北大校长名义，自民六至民十五，共十年有半，而实际办事，不过五年有半，所成就者仅仅如是。一经回忆，对于知我罪我，不胜惭悚！

今天在座的，年龄皆少于我，未来服务于国家社会的机会正多，发展无量。况且以诸位的年龄，合计不知几千百倍于本人，而预料诸位将来达于七十岁的时候，对于国家社会的贡献，更不知将几千百倍于本人，所以今天诸位先生与同学以祝我的，我谨以还祝诸位健康。

# 章太炎

(1869—1936)

## 生平简介

章太炎（1869—1936），原名学乘，字枚叔，后易名为炳麟。因慕顾绛（顾炎武）的为人行事而改名为绛，号太炎，世人常称之为“太炎先生”。浙江余杭人，清末民初民主革命家、思想家、著名学者。1869年1月12日出生于一个没落的书香门第。1897年任《时务报》撰述，因参加维新运动被通缉，流亡日本。1900年剪辫发，立志革命。1903年因发表《驳康有为论革命书》并为邹容《革命军》作序，触怒清廷，被捕入狱。1904年与蔡元培等合作，发起光复会。1906年出狱后，孙中山迎其至日本，参加同盟会，主编同盟会机关报《民报》，与改良派展开论战。1911年上海光复后回国，主编《大共和日报》，并任孙中山总统府枢密顾问。1913年宋教仁被刺后参加讨袁，为袁禁锢，袁死后被释放。1917年脱离国民党，在苏州设章氏国学讲习会。1935年主编《制言》杂志。晚年曾赞助抗日救亡运动。1936年6月14日因鼻窦癌于苏州锦帆路寓所去世。在文学、历史学、语言学等方面，均有成就。一生著作颇多，约有四百余万字。著述除刊入《章氏丛书》《章氏丛书续编》外，遗稿又刊入《章氏丛书三编》。

# 在长春各界欢迎会上的演说

1913 年 2 月 22 日

今日为鄙人与东三省民党聚会之第一日，较之政界聚会，尤为兴高采烈。鄙人以一国民，痛前清政治之腐败，倡言革命，触专制政府之忌，东渡日本，始介绍孙中山于学界。后因倡言革命，入狱三年，复渡日本，其时同盟会初与黄克强相握手。此二人者，皆平生大义之交也。然以天性严直，见其行事有差，箴规亦不遗余。方武昌革命军起，即到南京临时政府建设，南方一班人士皆倡议建都南京，鄙人当时力持北都之议。因南方对于北方道里太远，不能控制，故主张建都北京，此情世人或不能谅，而东省人民当知我也。南方大定以来，鄙人即主张保全领土，若建都南京，不独满蒙不一，即黄河以北，亦难安枕。现在建都北京，东三省亦为声壮。然自中国观东三省，三省为中国领土；自外国〔观〕东三省，三省已非中国领土。

鄙人此次来东，对于三省亟谋补救，默揣海外华侨，因三省危险，未必敢冒险输资，但英、美、德、法诸国，亦不愿三省入日、俄范围，阻其商务发达，则救国亦非无策。以鄙人观之，物必自腐而后虫生，徒恨日、俄无益也，三省祸根在于官吏之腐败。北方未曾改革，三省官吏均前清所遗留，自设行省以来，三省民气较之将军时代虽似稍伸，然对于一班官吏，尚未尽监督之职。今日鄙人到东，以提倡民气，监督官吏，保全东三省领土主权为务，至见诸实行，本非一人所能任，仍在三省人民同心协力，好自为之。

鄙人所重，本在实业一途，而发达实业，首在清理财政，次在便利交通。三省财政，奉天略善，吉、黑不堪言矣。官帖所称一吊，并无一定准绳，每吊合铜元若干，均由贪官污吏所操纵，小民生计困苦，达于极点。各国法但有虚金本位，吉、黑二省竟有虚铜本位，实为怪事。加以画地自限，出者即不能通用，以致俄国羌帖、日本老头票充满三省，利权外溢，莫此为甚。夫世界各国，未有以本国人民用他国纸币者，盖纸币所以济现金，辗转之穷，以一发三，大致如此。若用他国之纸币，直与受人欺诳无异，而推其原因，则在官帖之滥，不能抵制之故。故鄙人对于三省钱币之改革，首在设立三省银行，改吊为元，价格有定，虽不无小小涨落，而大致不差，可以一律信用。否则虽竭力开矿兴农，所得矿产、粮食，亦不过换得羌帖、老头票一纸空文，以我实货换彼空纸，其为害不待智者而后知也。故理财为办理实业先事之图。

次则便利交通，其权必应操之自我。现在东清、南满二铁道，直贯满洲，脚价昂贵，外省人开垦者自不能扶老携幼而来，其为移民殖边之碍非浅。昔人倡自办满洲铁道者，所谓锦瑷铁路是也。焉半行锦之禁制既成外人心有阻力，即交涉完善，亦非五六千万不能竣工，唯有开通小道，非图补救。从前南满铁道未成，营口商务较今繁盛，今则日日冷淡，而辽河上流亦已壅塞，将来辽河既淤，营口必废为荒土，而三省无海口矣。故欲便利交通，以开通辽河为首。辽河者，南满一大江流也。松花江、黑龙江，北满大江海也。三省人民知陆路交通之便利，不知江路交通尤便利，其运费乃减于陆路远甚。鄙人现在有规划，欲将松、辽沟通，使由黑龙江至松花江，由松花江达辽河，可以直抵海口，较之锦瑷铁路，事半而功倍，理财既善，交通既便，实业方有着手。若二者未成，而言实业，正是倒行逆施，无济于事。

虽然移民通殖边之事，在交通便利，无待赘言，而鄙人尚有一种意见，则以从前三省移民，移男而不移女，以致男丁日多，成户日少。相传松花江流域其民二十而一女，说虽太过，以鄙人舟车所历，沿途村落多系单丁，语自不谬。夫人无室家，谁能常住？所以春来秋去，永无停留，即使久居，亦无滋生之效，是移民于终无已时也。若欲移户，其费又繁而难继，况农工商三者本相牵连，未有专务农业而能犹济者。故鄙意以为，若欲招垦，亦当同是并招女工，三省绵丝虽少，柳条遍地，以之做筐制箱，均可以。女工成之，柳条箱本非难成，与做芭等耳。秋收以后，麦秆又堪为草帽，此亦轻便易成之工，是亦女子所能致力者也。若垦户与工并招、农事与工业并举，来者可有配偶，不患其去焉，后辗转滋生，而地无旷土矣。否则男子愈多，女子愈少，久之将为西藏、蒙古之续，人类或恐灭绝，何论殖边？故财政、交通之外，此事亦宜注意。

总之，财政既理，交通既便，既无官家为之提倡实业，而行旅皆欲出于其途，商贾皆欲藏于其市，农夫皆欲耕于其野，此乃顺流而行，与送流者自异。况中国地大物博，若徒恃政府为之兴办，恐举一漏万，三省实业振兴无时，是故兴办实业者，人民之任也，开其源，使不为障碍，握月枢，便易于转旋，使人民便于其办实业者，政府之任。鄙人歧见大概如此，较诸枝枝节节而为之者，盖为通达本源矣。

# 在沪上名流欢送国会议员会上的演说

1916年7月13日

今日诸君在会，有国会以内人，亦有国会以外人，要皆袁政府所谓暴徒也。国民党人，暴徒之称，布满天壤，而共和党亦有“武汉暴徒”名号；进步党人，名未显著，其自腐败官僚视之，未尝戴红顶、插翎毛，而猝然出身与政者，皆暴徒之比类也。总之，凡在民党，官僚必以暴徒相视。

三年以来，诸君子备尝艰苦，轻肆之气渐衰，沉毅之略渐生，诚可为前途庆贺。然必力避暴徒之名，阳为和平，以求庸人之许可，鄙意以为未然也。袁政府时以吸烟、赌博为良民，今日此风虽去，而俗人所谓和平者，则偷安耳，苟且耳，不辨是非耳。以偷安苟且，不辨是非为和平，则和平适为国蠹，而所谓暴徒者，乃严毅刚明之代名也。尝观水流迅急，则有瀑流、瀑布诸名，而一切尘垢秽污不容停滞，若水道迂回，绝无暴势，则淤泥腐草，早填塞于其中矣。是故欲见清明气象，非暴徒不为功。流俗浮言，岂志士所畏哉？比见同志主张激烈者，其表面多为软美之涧，虽于实行无碍，而全国之广，不可家至户见。众人见其发言如此，即以软美为当。然而民气因以消沉，国势因以堕落，此非细故也。论者徒见壬子、癸丑之间，议员凌厉，被视为暴民政治，以为循此不改，必成乱阶。鄙人则恨曩日议员未尽暴徒之资格矣。尝见登坛演说，锋利无前，旦暮之间而噤若寒蝉者有矣。下者或为猖诈金钱，上者亦为畏祸中止，以是锐气挫折而国家既受欺弊，己身亦不为人民推重。若能持续稍久，至数星期，纵使语多率意，未惬事情，要必多益而少害也。

由是言之，壬癸之败，患在暴未充分，而岂以暴为患哉？今者帝制余孽犹未剿除，墨吏贪人布满朝列，非震以雷霆霹雳之威，仕途何自而廓清？政治何由而循轨？而欲励行此事，必不能避暴徒之名。诸君果能详思事理，信心直前，则知官僚所谓暴徒者，非于吾党名誉有份，而徒愧难副此美名耳。若衄缩于悠悠之议，迁延于流俗之言，强作老成，自失素志，则举世所称为进化者，乃适为退化矣。鄙人所以外儆同志、内儆一身者如此。

# 在槟榔屿益智书报社茶会上的演说

1916年10月11日

鄙人前在石叻，初接见同志数十，一昨到屿，又日与诸君子相晤谈，无任欣幸。吾国内政，将来能改良与否，实不敢知。唯南洋同志苟得一其意向，自可为国家动力，而联合意向之要旨，不外二端：一、宜对于各党，不分畛域；二、宜注意教育之进行。何以言之？教育不良，则贫富之阶级攸分，语言之隔阂益甚，故贫者力谋改革，而富者不愿也。一方兢谋爱国，而他派不知也。于是有党，于是有派，于是有党中之党、派中之派。若教育兴，则贫富无阶级，语言不隔阂，而党派自泯其意见。此间本无所谓党，自康长素来，而保皇以立；自同盟会发生，而革命党先后戾止；自光复会兴，而革命党自分为二，遂为国民、共和二派之基本；自立宪派加入，而进步党又起。党派愈多，意见愈歧，究其实在，要皆阶级不除、语言不通有以致之。现在保皇党名目已经取消，而进步党之在内地者，多以官僚为中坚。槟城无吾国官僚，则槟城进步党人亦不过挂名党籍而已。袁世凯窃国，消灭国民党、解散国会，势焰所及，各党敛迹。迨袁氏称帝，国民党急起声讨，而共和、进步二党，亦同时并起。故由吾人观之，此次革命成功，三党均与有力，而国内各党鉴于前此之纷争，为袁氏乘机利用，几被消灭，此番既同心协力，推倒袁氏，已各泯意见，互相联合，京师、上海几渐就绪。此间党中情形，虽尚未知，当亦无不乐从也。以鄙人观之，有一事最定阻挠党务之进行者，即嫉妒心与狭隘心也。盖革命成功，人之争权夺利，各不相下，故成纷扰之现象，辛亥以后是已。兹则诸党要人，幸无争兢，故得有调和之希望，国内如此，海外可知。设诸党仍纷争不已，则前之为袁利用，贻患犹浅，今后若为帝制党利用，其害尚有不忍言者。故今日诸党自息争端，实为联络之最好时机。时机一去，争端又起，虽欲调和，不可得矣。此鄙人对于党事之微旨也。何以言联合各党必从教育入手也？良以革命党有知识优长者，有知识短浅者，程度不齐，物议以起。世人谓革命党人但知破坏，不知建设，盖有由来也。兹吾人欲从事建设，当高其知识；欲高其知识，当注意教育一项。尝见往古开国良才，其始亦祈有马上事业耳，则以功成以后，仕学兼营受其常识充足之教育也。是以草泽英雄，素不识字读书，其后为国宣劳，亦颇博人嘉许。近世如清之刘坤一、蒋益沣一流，皆属草泽英雄，亦未尝不可勉强办事。何也？以事后稍受教育。故能破坏者，苟稍加以知识，未有不能建设者。此种人之品格，较诸官僚，实有过之。盖官僚中虽有贤良公正者，与帝制党或系旧交，未必能断绝关系，而廓清腐败政府之观念亦弱。革命党人素与帝制党相抗，而廓清腐败政治之念较深。故曰欲改良政治，非使破坏者谋其建设不可；欲使破坏者谋建设，非注重教育不可。一党之中，受教育者多，则党势坚定；受教育者少，则党势薄弱。国民党之健全分子皆曾受教育人也。至于海外，则渐不相及矣。鄙人在石叻，曾倡议设一中学，其办法稍参酌地方情形而变通之。大概南洋一带，办理中学，不必注重实科，应以普通法律及本国历史、本国地理为其主要。应使学者得知本国情形，而发生爱国之真忱。其风土人情、物产地势及古今往来英雄豪杰之事业，了然于心，则政治改革，不难参与其事也。总之，今日所宜知者：第一，须联合诸党以抵制帝制余孽；第二，须振兴教育以为政治知识之根本。事果实行，即南洋同志可为国家之助，而国家亦唯南洋同志是赖，十年来之苦心经营为不虚矣。

# 在吉隆坡青年益赛会的演说

1916 年 10 月 17 日

兄弟南来，虽为日无多，亦略识此间状况。今日所切望于南洋侨胞者，大兴教育是矣。何者？非教育不能养成侨胞子弟之永固爱国心，非教育不能破除资本家贫富阶级之陋习，非教育不能做在外谋生之保障，非教育不能望享外国法律平等之看待。夫教育之道非一端，而以国民教育为要素。海外侨民之教育与国内平民教育又稍殊。近年南洋教育虽略有进步，然尚须研究一个完全办法，方不负出资兴学者之苦心。凡教育之最要者，莫如多设小学，而侨民小学之最要者，必须用普通语为教授。而尤其要者，则宜从速筹办中学，诚以中学乃国民教育之人才制造厂也。我国人尚有一种天然之积病，在乎言语不能统一，交通上既形窒碍，感情上亦生出许多误会。在国内南北省如是，在海外各埠亦然。至南洋侨胞，以闽粤人为最众，唯常以方言不同，交接亦不甚亲洽，广府音与客语差别，甚或有谓客家非广东人者，此团体所以不能团结，而社会与国家，亦均受情形之牵累也。查马来半岛所设之小学，不下数十，各以方言为教授尚多，苟循此不改，终难望多得普通知识之侨民。故今日欲改良教育，非从小学入手，一律以国语教授不可；欲造成共和国民资格，非从速筹办中学不可也。

吾向闻南洋华侨子弟偏重西文，多有不识祖国为何名，本身为某省某县人者。此非其子弟之过，实为父兄者不讲国民教育之过。唯设立中学，则有地理、历史之教科，使知其身与祖国有密切之关系，自能感发其爱国心，而养成其国民之资格也。前时革命党人南来，提倡救国主义，虽已唤起一般华侨之爱国心，然热诚为党人所唤起者在一时。若今后少年人之爱国心为中学所养成者，则永久不变也。吾故谓非教育不能养成侨胞子弟之永固爱国心者此也。

我国已改建民主政体，本无贵贱阶级之可言，唯贫富之阶级，有非法律所能破除者，如资本家之对于伙伴，大都颐指气使，总不免骄矜之陋习，此便是有贫富阶级之见存。夫南洋创业富人，其财产多非由祖父传来，赤贫儿忽然暴富，理当无贫富之阶级。唯闻若辈富人，多不识祖国文字者，望其富而无骄，戛戛乎难矣。然吾人须知世界人犹有胜于金钱者，道德学术是也。如教育大兴，侨民后讲之英，多有道德学术，即可以与富人争衡，至是而资本家自不能骄矣。且富人子弟，既受此完善教育，亦必有道德学术，更不屑为骄矜之言动矣。吾故谓非教育不能破除资本家贫富阶级之陋习者此也。百数十年来，华侨之在南洋起家者，固不乏人，然未必尽由学术而来，不过借大时地利之助，幸获机会耳。如办矿者具一种冒险性质，挖得锡米仓，即做富翁。试问其曾肄业于矿学诸书否乎？如业种植者，全靠此南温带之好天时，园艺稍事整理，即获厚利。试问其寓目于植物学等书否乎？

然或者曰：此间马拉人，亦同享此天时地利，其计何以不发达？此则由于我华人之知识，略优于彼族故也。倘有别种人，其学术较胜于我者，与我竞争，侨胞不及今力图振作，难保将来不落人后。英国虽素来主张自由营业，然英商在南洋所设矿务、种植各大公司，气雄力厚，实足以垄断我侨民之利权。试回想前几年，炒树乳股份之投机家，良可惊也。又如日本人之南洋种植事业日益展发，复以其经验成绩，著为树乳专书，为饷其国人，极力研究。其近年组织南洋种植社会，尚骎骎不已。20世纪为商战时代，苟无营业之实学，生计必有穷促之时。唯有中学，则农工商矿植物诸学，均有切实之教授，吾故谓非教育不能为在外谋生之保障者此也。

更如我华侨现在居留地法治之下，究竟能与白人同受法律平等之看待否？其大原因虽关乎国势，然亦缘于多数侨民无普通法律之知识，又何怪外人不以平等待我？苟吾人皆识普通法律，外人有不另眼相看乎？吾故谓非教育不能望享外国法律平等之看待者此也。

是知上举四事，必改良小学教授，始足为制造国民之根基；尤必速立中学，斯足以扩张巩固侨民之大业。然而更有进者，办学之道，必须有办学之人才，乃得良好之效果。窃闻南洋学董，常有妄行干涉校长、教员之权限者，此或由于地方习惯使然。吾谓学董既已尽捐资兴学之义务，已足享受名誉矣。若夫用人与教法，则校长、教员之责也。语云：耕当问奴，织当问婢。耕织小事且然，而况为教育之职务乎？吾甚望兴学者一切须切实改良，则教育前途必日益进步，固侨胞之福，亦中国之幸也。

# 在重庆各界欢迎暨祝寿会上的演讲

1918年1月12日

今日各界欢迎祝寿，感谢感谢。余在东京与四川友人相见者甚多，兹由熊锦帆先生介绍又与各界相见。余今年五十，为古人五十而知非之年。且革命后，至今巳七年，在曩者之故智，以为革命成功后，国事可渐上理。乃时至今日，事益纷乱，至今而始知昔日所见之非。辛亥起义，不凭武力以解决大局，半途偷安，卒至革命一次不已，至于二三四次，未始非昔日之误。当满清将挫之日，势本不支。而袁氏得志，发生帝制，段氏阴视其隙反对，至形于色。滇、黔起义，以段氏为不赞帝制之人，效辛亥之故智，不惜以国家之大权悉托于段，今段之失望矣。功亏一篑，一误再误，是则今日对于兴师之宗旨，不可不重为审慎。

为今日计，一、南北问题，不可不从根本上解决。同为中华民国，本无南北之分。以世界主义论，不特满汉，即黄白人种亦当一视同仁，况南北同为隶中国版图乎？不过南北人民性质有差，北方之歧视南人，有如满人之对于汉族，我南方人民不能不以满人对待之。共和民国，南方所造成，其政权常〔当〕操之南人。辛亥起义，当其发难，南北虽属有人，然武昌举义，实为南人，及南方响应者多至十二省，而后北方诸省始加入。以公理论，起义最迟者，反得攫取政权，揆之事理，讵得谓平？从前所深讳者，矜功争权，故牺牲一切。不知争权攘利固属不可，而放弃权利，坐听宰割，亦所不宜。今日兴师，为南方争权利，非为个人争权利。总之既为民国，一切行政当以民意为转移。一国之元首，虽无论为南北，而民意之向背，要皆本乎功罪以为定。冯国璋对于民国，何功可言？张勋辈虽效忠清室，因袁氏出山，亦不始终怙恶。冯乃火烧汉阳，一意主战。前此张勋复辟，冯氏实亦予谋。是故以功罪论，对于民国，袁则有功有罪，冯则有罪无功。建造共和之人，多为南方，而执国柄政权，乃属于北，且为北方有罪无功之人，南人乌得而不与之争？现在战争一切宣言，皆为虚矫，对于竞争政权一层，深讳而不言。以为一言权利，即为人所唾弃，与辛亥之役同为一病。不知辛亥政权操之满人，为革满人之命，今次政权操之北人，为革北人之命，南之对北，亦如汉之对满。申包胥曰："子能废之，我能兴之。"民国为南人所造成，总统当为南人，其理至正，其势至顺，有何不能出诸口？此今日南北问题宜认明真确者一也。

二、法律问题。宜认明今次战争，只言倒段，并未言倒冯。在一班人民谓冯氏代理总统，系依《约法》，其实徐州会议，阴谋复辟，冯予密约亦有确据。至于国会，政府以非法解散，国会不受非法解散，故有广东非常国会之召集。冯氏命令逮捕议长，是为违背《约法》。国会为代表民意之机关，逮捕议长，是为背叛民意。违背《约法》，违背民意，其总统资格当然丧失。如袁死黎继，始为依法继任；今冯代总统，黎氏尚在天津，与黎氏继任总统迥然不同。以非法继任之总统，南人当然不能承认。吴光新、傅良佐亦为冯、段任用之人，彼二氏一则赴湘，一则入川，皆系奉冯令而来，并非奉段令而来。南人与之作战，即系对于冯、段同一反对也。革命尤贵名义正大，倘讨段不讨冯，认冯为总统，而又与冯命之人作战，是则吾辈已成叛逆，法律其何能容此？对于法律，宜审慎二也。

三、利害不可不明。北人既拥政府名义，以召天下，则任命官吏，滥借外债，皆可为所欲为。今南人若不起而与之争，达到自建政府之目的，譬诸一个面包，既不可以分食，则北人得之，南人不得近尝一脔。政府既由南人自建，则任命官吏、借款诸权皆操诸南人，总统亦自选之南方。倘南人不自建政府，则赏勋酬庸不得其平。若罗佩金、戴戡、刘存厚，护国之役，皆有功也，皆可为督军也。南人以不得势则无所安置，致怀怨望，北方政府利用此弱点而从中挑拨于中，亦足时时酿南方之乱事。此利害之不可不明者三也。

四、形势不可不明。用兵不明形势，虽百战百胜徒劳无益。今南方既有滇、黔、川、粤、桂、湘六省，势不能不争中原。今之中原，即武汉是也。是故会师武汉，为今日急不可缓之举。譬诸弈棋，必先经营边隅，以其易成两孔，即可求活。但欲求最后之胜利，宜占形势于中心。若困守边隅，其结果终必致负。护国之役，南人徒以兵力拒龙济光于广东，而不能用兵力以经营江西、湖南，以致南方势力卒不能发展，而北人之势力因得以自完而无损。此对于形势不可不明者四也。

# 今日青年之弱点[①]

1919 年

现在青年第一弱点，就是把事情太看容易，其结果不是侥幸，便是退却。因为大凡做一件事情，在起初的时候，很不容易区别谁为杰出之士，必须历练许多困难，经过相当时间，然后才显得出谁为人才，其所造就方才可靠。近来一班人士皆把事情看得容易，亦有时机凑巧，居然侥幸成功。他们成功既是侥幸得来，因之他们凡事皆想侥幸成功。但是天下事哪有许多侥幸呢？于是乎一遇困难，即刻退却。所以近来人物一时侥幸成功，则誉满天下；一时遇着困难废然而返，则毁谤丛集。譬如辛亥革命侥幸成功，为时太速，所以当时革命诸人多半未经历练，真才不易显出。诸君须知凡侥幸成功之事，便显不出谁是勇敢，谁是退却，因之杂乱无章，遂无首领之可言。假使当时革命能延长时间三年，清廷奋力抵抗，革命诸人由那艰难困苦中历练出来，既无昔日之侥幸成功，何至于有今日之纷纷退却。又如孙中山之为人，私德尚好，就是把事情看得太容易，实是他的最大弱点。现在青年只有将这个弱点痛改，遇事宜慎重，决机宜敏速，抱志既极坚确，观察又极明了，则无所谓侥幸退却，只有百折千回以达吾人最终之目的而已。

现在青年第二个弱点，就是妄想凭借已成势力。本来自己是有才能的，因为要想凭借已成势力，就将自己原有之才能，皆一并牺

---

① 本文是章太炎在少年中国学会发表的演讲。

性，不能发展。譬如辛亥革命，大家皆利用袁世凯推翻清廷，后来大家都上了袁世凯的当。历次革命之利用陆荣廷、岑春暄，皆未得良好结果。若使革命诸人听由自己的力量，一步一步地做去，旗帜鲜明，宗旨确定，未有不成功的。你们的少年中国学会，主张不利用已成势力，我是很赞成的。不过已成势力，无论大小，皆不宜利用。宗旨确定，向前做去，自然志同道合的青年，一天多似一天，那力量就不小了。唯最要紧的需要耐得过这寂寞的日子，不要动那凭借势力的念头。

现在青年的第三个弱点，就是虚慕文明。虚慕那物质上的文明，其弊是显而易见的；就是虚慕那人道主义，也是有害的。原来人类性质，凡是能坚忍的人，都是含有几分残忍性，不过他时常勉强抑制，不易显露出来。有时抑制不住，那残忍性质便和盘托出。譬如曾文正破九江的时候，杀了许多人，所杀者未必皆是洪杨党人，那就是他的残忍性抑制不住的表示，也就是他除恶务尽的办法。这回欧洲大战，死了多少人，用了若干钱，直到德、奥屈服，然后停战。我们试想欧战四年中，死亡非不多，损失非不大，协约各国为什么不讲和呢？这就是欧美人做事彻底的表现，也就是除恶务尽的办法。现在中国是煦煦为仁的时代，既无所谓坚忍，亦无所谓残忍，当道者对于凶横蛮悍之督军、卖国殃民之官吏，无不包容之、奖励之，绝不妄杀一个，是即所谓人道主义。今后之青年做事皆宜彻底，不必虚慕那人道主义。

现在青年第四个弱点，就是好高骛远。在求学时代，都以将来之大政治家自命，并不踏踏实实去求学问。在少年时代，偶然说几句大话，将来偶然成功，那些执笔先生，就称他为少年大志。譬如郑成功做了一篇《小子当洒扫应对进退》的八股，中有“汤、武征诛，亦洒扫也；尧、舜揖让，亦进退也；小子当之，有何不可”数语。不过偶然说几句话而已，后人遂称他为少年有大志。故现在青年之好高骛远，在青年自身当然亟应痛改。即前辈中之好以“少年有大志”奖励青年者，亦当负疚。我想欧美各国青年在求学时代，必不如中国青年之好高骛远。大家如能踏踏实实去求学问，始足与各国青年相竞争于20世纪时代也。

# 说　　我[①]

1929 年

适才马先生论中国科学之不进步，因说到阳明先生不愿格竹，只愿致良知。我今也且学阳明先生，不论科学，只论“我”。因为一切对境的知识，都是后起。唯有直觉有我，是最先的知识。假使不知有我，一切知识的对境就都无根。非但科学、哲学、文学等等知识变了浮空无着的东西，就是说白说黑，这白黑也是浮空无着的东西，所以最要紧的是说我。

第一件是讲我之名义。据《说文》，“我，施身自谓也”。又说：“我，顷顿也。”又说：“俄，顷也。”这样说，我字本来就是“俄”字。把俄、顷的义转用作施身自谓的义，就像朋字本来是凤字，把凤凰的义转用作朋友的义，但问俄、顷的义何以转用作施身自谓的义呢？当初告子说的“生之谓性，性犹湍水”。这我字的真意，不过就是生机。生机像湍水一样，不是刻刻不留的吗？就长期的生机言，不过百年，在这天长地久之中，原不过是俄顷。就一念的生机言，一念方起，已经成了过去。刚才说我，已经是过去的我，这不是俄顷吗？但因有长期的生机，就看为成片段的，所以有有我、无我的二说。

第二件就讲有我与无我。凡是生物，哪一个不自觉有我的，但推论到极端一点，就看得必先有我，才有世界万物。又看得我不只是生机，未生以前已经有我，就死了还是有我。在印度地方，佛法

① 本文是章太炎在震旦大学发表的演讲。

未出以前，先有僧佉（此土译作数论）一派，立论是以“神我”为根本，一切地水火风之类，项项都从神我流出。在中国地方，孟子说的“万物皆备于我矣”。议论正是和僧佉派一样。他两家的学说，固是由自己体验得来的，但这理论从何处说起呢？因看得一切知识，最先是直觉有我，而且别种知识起来的时候，同时仍是直觉有我，所以偶起一念，断不疑这念是谁念。偶说一句话，断不疑这话是谁说。偶然行住坐卧，断不疑这行住坐卧是谁行住坐卧。明明有个我把持定的，就到风狂的人，别的知识可以错乱，唯直觉有我的知识不会错乱。就到厌世自杀的人，何以自杀？不过是为我而自杀。那杀身成仁的人，是谁成仁？不过是我成仁。总见得身是可以杀的，我是不能杀的。因这几件道理，所以僧佉、孟子都看得我是世界万物的本原。但又有一派最高的，就说无我。孔子“无意、无必、无固、无我”，他教颜渊，又吃紧地说要“克己”。颜渊后来“坐忘”，也是直觉上忘去了我。所以说“堕枝体，黜聪明，离形去知，同于大通”，是把形体和知识都销化尽了。在印度方面，那释迦牟尼的本领也不过是“无人我，无法我”。这也都是他们自证得来的。但这理论又从何处说起呢？他看得性犹湍水，是刻刻不留的。既然不留，如何可说有我？究竟佛家也不能硬把这个“我”字抹杀，只说万物的主音，名为“阿赖耶识”，因“意根”念念思量，把这“阿赖耶识”认作是我。其实本来没有我，孔子所见，恐怕也是一样。所以必先无意，才能无我。无意就是伏灭“意根”。无我就是不把“阿赖耶识”认作我。因中国没有“阿赖耶识”的名词，所以《易经》唤作“干元”，庄子唤作“灵台”。《易经》本说“大哉干元，首出庶物”，却又说“天德不可为首”。前边是假说有我的义，后边就是实说无我的义。只为中国圣人所做的事，本来与释迦不同。一切社会政治，无不要管理周到，无我是依据自证，有我是依据大众的知识。老子说“常无，欲以观其妙。常有，欲以观其徼”，也是一样的道理。究竟在学说方面，无我并不是反对有我，却是超过一层，在实行方面，有我也不能障碍无我，只像镜里现出影像。

第三件再讲孟子所说之我。孟子说的万物皆备于我，并不专是一种理论，确是他体验得来的。所以说“反身而诚，乐莫大焉”。

“反身”就是回看自己。“诚”就是实在体认到万物皆备于我。只看他又说“其为气也，至大至刚，塞乎天地之间”。“气”尚且塞乎天地之间，“我”自然包含天地万物了。后代的理学家最佩服的是孟子，因为孔子的无我，颜渊的克己，他们究竟不能办到，只有孟子的万物皆备于我，略略能够办到了。周茂叔说“颜子见大而忘其小，见大则其心泰，心泰则无不足”。本来颜子坐忘，是一切都忘，周茂叔却说做见大忘小，见大就是见“神我”了。后来陈白沙也说：“天地我立，万物我出，宇宙在我。”又说：“得此把柄人手，往古来今，四方上下，都一齐穿纽，一齐收拾。”这分明是体认到“神我”的境界。论孟子、周茂叔、陈白沙的本领，固然不及孔、颜，但这三位先生，无一时不快活，无一事失了人格，这都是重“我”的成效。

第四件讲应用于人事须有我。有我之说，说到绝对的我，就是万物皆备于我。说到相对的我，就是孔子所说“行己有耻”，曾子所说“彼以其富，我以吾仁；彼以其爵，我以吾义”。孟子说“我得志弗为也”。应用于人事，不过是相对的我。但如把相对的我看轻，人格就毁了。什么叫人格？人格不过就是“我格”。行己有耻，就是人格的第一义。人都要好的饮食，好的衣服，好的房屋、车马，好的妓妾，大的官位，高的权势，这儿件都是“我所”，并不是“我”。假如营求“我所”，不伤犯“我”的一毫，这也没得说了。现在眼见营求“我所”的，有用言语去奉承人，有用金钱去讨好人，有用身体去伺候人，甚至谓他人父，卖了自家的祖宗。这就是只知“我所”，忘了有“我”，还有什么人格呢？道德的败坏，虽不只是一端，唯有人格堕落，是最紧一件事。杀人放火做强盗，虽是恶人，可是还不算丧了人格。这样人回转心来，尽有成就志士仁人英雄豪杰的。只有丧了廉耻，就算把人格消磨干净，求他再能振作，就一百个难得一个了。你不看女子失身，官吏行贿，在法律上判他的罪状，比杀人放火做强盗的是轻得多，但社会的评论是怎样呢？明末顾亭林先生眼看道德败坏，只提出“行己有耻”四个字。可惜后来的人，口头虽说尊重亭林先生，却把“行己有耻”四个字忘了。道德败坏，一天进一天，直到今日。不能不提出“我”字，若不把“我”字做个靠背，就使有通天的学问，到得应用于人事，自己还能够把捉得定吗？

# 历史之重要[①]

1933 年 3 月 15 日

国学不尚空言，要在坐而言者，起而可行。十三经文繁义赜，然其总持则在《孝经》《大学》《儒行》《丧服》。《孝经》以培养天性，《大学》以综括学术，《儒行》以鼓励志行，《丧服》以辅成礼教。其经文不过万字，易读亦易记。经术之归宿，不外乎是矣。经术乃是为人之基本，若论运用之法，历史更为重要。处斯乱世，尤当斟酌古今，权衡轻重。今日学校制度，不便于讲史。然史本不宜于学校讲授，大约学问之事，书多而文义浅露者，宜各自阅览。书少而文义深奥者宜教师讲解。历史非科学之比，科学非讲解一步，即不能进一步。历史不然，运用之妙在乎读者各自心领神会而已。正史二十四，约三千余卷。《通鉴》全部，六百卷。如须讲解，但讲《通鉴》，五年尚不能了，全史更无论矣。如能自修，则至迟四年可毕廿四史。今学校注重讲授，而无法讲史，故史学浸衰。唯道尔顿制实于历史之课最宜，然今之教员，未必人人读毕全史。即明知道尔顿制便于学生，其如不便于教员何?《吕氏春秋》有《诬徒》篇，今日学校之弊，恐不至“诬徒”不止，诚可叹也。

政治之学，非深明历史不可。历史类目繁多，正史之外，有编年，有别史，有论制度之书，有述地理之书，有载奏议之书。荀悦《汉纪》，别史类也。《通典》《通考》，贯穿古今，使人一看了然，

---

① 本文是章太炎在江苏省立师范学校发表的演讲。

论制度之类也。志表之属，断代为书，亦使人了如指掌，亦论制度之类也。地理书却不易看，自正史地理志外，有《元和郡县志》《元丰九域志》《明清一统志》《读史方舆纪要》之属，山川形势，古今沿革，非细读不能明了。奏议往往不载于正史，但见于文集，亦有汇集历代名臣奏议为专书者。今之学者，务欲速成，鲜有肯闭门读书十年者。然全看二十四史，一日不辍，亦不过四年。若但看四史，四史之后，看《通鉴》，宋、元、明鉴之类，则较正史减三分之一。一日看两卷，则五百日可毕。而纪事之书，已可云卒业矣。至于典章制度之书，《通典》古拙，不必看，看《通考》已足。施于政治，《通考》尚有用不着之处。三通不过五百卷，一日看两卷，二百五十日可毕。地理书本不多，《读史方舆纪要》为最有用，以其有论断也，旁及地理、挂图，且读且看，有三四月之工夫，即可卒业。奏议书流畅易看，至多不过一年亦毕矣。如此合计纪事之书一年有半，制度之书八月，地理之书半年，奏议之书十月。有三年半之功程，史事已可烂熟。即志在利禄者，亦何惜此三年半之工夫，以致终身无可受用乎？历代知名将相，固有不读书者，近若曾、左、胡辈，亦所谓名臣者矣。然其所得力，曾在《通鉴》《通考》，左在《通考》，胡在《读史方舆纪要》而已，况程功之过于是者乎？

夫人不读经书，则不知自处之道。不读史书，则无从爱其国家。即如吾人今日，欲知中华民国之疆域，东西南北究以何为界，便非读史不可。有史而不读，是国家之根本先拔矣。古人有不喜人讲史者，王安石变法，唯恐人之是古非今，不得自便。今人之不喜人看史，其心迹殆与王安石无异。又好奇说者，亦不喜人看史。历史著进化之迹，进化必以渐，无一步登天之理。是故诡激之流，唯恐历史之足以破其说也。至于浅见之人，谓历史比于家谱，《汉书》即刘氏之谱，《唐书》即李氏之谱，不看家谱，亦无大害。此不知国史乃以中国为一家，刘氏、李氏，不过一时之代表而已。当时一国之政，并非刘氏、李氏一家之事也。不看家谱，不认识其同姓，族谊亦何由而敦？不讲历史，昧于往迹，国情将何由而洽？又或谓历史有似账簿，米盐琐屑，阅之无谓，此不知一家有一家之产业，一国有一国之产业，无账簿则产业何从稽考？以此而反对读史，其居心诚不可测矣。信如所言，历史是账簿是家谱，亦岂可不看。身不能看，唯恐人之能看，则沮人以为不足看也。政界之人如此，学界之人亦如此。学生又不便以讲诵，家谱、账簿，束之高阁，四万万人都不知国家之根本何在，失地千万里，亦不甚惜，无怪其然也。日本外交官在国际联盟会称东三省本是满洲之地，中国外交官竟无以驳正，此岂非不看家谱、账簿而不知旧有之产业乎？

昔人读史，注意一代之兴亡。今日情势有异，目光亦须变换，当注意全国之兴亡。此读史之要义也。经与史关系至深，章实斋云六经皆史，此言是也。《尚书》《春秋》，本是史书。《周礼》著官制，《仪礼》详礼节，皆可列入史部。西方希腊以韵文记事，后人谓之史诗，在中国则有《诗经》。至于《周易》，人皆谓是研精哲理之书，似与历史无关，不知《周易》实历史之结晶，今所称社会学是也。乾坤代表天地，《序卦》云有天地然后有万物。是故《乾》《坤》之后，继之以《屯》。屯者，草昧之时也，即鹿无虞，渔猎之征也。匪寇婚媾，掠夺婚姻之征也。进而至蒙，如人之童蒙，渐有开明之象矣。其时取女盖已有聘礼，故曰见金夫不有躬，此谓财货之胜于掠夺也。继之以《需》，则自游牧而进于耕稼，于是有饮食燕乐之事。饮食必有讼，故继之以《讼》。以今语译之，所谓面包问题，生存竞争也，于是知团结之道，故继之以《师》。各立朋党，互相保卫，故继之以《比》。然兵役既兴，势必不能人人耕稼，不得不小有积蓄。至于《小畜》，则政府之滥觞也，然后众人归往强有力者以为团体之主，故曰武人为于大君，履帝位而不疚，至于《履》，社会之进化已及君主专制之时矣。《泰》者上为阴下为阳，上下交通，故为《泰》。《否》者上为阳下为阴，上下乖违，故为《否》。盖帝王而顺从民意，上下如水乳之交融，所谓泰也。帝王而拂逆民意，上下如冰炭之不容，所谓否也。民为邦本之说，自古而知之矣。自《屯》至《否》，社会变迁之情状，亦已了然，故曰《周易》者，历史之结晶也。然六经之中正式之史，厥维《春秋》。后世史籍，皆以《春秋》为本。《史记》有《礼书》《乐书》，《汉书》则礼、乐皆有志，其意即以包括礼经一门。《司马相如传》辞赋多而叙事少，试问辞赋何关于国家大计，而史公必以人录耶？班固曰赋者古诗之流也，盖《史记》之录辞赋，亦犹六经之有《诗》矣。史公《自序》曰“有能绍明世，正《易传》，继《春秋》，本《诗》《书》《礼》《乐》之际，意在斯乎？小子何敢让焉”。班固亦有类此之语。由今观之，马、班之言，并非夸诞。良史之作，固当如是也。

史与经本相通，子与史亦相通。诸子最先为道家，老子本史官也。故《艺文志》称道家者流，出于史官。史官博览群籍，而熟知成败利钝，以为君人南面之术。他如法家，韩非之书称引当时史事甚多，纵横家论政治，自不能不关涉历史。名家与法家相近，惟农家之初，但知种植而已。要之九流之言，注重实行，在在与历史有关。墨子、庄子皆有论政治之言，不似西洋哲学家之纯谈哲学也。今日学士大夫，治经者有之，治诸子者有之，而治史则寡。不知不讲历史，即无以维持其国家。历史即是账簿、家谱之类，持家者亦不得不读也。

复次，今日有为学之弊，不可盲从者二端，不可不论。夫讲西洋科学，尚有一定之轨范，绝不能故为荒谬之说，其足以乱中国者，乃在讲哲学讲史学，而恣为新奇之议论。在昔道家，本君人南面之术，善用其术，则可致治，汉人之重黄、老，其效可见矣。一变而为晋人之清谈，即好为新奇之议论，于是社会遂有不安之状。然刘伶之徒，反对礼教，尚是少数。今之哲学，与清谈何异？讲哲学者，又何其多也？清谈简略，哲学详密，此其贻害，且什百于清谈。古人有言，智欲圆而行欲方，今哲学家之思想，打破一切，是为智圆而行亦圆，徇己逐物，宜其愈讲而愈乱矣。余以为欲导中国人于正轨，要自今日讲平易之道始。三十年后，庶几能收其效。否则推波助澜，载胥及溺而已。

又，今之讲史学者，喜考古史，有二十四史而不看，专在细微之处，吹毛索瘢，此大不可也。昔蜀之谯周，宋之苏辙，并著《古史考》，以驳正太史公。夫上下数千年之事，作史者一人之精力，容有不逮。后之人考而正之，不亦宜乎？无如今之考古者，异于谯周、苏辙，疑古者流，其意但欲打破历史耳。古人之治经史，于事理所必无者，辄不肯置信，如姜嫄履大人迹而生后稷，刘媪交龙于上而生高祖，此事理所必无者也，信之则乖于事实。又同为一事，史家记载有异，则辨正之，如《通鉴考异》之类，此史学者应有之精神也。自此以外，疑所不当疑，则所谓有疑疾者尔。日本人谓尧、舜、禹皆是儒家理想中人物，优自以其开化之迟，而疑中国三千年前已有文化如此。不知开化本有迟早，譬如草木之华，先后本不一时，但见秋菊之晚开，即不信江梅之早发，天下宁有此理？日本人复疑大禹治水之功，以为世间无此神圣之人。不知治河之功，明、清两代尚有之，本非一人之力所能办。大臣之下，固有官吏兵丁在，譬如汉高祖破灭项羽，又岂一身之力哉？此而可疑，何事不可疑？犹记明人笔乘，有丘为最高、渊为最深之言，然则孔、颜亦在可疑之列矣。当八国联军时，刚毅不信世有英、法诸国，今之不信尧、禹者，无乃刚毅之比乎？夫讲学而入于魔道，不如不讲。昔之讲阴阳五行，今乃有空谈之哲学、疑古之史学，皆魔道也。必须扫除此种魔道，而后可与言学。

# 在孔子诞辰纪念会上的演说

1935 年 8 月 27 日

今日为纪念孔子诞辰，开此大会，且先之以祭祀。在孔子固不在此一祭，而在国人心理中则不得不纪念之。从前圣朝列入中祀，清末始升为大祀，民国初元犹然。祭孔与祭祀鬼神不同，大家须知我辈祭孔系纪念至圣先师，与宗教家心目中之鬼神迥不相牟也。尊重孔子是应当的，若认为宗教之教主则大误矣。孔子所应尊重者在何几点？从前天坛宪法以孔子之道为修身之大本，说亦近是。实则犹不止于此。自生民以来，未有甚于孔子，虽关于人事者较少，无意、无必、无固、无我，所谓子绝四者，佛教独然。现为救世计，亦不必讲太高远之道，最平易成近之道，是为人伦，为儒，孔子云“行己有耻，使于四方，不辱君命，可以为士矣”。又云“见利思义，见危授命，久要不忘平生之言，亦可以为成人矣”。人苟能做到此八句，人心世道之坏，绝不至如今日之甚。从春秋到今日，二千四百年，一切环境，当然迭有变迁，具体的政治，《论语》不讲，《论语》单讲抽象的政治，道德齐礼，古今无异。宋赵普之半部《论语》治天下，半部《论语》治太平，果然欺人之语，然彼何不说半部《周礼》乎？《周礼》具体的，《论语》抽象的，故后者可行，而前者不可行也。

复次，中国立国根本在民族主义，三民主义中亦讲及之。孔子称赞管仲而曰“微管仲吾其披发左衽矣”。内中国外夷狄，后人以为《春秋》之大义。孔子之自议者为夷狄之有君，不如诸夏之无也。盖言夷狄虽有君，犹不如诸夏之无君。朱子反之，遂成倒语。皇侃《论语新疏》，中国以前久成佚书，后从日本得来，清修四库，觉对于此节引申阐发处，颇触忌讳，遂讳其原文，原增鲍氏刻知不足斋丛书，亦讳其语。而东洋书庄中则抄本、刻本均与中国本相反，晋孙绰《文选》中天台山赋之著作者有语云，诸夏有时无君，道不荆棘，夷狄强者为主，形同禽兽，即本此邢昺疏，尚存在其意义亦然也，此最痛切语。要之，从孔子以来二千余年，中国人人受外国欺侮，不知凡几。自汉以来，迭受外人欺侮，无有不能恢复者，晋受五胡逼至江南而尚不与之通款，南宋则甚至称臣称侄，元则不必论矣。然韩林儿辈并不读书，尚能恢复一部分故业，无他，孔子学说深中于人心耳。明末满人攘我神州近三百年，我人今日独能恢复我固有之国土，盖亦以儒者提倡民族主义已深入人心，故满夷一推倒，即能还我中原耳。今日国难当前，尊重孔子犹为当务之急。纪念孔子，必须以自己身体当孔子看，又须将中华民族当孔子看。如此纪念，方得纪念之道也。

# 钮永建

(1870—1965)

## 生平简介

钮永建（1870—1965），字惕生，上海马桥镇俞塘人。近代民主革命家，国民党元老。1895年入湖北武备学堂学习军事。1898年入日本陆军士官学校。1905年加入中国同盟会。1911年参加辛亥上海光复，是年11月任松江军政府都督。1912年任南京临时政府参谋次长。1913年参加“二次革命”，失败后逃亡日本。1914年加入中华革命党。1917年跟随孙中山南下广州，任大元帅府参谋次长。1922年陈炯明叛变后，奉孙密令，赴北方联络策动冯玉祥。1926年任中国国民党中央政治会议秘书长。北伐战争开始后，担任北伐军总参议，策动上海起义，上海三次武装起义后，被武汉国民政府国共两党势力联合推举为上海特别市临时市政府主席，因参与胡汉民、蒋介石等另组南京国民政府，于翌日登报辞职。1927年宁汉分裂，任南京国民政府秘书长（胡汉民担任国民政府主席，蒋介石为军事委员会委员长）兼江苏省主席。1930年后历任中华民国内政部部长、国民革命军第七军军长、立法院军事委员会委员长、考试院副院长及代理院长等职。1942年任国民政府委员兼公务惩戒委员会委员长。1947年任总统府资政。1949年去台湾。1952年任国民党中央评议委员。1958年定居美国纽约。1965年12月病逝，享年九十五岁。

# 对于民众教育之观念[①]

1933 年

主席，诸位长官，诸位同志：

今日纪念周，奉主席谕使永建出席报告，自念学术浅陋，经验缺乏，无可以贡献，唯最近在洛阳中央修理周公庙第二节结束，并试办中原社会教育馆教育事宜。永建去年任职铨叙部时，曾以职务上之关系，参与修理工程，又以连带关系，参与社会教育馆试办事宜。因事实上之促迫，不得不对于此项教育，加以多少之研究。兹谨述观念所及，似在时局上亦一种切要问题也。

中原社会教育馆所办教育，即一种民众教育。非馆名不曰民众教育馆，而曰社会教育馆者，因教育部对于此项教育，尚沿民国十六年大学院分科之制度，用社会教育名义，因循未改。各省市教育厅局袭此名，为就公文上之习惯，故亦因而用之。其实社会教育，乃一种知识上之宣传（如标语、口号、展览、演讲、图书馆、阅报社、电影新剧等），而民众教育乃一种技术上之训练（如生计、生活、体育、国语、卫生、自治等）。社会教育涉宽泛之范围，不求近功，无异一种文化之点缀；而民众教育，乃实际不需要，功课成绩，实为文化之源原。二者固相似而不同也。民众教育，就广义言之，凡国家种种教育，皆可谓为民众教育。如大学、中学、小学及其相当程度之专门各学，所有完全速成或短期各办法，无一非为民而设；

① 本文是钮永建在国府纪念周发表的演讲。

其所收之学生，无一非取之民间；其所教之学科，无一非人民生活上需要事项，故皆可包括于民众教育之内。就狭义言之，则民众教育者，乃在国家及一般社会所需的人才教育，或职业教育以外，与凡尚未担任国家及一般社会责任的儿童教育，或升级教育以外，凡人民生活上及国家社会间一切事业上必要的知识技术之训练是也。

此项教育，或谓之成人教育，但有时亦包括儿童。盖儿童为民众之预备军，凡失学儿童，当然民众教育，有兼顾之责。唯教育之方法，不用人才教育，或升级教育之办法，而取最必要最简易最普及之就地（闾乡区域）施教的半日或间日数小时之教育方法，此法尤其在教育未普及之地方。此种儿童，更有顾及之必要，故不能仅以成人教育目之。

又此项教育，或谓在学校教育以外之教育，然民众教育，有亦采用学校式之集中训练，及专长训练，谋技术上必要之精练，知识及行为上必要之习惯。且民众教育，对于专门之能力技术，谋动作之正确，尤有不能不设学校式之专科，以养成多数之模范民众及民众领袖，散布于民众中，俾就地就事之指导易生效力，故亦不能以与学校有无关系分别之。总之，民众教育者，乃根据总理训政之遗训，以实行三民主义的必要之智识技术，利用教育训练之手段，普及于一般，对于自身生活，及国家社会民族家族，现在直接负责的人民，使之在最短期内，得到一种能力，适应现代之需要，维持身家生活，辅助国家建设，以完成国民之资格，巩固民国之基础，赶上欧美，并期超亚洲任何国之民力国力者也。此即总理迎头赶上之意义，而使之实现者也。

至实现此项教育之目的，普通分类，为语文、休间、治治、生计、健康、家事、社交、特别活动等等科目。概括言之，即富的教育、强的教育、公民的教育，及其他预备或辅助的教育。以三民主义言之，富的教育，即民生主义之教育也；强的教育，即民族主义之教育也；公民的教育，即民权主义之教育也。根据三民主义，对于直接负担一切义务，直接经营一切权利的民众，与以关于实行三民主义之必要的知识技能，此乃民众教育之正确目标，实为训政时期必要之事业。即在实行宪法时，亦为必要之事业，尤其在现在中国形势之下，更为急切必要之事业也。

自前年“九一八”国难发生以来，至最近签订停战之约，吾人对于国际关系，不欲轻言战争，然强暴之敌，尚在扩张军备增加巨额计算。而飞机兵舰军队浪人等，随便出没，横行于吾国境之内，蹂躏我主权，毁损我体面。照此情形，吾人的生命财产、国家的命运，随时在暴敌任意凭陵毁灭中。吾人果将以何者为将来之保险，两年来国土之被占据，公私生命财产之被损害，吾人果将以何者为过去之申理；国际联盟公正之判决，世界各国热烈之同情，吾人果以何者谋现在之进行；前敌国军义军将士之殉国，各地义夫烈女之死难，全国志士仁人之奔走赴义，慷慨捐助，吾人将何以报仇雪恨，副一般之期望。

根于上述种种，吾人虽不欲多事，然无如形势实逼处此，绝不能放过吾人，则吾人亦唯有发展吾应有之实力，以适时势之需要而已。此项应有之实力，不待然言乃一种之武力。武力者，以全国物质上之富力为之体，而全国民众之精神、志气、智能、体魄为之用。试问此种力量，岂能凭空而得？如欲使全国民众发挥此种能力，当此事机迫切之时，又岂能坐待教育儿童，渐渐长大之长时期间，并普及教育后之长时期间？而始实现乎，是不能不就现在直接任一般事业之全民众，加以直接之训练，以求适应于时势之需要也。明矣，此项训练，当然有种种的进行，关于专门技术，如军事上、器械上、交通上、其他种种设备上、工商业品之制造上，当然分设各种教育机关，选拔优秀人才，加以精密之训练以为之骨干。然一般普通需要之能力，当要由大多数之人民为普遍担任，方能应付。动辄全国总动员之大敌，与为多方面之周旋，此即民众教育所必要也。

又就内政而言之，欲谋全国事业之振兴，必须发展交通，招集外资。然如一般民众无相当之训练，则交通愈发达，农村愈易破产，外资愈投入，民族愈易堕落，必致未见其利先见其害矣。近来一般民众之破产与堕落，已远非十年前之比。由生活之提高，物质之进步，造成一突变之环境，交通日形发达，智识愈见开通，而危险之阱乃愈陷而愈深。于是行为之浪漫，心理之偏激，即随之而起，驯至奸伪百出，暴乱横行，地方多故，万事隳坏，世人皆叹为心术之坏，道德之衰。其实心术者，不过一种习惯之反影；道德者，不过一种对人对事适宜之信条。现在环境与动机不同，旧来之习惯与信条，当然不能完全适用于今日之状况。倘一任其自然，而无一种有力之改造，必致日趋于放纵腐恶之途，衰落败溃之境，又岂能立适当之标准，启活泼之新机。故今日一般行为之浪漫，心理之偏激，非心术问题，乃习惯问题；非道德问题，训练者，乃造成习惯，以实现其心术之优良，与道德之高尚者也。故欲重造今日之新民国，必须训练民众之新习惯，即就实行三民主义必要之条件上（即造成富的国民适合于时代之公民的条件上），就事实之需要，立适切之信条，使成行为上必守之原则，辅以完善之设备，加以严格之训练，使之熟练而成习惯，借以锻炼其志气，振作其精神，涤除其心理，坚强其体魄，致密其智巧，即于造成实力之中，引上伟大光明之路。所以一切由自私自利之心理，畏难苟安之痼习，以造成堕落退化之行为者，当可以根本铲除。凡此积极的大多数民众之新习惯，非有普遍及彻底之教育，又何从造成也。

民众教育之需要，既如此急切，国家自应极予设法，实施此种教育纲领及其组织办法。今教育部，既已组织民众教育委员会，且有具体方案，通令各省市县，然教育民众，其意义较之教育军队，尤为重大。军队为国家根本计，一切组织训练，无不统归中央军政部办理，所以坚固国家之基础，统一国家之力量也。民众教育之事业，既然更重要于军事，则宜更进一步，非特须归国民政府教育部办理，且应由国家最高权力所渊源之中央主张方为妥当。盖非特主义上非由中央主持不可，即关于强的教育，在与军政有关而精神上之教育，更非根本于中央，无从发挥最高之标准。例如公忠体国心、责任心，究竟所体何国，所任何责，如不能导源于中央，岂非走入歧途；又如决死的牺牲精神，人一己百，人十己千的奋励精神，恒久不懈的坚毅精神，如不归宿于中央，岂不愈训练愈歧误，如何能使全国一致，以与强暴相周旋，或且根本上发生不可挽救之危险也；他如师资之训练，物质之设备，均须具有大规模经营，较之国立省立之各大学，仅为一部分人之教育者，其人员物料之需要，当然增加十百倍，非以全国之力，不易办理。且此种教育方法中之最重要者，必须着重于民众之有组织，有纪律，此何等严重之办法，不但非私人所能办理，抑且不宜以地方性质办理之。由是即知办理民众教育事宜，中央必须负起此项责任，一以应时势之要求，一以谋全国之统一，以利事业之进行。至其办理方法，当然需要专任委员组织委员会负责研究，无须泛着议论。最后尤有一个必须之补充条件，即民众既其自身有直接负担之种种业务，尤其为生计上之关系，欲其抛弃职业，出就教育，实有形格势禁之困难。而就事就地，淡薄之指导，或有娱乐休暇艺术方面诱致民众，而以教育条件穿插之者，又绝不能达到教育之目的。近来试办民众教育者，每有以生产事业，雇用人员，利用长期工作，进行其教育者。非无多少成绩，然此项雇学方法，需费太多，且合乎人情，而不合乎法理，又非一种正当办法。然舍此则更无招致人民受教之良法，故国家果有实行民众教育之决心，似非在法律上，确立义务权利，难期普及。而为有效之进行，似宜于业已议办之征兵征工制而外，别有一种征学制，方有办法。至征学制中，未尝不可兼办征兵征工事宜。盖学制中本可包括军事训练，而工作乃人生必要之义务，更应有实施训练之必要。故能善办征学制，即可兼征兵征工两法之长，至少亦可补征兵征工两法之不备。如征学制一时果不能办，则宜于征兵征工制中，略参以征学之办法。总之，征兵制、征工制、征学制，无论何种制度，其用以造成全国之实力，均无不同。且行征兵制，固不能不做工，不修学；即行征工制，亦不能不习战，不修学；行征学制，更不能不习战，不做工。处今日之时势，三者任行其一种，固无不殊途同归。而征学制似尤合国情，且更合总理和平奋斗之遗训。而立世界文化合作之基础，更可以显三民主义下中国政制之特色也。以上乃论民众教育，由中央办理之大要，如一时为经费所限，不能不由地方分担，或私人协力，则中央亦宜确定一种办法，如关于主义军事及精神教育各点，归中央办理。其他种种，或暂听地方或私人协办，似亦目前急进，应有之办法也。

因为民众教育事体重大，全国智识分子、有力分子，本该共同提倡。从前之提倡妇女贞节，提倡男士忠孝，提倡农桑的民事，提倡仁义的王政，概皆上至帝王公卿，下至一命之士，暨匹夫匹妇，无不父诏兄勉，异口同声，身体而行之，遂以蔚成风俗，深入人心，发生伟大力量，为民族特色。今日应办之必要事业，倘亦能仿此行之，断无不达目的之理。固不特民众教育为然，而民众教育尤为必要。且民众教育自身亦赖民众以成之，而须受教育为之促进。以是知民众教育，必须且必受全国之主持提倡与推行无疑也。

# 梁启超
(1873—1929)

## 生平简介

梁启超（1873—1929），字卓如、任甫，号任公，别号饮冰室主人，清光绪年间举人。近代著名思想家、政治家、教育家、史学家、文学家。和其师康有为一起，倡导变法维新，并称“康梁”。是戊戌变法（百日维新）领袖之一、中国近代维新派代表人物，曾倡导文体改良的“诗界革命”和“小说界革命”，其著作合编为《饮冰室合集》。维新运动期间，曾主北京《万国公报》和上海《时务报》笔政，又赴澳门筹办《知新报》。1915年底与蔡锷策划武力反袁，护国战争在云南爆发。袁死后，梁出任段祺瑞北洋政府财政总长兼盐务总署督办。1917年11月，段内阁被迫下台，梁随之辞职，从此退出政坛。1922年起在清华学校授课，1927年离开。1924年9月由于妻子癌症复发病逝，悲痛甚巨，身体渐垮，后被确诊为尿血症。1928年由于经历恩师康有为去世、爱徒范静生去世、王国维投湖等大悲之事，11月已不能伏案工作，于次年1月19日病逝于北京协和医院。

# 在北京大学欢迎会上的演讲

1912 年 10 月

鄙人今日承本国最高学府北京大学校之欢迎，无任荣幸。适马校长所言鄙人与大学校之关系一节，当年诚有其事。今请略述一二，以告诸君。

时在乙未之岁，鄙人与诸先辈，感国事之危殆，非兴学不足以救亡，乃共谋设立学校，以输入欧美之学术于国中。唯当时社会疾新学如仇，一言办学，即视同叛逆，迫害无所不至。是以诸先辈不能公然设立正式之学校，而组织一强学会，备置图书仪器，邀人来观，冀输入世界之智识于我国民，且于讲学之外，谋政治之改革。盖强学会之性质，实兼学校与政党而一之焉。在今日固视为幼稚之团体，然在当时风气未开之际，有闻强学会之名者，莫不惊骇而疑有非常之举。此幼稚之强学会，遂能战胜数千年旧习惯，而一新当时耳目，具革新中国社会之功，实亦不可轻视之也。至创设此会之诸先辈，今日存者，已寥若晨星，袁大总统即最尽力于此会之一人焉。厥后谣诼频兴，强学会之势力愈强，而政府疾恶强学会之心亦愈甚。迄乙未之末，为步军统领所封禁，所有书籍仪器，尽括而去。其中至可感慨者，为一世界地图。盖当购此图时，曾在京师费一二月之久，遍求而不得。后辗转托人，始从上海购来。图至之后，会中人视同拱璧，日出求人来观。偶得一人来观，即欣喜无量。乃此图当时封禁，亦被步军统领衙门抄去，今不知辗转落在何处矣。及至戊戌之岁，朝政大有革新之望。孙寿州先生本强学会会员，与同人谋，请之枢府，将所查抄强学会之书籍仪器发出，改为官书局。嗣后此官书局即改为大学校。故言及鄙人与大学校之关系，即以大学校之前身为官书局，官书局之前身为强学会，则鄙人固可为有关系之人。然大学校之有今日，实诸先辈及历任校长与教师之力。谓鄙人为创设大学校之发动人，则不敢当。

鄙人在十五年前，实不能料及今日有如是规模宏大之大学校，鄙人不能不倾佩历任校长教师与学生诸君之努力，且当为国家感谢者也。唯以今日之大学校，与欧美日本之大学校相较，则程度之相去尚远。此则鄙人于倾佩之外，不能不责望大学校之校长教师之勉为尽力，而更不能不责望大学校学生诸君之愈益努力者也。盖大学校之发达，校长教师与国家社会，虽同负其责，然与大学校有至密之关系者，实在学生诸君。诸君设不自行勉力，则大学校安能发达？敬祈诸君勉力为中国之学问争光荣。鄙人今请进数言，聊为诸君他山之助。

普通学校目的，在养成健全之人格，与其生存发展于社会之能力。此为全教育系统之精神，大学校之目的，固亦不外乎是。然大学校之所以异于普通学校而为全国最高之学府者，则因于普通目的以外，尚有特别之目的在，固不仅其程度有等差而已。特别之目的为何？曰研究高深之学理，发挥本国之文明，以贡献于世界之文明是焉。是以施普通教育之学校，其所授之智识，为人类生活上社会上日用所必具之智识；所训练之能力，为人类生活上社会上日用所必具之能力，如是而已。而大学校之所授者，则不仅人类生活上社会上日用寻常所必具之智识能力，而为一切现象之法则，所谓科学者是焉。此不独大学校与普通学校之分在是，而大学校与专门学校之别亦全在此。盖专门学校之学科，强半与大学校相同，往往有人误视为具体而微之大学，殊不知二者之间，固显有区别在焉。专门学校之目的，在养成社会上技术之士；而大学之目的，则在养成学问之士。故专门学校之所授，虽多科学之原理，而所重者在术，不过因学以致用；大学校之所授，虽亦有技术之智识，而所重者在学，不过因术以明学。我国往往学术连用，漫无区别；殊不知二者迥不相同，固不能连而为一者也。盖所谓学者，推究一切现象之原理原则，以说明一切之现象，于推究原理原则说明现象之外，别不另设方途以求致用；而所谓术者，则应用学理之方法、技能而已，于推究原理原则以说明现象之学，实判然不能相同者也。故科学之分类，以现象为标准：有自然之现象，即有自然之科学；有人类之现象，即有人类之科学；有社会之现象，即有社会之科学。固自然有种种之现象，亦即有自然之种种科学；因人类有种种之现象，亦即有人类之种种科学；因社会有种种之现象，亦即有社会之种种科学。若夫技术，则以人类社会实用之目的，为其分类之标准：或合人类之需要，或应社会之要求，或按国家之机关，而有种种之技术。此实为学与术根本相异之处。而大学校与专门学校之区别，亦于是而分焉。是以同一法律科目，专门学校之目的，在于养成学生法官辩护士之能力；而在大学，则唯使学生能知法律现象之原理原则，至于学生毕业以后，为法官，抑为辩护士，则非大学之第一目的矣。其他科目，莫不如是。简言之：专门学校之精神，在实际之应用；而大学校之精神，则在研究与发明。故凡人类间具有系统之智识，大学校莫不列为学科，固不问其按切实用与否也。譬如西洋大学有希腊、罗马古典之学，北京大学亦有经训考证之科，以言实用，邈乎远矣，而大学校亦不得不列之为一科。夫大学校之目的，既在研究高深之学理，大学校之学课，又复网罗人类一切之系统智识，则大学校不仅为一国高等教育之总机关，实一国学问生命之所在，而可视之为一学问之国家者也。且学问为文明之母，幸福之源。一国之大学，即为一国文明幸福之根源，其地位之尊严、责任之重大，抑岂我人言语所能尽欤！诸君受学于此最尊严之大学，负研究学问之大任，鄙人所欲进一言为诸君勉者，亦唯祈诸君能保持大学之尊严，努力于学问事业而已。

抑我又有言者，则前清学制之弊，至今犹令人痛恨不已。其误国最甚者，莫如奖励出身之制。以官制为学生受学之报酬，遂使学生以得官为求学之目的，以求学为得官之手段。其在学校之日，所希望者，为毕业之分数与得官之等差；及毕业以后，即抛弃学业而勉力做官矣。即以海外之留学生日浸染于外国之学风者而言，当留学之时，固多以学问为目的，而勉力求学；然毕业以后，足迹甫履中国，亦即沾染此恶风，抛弃其数年刻苦所得之学问，而努力做官矣。故中国兴学十余年，不仅学问不发达，而通国学生，且不知学问为何物。前清学制之害，庸可胜言耶！是以鄙人今所更欲为诸君勉者，则望诸君以学问为目的，不当以学问为手段。盖大学为研究学问之地，学问为神圣之事业。诸君当为学问而求学，于学问目的之外，别无他种目的，庶不愧为大学生。若于学问目的之外，别有他种目的，则渎学问之神圣，伤大学之尊严，尚能谓之研究学问乎？诸君勉之！努力问学之事业，以发挥我中国之文明，使他日中国握世界学问之牛耳，为世界文明之导师，责任非轻。诸君其勉力为我中国文明争光荣！鄙人今尚欲进数言于诸君之前者，则为今日之学风问题。夫今日学风之坏，人所同慨。鄙人所欲言者，亦非仅指大学一校。唯以大学为全国最高之学府，大学学风足为全国学风之表率，是则鄙人所不能不以此责望于我大学生诸君，祈有以表率我全国之学风，而改善我全国之学风者也。语时或有开罪之处，尚望诸君谅之焉。

一、服从。言今日学风之坏，莫过于学生缺乏服从之德。不服教师之训导、不受校长之约束，放恣乱为，动起风潮，遂致德无由进，业无由成，我可敬可爱之青年学生，几成为可鄙可贱之无业游民。言念及此，曷胜浩叹！诸君闻此言，或且有谓鄙人谬悖，欲以奴隶之行，责之共和国之大学生者矣。此在不以服从为然者，必谓学生当有自由，校长教师，等是同类，安有服从之可言？服从二字，乃奴隶之所受，讵可加之于我学生之身？然学生以德之未修、学之未成，始入学校求学，则在学校之中，自当服从校长教师之训导；不然，又安名为学生？学生中有言自由者，实不学误之也。且一国之中，一切皆可言自由，唯军队与学生，乃不能言自由。军队言自由，则不仅全军瓦解，不能成军，且足以扰乱秩序，其危险莫可名状。学生言自由，亦不仅学业无成，教育无效，其影响于社会国家，所关殊非浅鲜。故欧美先进之国，其学生莫不谨守服从之德。当退校之时，或多与教师从容谈笑；若在校中，则虽年高德尊若我马校长其人者，苟为学生，亦严格整肃，谨听校长教师之训导而毋敢或违。鄙人前游美洲大陆，曾遍观其学校，见其学生之谨守服从，至足感人。而尤足奇异者，则美之学生，不仅对于校长教师，守服从之德，下级学生之于上级学生，亦尽服从之责。上级学生苟有所命，下级学生莫不心悦诚服而为之。此其故何哉？诚以共和之国，人人有自由，即当人人能服从。不然，势成人人相抗之象，秩序危殆，国将不国。而欲养成此服从之德，在共和之国，舍教育以外，殊无他途可言。固不若专制之国，以威力胁迫人民服从，不问人民之能服从与否也。故专制国之学生，不必养成其服从之德；而共和国之学生，设不于其受教育之日，训练其能守服从之德，则国基危殆，害莫胜言矣。此鄙人之所以以服从之德望大学生诸君，有以矫正我全国学风也。

二、朴素。孔子有言："君子食无求饱，居无求安。"此在今日，虽不足奉为我人处世之道，然学生在求学之时，则不可不具此精神。欧美学生自小学而中学，中学而大学，非历二十年之久，不能成业；且学费之巨，亦非中下之产所能任。故学生之能卒业于大学者，百中实不得一二，唯能刻苦之学生，始能卒业。至若日本，则能卒业于中学以上之学校者，大抵皆苦学之士，积十余年困苦艰难之学生生活，始克学成而为世用。今日彼国知名之士，若一谈其苦学之经历，则恐我国学生皆当愧死矣。我国学生，本亦寒素之士居多，唯近年来则纨绔之风大盛，衣食唯求精美，居处唯求安适。其最堪痛心者，则莫如求学之青年，奢侈放纵，既伤其德性，复害其学业。设此风不革，则中国教育之前途，尚堪问乎？此鄙人之所以祈望大学生诸君，力倡朴素之风，以改革我全国之学风也。

三、静穆。鄙人非谓学生不当发扬蹈厉，人固贵有发扬蹈厉之精神，而后始能在社会任事。唯发扬蹈厉之精神，当用之于做事之时，不能用之于求学之时。学生在求学时代，当善养其发扬蹈厉之精神，则他日学成以后，庶能发挥此精神于事业。孟子所谓"养我浩然之气"者是也。若在学生时代，而误用之于校长教师，是为不守规则之学生，非所谓发扬蹈厉之精神也。且天下唯有学问有修养之士，乃能真有发扬蹈厉之精神；无学问无修养者，仅能谓之狂躁，谓之轻率，以之办事，无一事可成也。故学生若不于学生时代，以静穆之风，善养其发扬蹈厉之精神，则他日必成为狂躁之士、轻率之士，终身将不能成一事，可不勉乎哉！况学问之业，非有冷静之头脑，不能得益。学生若以浮躁之心受学，则不仅不能深入学问之道，我恐即有善教之教师，亦不能有丝毫之得益。故学生若不于求学之时，养成冷静之头脑，则于学问之业，日相去而日远矣。静穆之风，可不贵哉！简言之：静穆之风，一则以成冷静之头脑，一则以养发皇之精神。在学校之日，以之修业而进德；卒业之后，则赖之以任事而成功。此为学生至可宝贵之学风，鄙人深望大学生诸君有以提倡此风也。

关于学风问题，鄙人所欲言者，不仅此三事，唯以此三者为最要，故特举以告诸君耳。愿诸君勉之，为我中国学问之前途争光荣！

# 1917 年在南开大学的演讲

## （周恩来笔录）

诸君乎！启超今日值此良机，得来吾向往多年之学校，与诸君相聚一堂，荣幸之至。当二年前，鄙人旅居津门时，即希令子弟来斯学校，并期来此参观，以冀得悉贵校详情，而与学校方面多所联络。盖国中兴学多年，明效尚未大著，使全国学校能悉如南开之负盛名，则诚中国前途之大幸。职此之故，接洽之心，益为迫切。前岁之末，与贵校长本有宿约，嗣以政变，不得已南下，稍尽吾力，延搁年余。今日始达素愿，情积之愈久者，相见亦愈快焉。

贵校校风之佳，不仅国内周知，即外人来参观者，亦莫不称许。考其所以致此之由，固原于职教员热心教导，斯能感化学生，然要亦学生能以诚求学，遂成此不朽之名。国内日益推崇，外人因之赞许。而造之之始固甚难难，非草率从事，所克奏其效也。现今国内对于贵校学生甚希望大有作为于社会，并望贵校荣誉日与俱长，负斯责者是在诸君，唯现今之荣誉既不易保持，而未来之责任尤属艰于担任，且责任非一校所私有也。在贵校职教员所以趋全力以教导学生者，亦以国家一线之希望，实系诸20世纪之新青年，使青年而无忝厥责，则国事尚有希望，非然者前途不堪设想矣。譬之一家，其子弟恶劣，败坏家声，则其家虽富，终亦见其败亡。家犹国也，以现今国势言，执政者已属有负诸君，乃复使诸君担斯重任，受此忧患。换言之，即作斯政局者，实使诸君难予前进也。青年中尤以学校中青年有最大之希望。父兄之期其子弟，重兴已败之家庭，属望之念甚殷，而吾等之视学校青年，犹此志也。是今后国家之兴衰与否，实以诸君之能力为断。彼欧美日本之青年，其责任之重大，固无待言，然其前辈所作之功业，已如是其盛，故其力不必倍于前。而责已尽，同已日兴，犹之良善家庭，其父兄遗子弟以财产，教之以善道，苟其守成不变，即可保旧状勿替。至若吾国处飘摇欲倒之境，所恃者厥惟青年。而青年尤贵乎有建设之长，排难之力，方之齐家者，处败坏家庭，必先改良其家风，而此家风又为素所熏染，改之维艰。然舍此一道，别无良策，是非有大毅力排万难以创之，不易成功。诸君之于国家，亦宜以改革家风之道改革之，无用其迟疑。盖青年今日之责任，其重大百倍于他人，而又只此一策足以兴国，自寻生路于万难之中。吾希望诸君处现今之地位，先定一决心焉。知其难处必破其难关，而后立志定方针，以从事于建设。决心定之于先，方法研之于后，斯不至无所措手足矣。家风之改革，骤视之似属甚难，然吾人不必问如何改法，且不必计前辈执权阻挠与否，但请自隗始，改革一己之恶风劣习，即家风全部已改善一分，使人人皆能如是，则其家风当然转恶为善。以己及人，以家化国，泽被全体。故吾人欲改革国家，不必思及他人，先以一己为主位，敦己之品，坚己之力，如此个人之人格立，一己之根基固矣！以贵校论，校舍若是其小，学生不过千人，较以欧美之学校犹瞠乎其后，然追想十二年前，天津无所谓南开，而今则巍然峙立，远近咸知者，不过以数位职员协力同心，积久所致，仅十二年之差耳。今试取校外之空气比较已异其味。十数年间数人之力，克使天津污浊空气中立一新鲜之空气。所在诸君为数将及一千，日夕受职教员之熏陶，复授以产出南开学校开辟新鲜空气所在之能力，其所收效又奚仅如上所述。矧张校长所为之事，非他人所不能为者，亦非有冒艰险破危难以成之者，使诸君能如造南开之方，造一己能力，亦如贵校长者，则数十年后，其发达何可限量？而全国最坏风气，或可借斯一廓清之。事之思之维艰，行之而又未见其艰者，皆此类也。但决心定矣，此后欲在社会上得一立足地，其根本预筹之方法维何？曰：在中学校锻炼之时代。何言乎，西人有之。一人之命运否泰，视其在中学校之生命如何以为判。盖人当十五岁以前，其体魄脑力未甚发达，期其思想言动有自主力在所不可，而意志之决定力尤甚薄弱，故其时一切行为，恒恃父母、师长之指导。逮出中学而入大学或置身社会，其时身体发达已足，意志已定，如染恶习，期其改舍诚非易事。故吾人唯当十五岁至廿五岁之间，为人生最重要之时期，抑亦最危险之时期也。诸君在南开攻读，校风尚好，危险似较他校减少，然不过减少耳。校风为学生所造，品行良否，要仍以一己之修养力如何为断。盖在十五岁以下，其责任可归之父母师长，至此十年中则纯恃己力。昔希腊大哲学家苏格拉底语其弟子言曰，吾非以学问授汝，乃教汝以如何造学问。斯二语也，为世界教育家所公认。而于中学校尤有莫大关系，教员之教其学生也，仅教其知学问耳，功课授以如何读法，道德授以如何守法，绝非使学生如其言而行，便可立成完人。孔子至圣所言亦只于指导世人，是故教员授学生造学问之力，苟因其言而悟推而行之，未有不成完人者也。且在中学校时代，一切习惯品行皆于是立其基础，善者因之，恶者舍之，一生之人格立矣。不然，时机一过毕业中学，或出而问世，或投身大学，入自由教育时代，其恶习惯吾人虽欲排去，而种种方面已挟之使不得遁，其难犹变更帝制而复共和也。譬之吸烟，年长之人亦知其害，而习惯已成，欲禁吸之，且难于反对帝制，犹早眠早兴者，偶尔失眠，其困苦亦甚。总此以观，恶习惯排去固自不易，而良习惯已养成者去之亦艰。是此十年中，果能舍恶就善，养成良好习惯，则一生可受其益。非然者，少小不努力，老大徒伤悲。施一分力，改良习惯于二十五岁以前者，此后用十倍百倍之力，亦未必能矣！品行坚定，既为他年入世之基。则今日在中学校中，各种恶习务必铲之使尽，不容其有丝毫存留。即以诳言论，在今日中国最为流行之恶习，虚夸声势，盛誉他人，虽贤者不免似此不足为病，实则结果趋全国人民溺于虚妄，而通国皆假。究其因何，莫非幼小养成之，故举一反三，希诸君立时改革，若俟之来日者，诚非吾所忍言其结果矣。

吾人之品行，何者为满足，斯诚难以一言尽之。然欲将来立身社会，而不为潮流所激动，入于歧途则意志坚定，是今吾人欲作一事，以必达其目的为指归。艰难困苦，非所计也，此为成功秘诀。方之乘舟欲抵一地，中途遇逆风，意志薄弱者必折舟而回，顺则复行，旅进旅退，徘徊中途，终无达彼岸之望。使遇事而悉如此，则均无所成，故凡事欲计其成，必须有一种坚忍不拔之气随之。匠人造桌，陶人制碗，事无大小，致力一也。无论聪明愚鲁，果其气不颓，力不怠，则大小必有成，结果无或殊。所谓命运，上天非能预判之也。孟子所谓养吾浩然之气，是固在此十年中锻炼之，使此十年光阴未掷虚牝，意志果克坚定也，则后日事业终可底成，使优游岁月无所适止，则结果亦如之。或问曰：养成意志坚定之方维何？曰：遇事循其理而行。在学校中举动一准乎师长，似无所操练也，实则以小推大，无稍差异。攻读者喜新厌故，择一弃百，不得谓之为是。性近文科者，于算学一道，终以明彻为目的，则结果必如其愿，此学生时代最易发生之事。若是则虽吾性所反对之科，可变为所爱近之课，推之一切，无不破的矣。此属于积极的。若消极者，性远于理化，厌之，则令吾所长者特别发达，随时随事增吾知识，于是吾之品行，当然因之高尚，而意志亦逐渐坚定，一生处世之把握即牢，岂必待出校后而始可注意于磨炼也哉！在此种意志当发动时，必须审慎周详，叩之良心而无愧，问之师长而称善，然后倾吾力行之。非则滥行不审，徒见其害也。学算学、习外国语者，因其困难干燥，遂生厌怠之心，然决不能因其难置之弗学，且从而坚其志，破其难关，一而再，再而三，终见算学、外国语有明通之望也。昔之思想迟滞者，今转因之敏捷，移其智而习他学科，所在皆易。逮入社会，以其坚定之志，敏捷之思，入困难之境，亦无所谓困难矣！盖内界能力可抵抗外界艰准。今日学校之修养，即预储此项能力，磨炼多年，他日之结果当然所向无敌。古今中外豪杰圣贤传记，吾日读之崇拜之，终弗及坚吾意志，为益宏多。使诸君尽如是，则一己之人格立，中学校时代之第一品行同题决矣。

就知识论，其要亦多同于品行。吾人在社会任事，非有相当知识，断不能率而操觚。矧居今之世，事业之复杂又百倍于前，学术日新月异，诸君居校攻读课本，固为求相当知识，然仅将此数本书烂熟胸中，非可毕乃事也。无论中国各种书籍不甚充足，即在最完备之国，其学校亦绝对不能授学生以一切应用之学，或尽有之。逮学之既久，出而问此，时期已易，所学又未必合诸世用。矧学校中课本之学问，行之于社会又绝不能柄凿相入也。然则学校中之课本，终无济于实用，学之何为？曰是，又不然。学校课本投入以造学问方法也，譬之学化学者，必先学考查元素，初视水之成分，以为即元素耳，细分之斯得二种元素，由是观凡百事理，非可骤下判断。多经一次试验，必多一新发现之理。读书不可以一目了然，便妄自尊大，读竟细玩其味，方知作者苦心及命意所在，如在化学试验室，未试验前与既试验后其感想之差为如何耶？读史者必考其因果，如在战国时之秦，处极西之地，至始皇能兼并六国，统一中原，乃不数十载又亡于楚汉，考其原因，究其得失，思之有悟。叩之教员或误或是，或有缺憾，取而证之于今，是皆吾人利用读书之效果。他日为外交家，为行政官，胥恃此思矣。犹之习算学者，非仅答一二问题便为能事，使学生尽如是类，则其所学者，初不过受之教员，逮考试时仍还之教员耳，于学生何有？当学几何时细心揣度，终则脑思细密，收其效用，体操时惧教员扣分，方始临操，身体强健非所计，则终必体魄日羸，自伤其体，因形骸虽经训练，而意志不属，绝不得收其实效；反之体魄日强，益以脑思细密，何求不遂。故吾人在学校中借十年锻炼之机，修养意志，开辟学问门径，使入于求学之趣途，以冀此后入世得机斯能求学，不致学与事截然为两途焉！

今南开职教员及学生，均为不可多得之才，而诸君又何幸有如斯之练习场，得以磨炼意志，训练脑思。诸君之根本坚固，此后出而升学他校，留学外邦，无论其校风如何，绝无妨害。脑思细密，虽高尚学科亦不至艰于考求。而做事则意志坚定，无所谓困难。处学校如此，入社会亦然。如斯方不负如此之学校，如此之师长也。非然者，以今日时势之危险、社会之恶习，诸君处新鲜空气之所，自不虞有他，一旦出身社会，入污浊之流，其成败不敢必矣。在昔私塾时代，士子终日孜孜不计意志，逮入世方知力薄能鲜。而今日之社会，又污卑甚于昔，使无坚强意志之学生入之，焉见其不与社会同流哉！昔日学校中人，吾人视之以为佳者，而今只置身社会，便随流合污，毫无克己能力，即由外国归来或毕业大学者，亦多如是。所以然者，岂非磨炼工浅，与社会相敌之力薄耶！以学问一端论，近时无复有讲之者，而士大夫尤甚。忆昔二十年前鄙人居京，欲录朋辈讲学甚属易事，适用与否不必计，好学之心，固甚盛也。

今则言旧学者，既渺渺难访，而新学亦复无人过问。若谓旧学陈腐，知者寥寥，故主持无人。岂新学号称时流及由外邦归来者尚无此倡学能力耶！非不能为也。因其昔日在学校中未尝有所磨炼，仅受学而已，预备讲义录而已，熟练胸中，考时还授之教员。教员亦与以佳评，学生用是自足，将来效力如何，不暇计也。即有在校时以研究学问发明学理为志者，逮入社会，以其与社会无关，置之不求，初则暂别继而长辞矣！故今日社会堕落之大原，在从往青年其脑力未尝磨炼，意志未尝坚定也。若今者国家万一之希望，纯系诸学校青年之身矣！苟学校青年能人人磨炼其脑力，坚定其意志，倡为风气，普及全国，则诚国家无疆之福也。余以此期之全国学校中青年，而于南开尤深吾一层希望，设比较稍佳之南开，其青年亦同世俗浮流，则全国之希望恐亦随之断绝矣！

鄙人今日之言，望诸君勿视为空言无补。稍加研究，当能辅助诸君之脑思意志。唯时间匆匆，不得与诸君长谈，他日设有机缘，深盼复来贵校，与诸君多所商榷。然今日一席话，尤望诸君勿忘，幸甚。

任公先生上月三十一日应校长张先生之请来莅吾校，阖校师生特开欢迎会于礼堂，丐其教言。先生慨然登坛演讲，历时约一钟有半，气度雍容，言若金石，入人脑海，笔之于纸，退而记之得四千余言。惜余不文，未克以生花之笔达先生之妙谛，仅述意焉耳。阅者苟深思之寝馈其中，倘亦他山之助乎！再，斯篇草就，得孔君云卿纠正之力甚多，不敢掠美，志此聊表谢忱。记者识。

# 在中国公学之演说

1920年3月20日

梁任公先生近自欧洲归国，适上海中国公学恢复后第二次开学，遂开会以欢迎之。梁先生即席演说，主张发挥固有的民本精神，以矫欧洲代议制度及资本主义之流弊，颇足为国人当头棒喝。兹录其词如次：

鄙人对于校中任事诸人皆为道义交，可谓精神上久已结合一致，唯自己未曾稍尽义务为可愧耳。此次游欧，为时短而历地多，故观察亦不甚清切。所带来之土产，因不甚多，唯有一件可使精神受大影响者，即将悲观之观念完全扫清是已。

因此精神得以振作，换言之，即将暮气一扫而空。此次游欧所得只此。何以能致此？则因观察欧洲百年来所以进步之故，而中国又何以效法彼邦而不能相似之故，鄙人对于此点有所感想。

考欧洲所以致此者，乃因其社会上、政治上固有基础而自然发展以成者也。其固有基础与中国不同，故中国不能效法。欧洲在此百年中，可谓在一种不自然之状态中，亦可谓在病的状态中。中国效法此种病态，故不能成功。

第一以政治论。例如代议制，乃一大潮流，亦19世纪唯一之宝物，各国皆趋此途，稍有成功，而中国独否。此何故？盖代议制在欧洲确为一种阶级，而在中国而无此可能性。

盖必有贵族地主，方能立宪，以政权集中于少数贤人之手，以为交付于群众之过渡。如英国确有此种少数优秀之人，先由贵族扩至中产阶级，再扩至平民，以必有阶级始能次第下移，此少数人皆有自任心。日本亦然，以固有阶级之少数优秀代表全体人民。至于中国则不然。自秦以来，久无阶级，故欲效法英日，竟致失败，盖因社会根底完全不同故也。中国本有民意政治之雏形，全国人久已有舆论民岩之印象。但其表示之方法则甚为浑漠为可憾耳。如御史制度，即其一例。其实自民本主义而言，中国人民向来有不愿政府干涉之心，亦殊合民本主义之精神。对于此种特性不可漠视。往者吾人徒做中央集权之迷梦，而忘却此种固有特性。须知集权与中国民性最不相容，强行之，其结果不生反动，必生变态，此所以吾人虽欲效法欧洲而不能成功者也。但此种不成功果为中国之不幸乎，抑幸乎？先以他国为喻。如日、德，究竟其效法于英者，为成功欤，抑失败欤？日本则因结果未揭晓，悬而勿论。且言德国。其先本分两派，一为共和统一派，一为君主统一派，迨俾士麦出，君主统一乃成。假定无俾氏，又假定出于共和统一之途，吾敢断言亦必成功，特不过稍迟耳；又假定其早已采用民本主义，吾敢决其虽未能发展如现在之速，然必仍发达如故。则可见此五十年乃绕道而走，至今仍须归原路，则并非幸也可知矣。总之德国虽学英而成，然其价值至今日则仍不免于重新估定。如中国虽为学而失败者，然其失败未必为不幸。譬如一人上山，一人走平地，山后无路，势必重下，而不能上山者，则有平路可走。可知中国国民，此次失败，不过小受波折，固无伤于大体，且将来大有希望也。

第二论社会亦然。中国社会制度颇有互助精神。竞争之说，素为中国人所不解，而互助则西方人不甚了解。中国礼教及祖先崇拜，皆有一部分为出于克己精神与牺牲精神者。中国人之特性不能抛弃个人享乐，而欧人则反之。夫以道德上而言，绝不能谓个人享乐主义为高，则中国人之所长，正在能维持社会的生存与增长。故中国数千年来经外族之蹂躏，而人数未尝减少。职此之故，因此吾以为不必学他人之竞争主义，不如就固有之特性而修正扩充之也。

第三论经济。西方经济之发展，全由于资本主义，乃系一种不自然之状态，并非合理之组织。现在虽十分发达，然已将趋末路，且其积重难返，不能挽救，势必破裂。中国对于资本集中，最不适宜，数十年来欲为之效法，而始终失败。

然此失败，未必为不幸。盖中国因无贵族地主，始终实行小农制度。此种小农制度，法国自革命后始得之，俄之多数派亦主张此制，而中国则固有之。现代经济皆以农业为经济基础，则中国学资本主义而未成，岂非大幸？将来大可取新近研究所得之制度而采用之。鄙人觉中国之可爱，正在此。

总之，吾人当将固有国民性发挥光大之，即当以消极变为积极是已。如政治本为民本主义，惜其只在反对方面，不在组织方面；社会制度本为互助主义，亦惜只限于家庭方面，若变为积极，斯佳矣。鄙人自作此游，对于中国，甚为乐观，兴会亦浓，且觉由消极变积极之动机，现已发端。诸君当知，中国前途绝对无悲观，中国固有之基础，亦最合世界新潮，但求各人自高尚其人格，励进前往，可也。以人格论，在现代，以李宁（即列宁）为最，其刻苦之精神，其忠于主义之精神，最足以感化人，完全以人格感化全俄，故其主义能见实行。唯俄国国民性为极端，与中国人之中庸性格不同。吾以为中国人亦非设法调和不可，即于思想当为彻底解放，而行为则当踏实，必自立在稳当之地位。学生诸君当人人有自任心，极力从培植能力方面着想，总须将自己发展到圆满方可。对于中国不必悲观，对于自己则设法养成高尚人格，则前途诚未可量也。

# “知不可而为”主义与“为而不有”主义①

1921年12月21日

今天的讲题是两句很旧的话：一句是“知其不可而为之”，一句是“为而不有”。现在按照八股的做法，把它分作两股讲。

诸君读我的近二十年来的文章，便知道我自己的人生观是拿两样事情做基础：（一）责任心；（二）兴味。人生观是个人的，各人有各人的人生观。各人的人生观不必都是对的，不必于人人都合宜。但我想，一个人自己修养自己，总须拈出个见解，靠它来安身立命。我半生来拿“责任心”和“兴味”这两样事情做我生活资粮，我觉得于我很是合宜。

我是感情最富的人，我对于我的感情都不肯压抑，听其尽量发展。发展的结果常常得意外的调和。“责任心”和“兴味”都是偏于感情方面的多，偏于理智方面的很少。

“责任心”强迫把大担子放在肩上，是很苦的，“兴味”是很有趣的。二者在表面上恰恰相反，但我常把它调和起来。所以我的生活虽说一方面是很忙乱的、很复杂的，他方面仍是很恬静的、很愉快的。我觉得世上有趣的事多极了，烦闷，痛苦，懊恼，我全没有。人生是可赞美的，可讴歌的，有趣的。我的见解便是（一）孔子说的“知其不可而为之”和（二）老子的“为而不有”。

---

① 本文是梁启超在北京大学哲学社发表的演讲。

“知不可而为”主义、“为而不有”主义和近世欧美通行的功利主义根本反对。功利主义对于每做一件事之先必要问“为什么”。胡适《中国哲学史大纲》上讲墨子的哲学就是要问为什么，“为而不有”主义便爽快地答道：“不为什么。”功利主义对于每做一件事之后必要问“有什么效果”，“知不可而为”主义便答道：“不管它有没有效果。”

今天讲的并不是诋毁功利主义。其实凡是一种主义皆有它的特点，不能以此非彼。从一方面看来，“知不可而为”主义，容易奖励无意识之冲动；“为而不有”主义，容易把精力消费于不经济的地方。这两种主义或者是中国物质文明进步之障碍也未可知，但在人类精神生活上却有绝大的价值，我们应该发明它享用它。

“知不可而为”主义是我们做一件事明白知道它不能得着预料的效果，甚至于一无效果，但认为应该做的便热心做去。换一句话说，就是做事时候把成功与失败的念头都撇开一边，一味埋头埋脑地去做。

这个主义如何能成立呢？依我想，成功与失败本来不过是相对的名词。一般人所说的成功不见得便是成功，一般人所说的失败不见得便是失败。天下事有许多从此一方面看说是成功，从别一方面看也可说是失败；从目前看可说是成功，从将来看也可说是失败。比方乡下人没见过电话，你让他去打电话，他一定以为对墙讲话，是没效果的，其实他方面已经得到电话，生出效果了；再如乡下人看见电报局的人在那里乓乓乓乓地打电报，一定以为很奇怪，没效果的，其实我们从他的手里已经把华盛顿会议的消息得到了。照这样看来，成败既无定形，这“可”与“不可”不同的根本先自不能存在了。孔子说：“我则异于是，无可无不可。”他这句话似乎是很滑头，其实他是看出天下事无绝对的“可”与“不可”，即无绝对的成功与失败。别人心目中有“不可”这两个字，孔子却完全没有。“知不可而为”本来是晨门批评孔子的话，映在晨门眼帘上的孔子是“知不可而为”，实际上的孔子是“无可无不可而为”罢了。这是我的第一层的解释。进一步讲，可以说宇宙间的事绝对没有成功，只有失败。成功这个名词，是表示圆满的观念；失败这个名词，是表示缺陷的观念。圆满就是宇宙进化的终点，到了进化终点，进化便休止，进化休止不消说是连生活都休止了。所以平常所说的成功与失败不过是指人类活动休息的一小段落。比方我今天讲演完了，就算是我的成功，你们听完了，就算是你们的成功。

到底宇宙有圆满之期没有，到底进化有终止的一天没有，这仍是人类生活的大悬案。这场官司从来没有解决，因为没有这类的裁判官。据孔子的眼光看来，这是六合以外的事，应该“存而不论”。此种问题和“上帝之有无”是一样不容易解决的。我们不是超人，所以不能解决超人的问题。人不能自举其身，我们又何能拿人生以外的问题来解决人生的问题？人生是宇宙的小段片，孔子不讲超人的人生，只从小段片里讲人生。

人类在这条无穷无尽的进化长途中，正在发脚蹒跚而行。自有历史以来，不过在这条路上走了一点，比到宇宙圆满时候，还不知差几万万年哩！现在我们走的只是像体操教员刚叫了一声“开步走”，就想要得到多少万万年后的成功，岂非梦想？所以谈成功的人不是骗别人，简直是骗自己！

就事业上讲，说什么周公致太平，说什么秦始皇统一天下，说什么释迦牟尼普度众生。现在我们看看周公所致的太平到底在哪里？大家说是周公的成功，其实是他的失败。“六王毕，四海一”，这是说秦始皇统一天下了，但仔细看看，他所统一的到底在哪里？并不是说他传二世而亡，他的一份家当完了，就算失败，只看从他以后，便有楚汉之争、三国分裂、五胡乱华、唐之藩镇、宋的辽金，就现在说，又有督军之割据，他的统一之功算成了吗？至于释迦牟尼，不但说没普度了众生，就是当时的印度人，也未全被他普度。所以世人所说的一班大成功家，实在都是一班大失败家。再就学问上讲，牛顿发现引力，人人都说是科学上的大成功，但自爱斯坦之相对论出，而牛顿转为失败，其实牛顿本没成功，不过我们没有见到就是了。近两年来欧美学界颂扬爱斯坦成功之快之大无比矣，我们没学问，不配批评，只配跟着讴歌，跟着崇拜。但照牛顿的例看来，他也算是失败，所以无论就学问上讲就事实上讲，总一句话说：只有失败的没有成功的。

人在无边的“宇”（空间）中，只是微尘；不断的“宙”（时间）中，只是段片。一个人无论能力多大，总有做不完的事。做不完的便留交后人，这好像一人忙极了，有许多事做不完，只好说“托别人做吧”！一人想包做一切事，是不可能的，不过从全体中抽出几万万分之一点做做而已，但这如何能算是成功？若就时间论，一人所做的一段片，正如“抽刀断水水更流”，也不得叫作成功。

孔子说“死而后已”，这个人死了那个人来继续。所以说继继绳绳，始能成大的路程。天下事无不可，天下事无成功。

然而人生这件事却奇怪得很，在无量数年中，无量数人所做的无量数事，个个都是不可，个个都是失败，照数学上零加零仍等于零的规律讲，合起来应该是个大失败，但许多的“不可”加起来却是一个“可”，许多的“失败”加起来却是一个“大成功”。这样看来也可说是上帝生人就是教人做失败事的。你想不失败吗？那除非不做事。但我们的生活便是事，起居饮食也是事，言谈思虑也是事，我们能到不做事的地步吗？要想不做事，除非不做人。佛劝人不做事，便是劝人不做人。如果不能不做人，非做事不可。这样看来普天下事都是“不可而为”的事，普天下人都是“不可而为”的人。不过孔子是“知不可而为”，一般人是“不知不可而为”罢了。

“不知不可而为”的人，遇事总要计算计算某事可成功，某事必失败，可成功的便去做，必失败的便躲避。自以为算盘打对了，其实全是自己骗自己。计算的总结与事实绝对不能相应。成败必至事后始能下判断的，若事前横计算竖计算，反减少人做事的勇气。在他挑选趋避的时候，十件事至少有八件事因为怕失败，不去做了。

算盘打得精密的人，看着要失败的事都不敢做，而为势所迫，又不能不勉强去做，故常说：“要失败啦，我本来不愿意做，不得已啦！”他有无限的忧疑、无限的惊恐，终日生活在摇荡苦恼里。

算盘打得不精密的人，认为某件事要成功，所以在短时间内欢喜鼓舞地做去，到了半路上忽然发现他的成功希望是空的，或者做到结尾，不能成功的真相已经完全暴露，于是千万种烦恼悲哀都凑上来了。精密的人不敢做、不想做，而又不能不做，结果固然不好；但不精密的人，起初喜欢去做，继后失败了灰心丧气地不做，比前一类人更糟些。

人生在世界是混混沌沌的，从这种境界里过数十年，那么，生活便只有可悲更无可乐。我们对于人生真可以诅咒，为什么人来世上做消耗面包的机器呢？若是怕没人吃面包，何不留以待虫类呢？这样的人生可真没一点价值了。

“知不可而为”的人怎样呢？头一层，他预料的便是失败，他的预算册子上件件都先把“失败”两个字摆在当头，用不着什么计算不计算、拣择不拣择。所以孔子一生一世只是“毋意，毋必，毋固，毋我”。“意”是事前猜度，“必”是先定其成败，“固”是先有成见，“我”是为我。孔子的意思就是说人不该猜度，不该先定事之成败，不该先有成见，不该为着自己。

第二层，我们既做了人，做了人既然不能不生活，所以不管生活是段片也罢，是微尘也罢，只要在这微尘生活段片生活里，认为应该做的，便大踏步地去做，不必打算，不必犹豫。

孔子说：“无适也，无莫也，义之与比。”又说：“鸟兽不可与同群，吾非斯人之徒欤而谁欤？天下有道，丘不与易也。”这是绝对自由的生活。假设一个人常常打算何事应做，何事不应做，他本来想到街上散步，但一念及汽车撞死人，便不敢散步；他看见飞机很好，也想坐一坐，但一念及飞机摔死人，便不敢坐。这类人是自己禁住自己的自由了。要是外人剥夺自己的自由，自己还可以恢复，要是自己禁住自己的自由，可就不容易恢复了。“知不可而为”主义是使人将做事的自由大大地解放，不要做无为之打算，自己捆绑自己。

孔子说：“智者不惑，仁者不忧，勇者不惧。”不惑就是明白，不忧就是快活，不惧就是壮健。反过来说，惑也，忧也，惧也，都是很苦的，人若生活于此中，简直是过监狱的生活。

遇事先计划成功与失败，岂不是一世在疑惑之中？遇事先怕失败，一面做，一面愁，岂不是一世在忧愁之中？遇事先问失败了怎么样，岂不是一世在恐惧之中？

“知不可而为”的人，只知有失败，或者可以说他们用的字典里，从没有成功二字。那么，还有什么可惑可忧可惧呢？所以他们常把精神放在安乐的地方。所以一部《论语》，开宗明义便说，“不亦乐乎！”“不亦悦乎！”用白话讲，便是“好呀！”“好呀！”

孔子说：“发愤忘食，乐以忘忧，不知老之将至。”可见他做事是自己喜欢的，并非有何种东西鞭策才做的，所以他不觉胡子已白了，还只管在那里做。他将人生观立在“知不可而为”上，所以事事都变成不亦乐乎，不亦悦乎。这种最高尚最圆满的人生，可以说是从“知不可而为”主义发生出来。我们如果能领会这种见解，即令不可至于乐乎悦乎的境地，至少也可以减去许多“惑”“忧”“惧”，将我们的精神放在安安稳稳的地位上。这样才算有味的生活，这样才值得生活。

第一股做完了，现在做第二股，仍照八股的做法，说几句过渡的话。“为而不有”主义与“知不可而为”主义，可以说是一个主义的两面。“知不可而为”主义可以说是“破妄返真”，“为而不有”主义可以说是“认真去妄”。“知不可而为”主义可使世界从烦闷至清凉，“为而不有”主义可使世界从极平淡上显出灿烂。

“为而不有”这句话，罗素解释得很好。他说人有两种冲动：（一）占有冲动；（二）创造冲动。这句话便是提倡人类的创造冲动的。他这些学说诸君谅已熟闻，不必我多讲了。

“为而不有”的意思是不以所有观念做标准，不因为所有观念始劳动，简单一句话，便是为劳动而劳动。这话与佛教说的“无我我所”相通。

常人每做一事，必要报酬，常把劳动当作利益的交换品，这种交换品只准自己独有，不许他人同有，这就叫作“为而有”。如求得金钱、名誉，因为“有”，才去“为”。有为一身有者，有为一家有者，有为一国有者。在老子眼中看来，无论为一身有，为一家有，为一国有，都算是为而有，都不是劳动的真目的。人生劳动应该不求报酬，你如果问他：“为什么而劳动？”他便答道：“不为什么。”再问：“不为什么为什么劳动？”他便老老实实说：“为劳动而劳动，为生活而生活。”

老子说“上人为之而无以为”。韩非子给他解释得很好：“生于其心之所不能已，非求其为报也。”简单说来，便是无所为而为。既无所为所以只好说“为劳动而劳动，为生活而生活”，也可说是劳动的艺术化、生活的艺术化。

老子还说：“既以为人己愈有，既以与人己愈多。”这是说我要帮助人，自己却更有，不致损减。我要给人，自己却更多，不致损减。这话也可作“为而不有”的解释。按实说，老子本来没存“有”“无”“多”“少”的观念，不过假定差别相以示常人罢了。

在人类生活中最有势的便是占有性。据一般人的眼光看来，凡是为人的好像己便无。例如楚汉争天下，楚若为汉，楚便无；汉若为楚，汉便无；韩信张良帮汉高祖忙谋皇帝，他们便无。凡是与人的好像己便少。例如我们到瓷器铺子里买瓶子，一个瓶子，他要四元钱，我们只给他三元半，他如果卖了，岂不是少得五角？岂不是既以与人己便少吗？这似乎是和己愈有己愈多的话相反。然自他一方面看来，譬如我今天讲给诸君听，总算与大家了，但我仍旧是有，并没减少。再如教员天天在堂上给大家讲，不特不能减其所有，反可得教学相长的益处。至若弹琴、唱歌给人听，也并没损失，且可使弹的唱的更加熟练。文学家、诗人、画家、雕刻家、慈善家，莫不如此。即就打算盘论，帮助人的虽无实利，也可得精神上的愉快。

老子又说：“含德之厚，比于赤子，……终日号而不嗄，和之至也。”他的意思就是说成人应该和小孩子一样，小孩子天天在那里哭，小孩子并不知为什么而哭，无端地大哭一场，好像有许多痛心的事，其实并不为什么。成人亦然。问他为什么吃，答为饿。问他为什么饿，答为生理上必然的需要。再问他为什么生理上需要，他便答不出了。所以“为什么”是不能问的，如果事事问“为什么”，什么事都不能做了。

老子说“无为而无不为”，我们却只记得他的上半截的“无为”，把下半截的“无不为”忘掉了。这的确是大错。他的主义是不为什么，而什么都做了。并不是说什么都不做。要是说什么都不做，那他又何必讲五千言的《道德经》呢？

“知不可而为”主义与“为而不有”主义都是要把人类无聊的计较一扫而空，喜欢做便做，不必瞻前顾后。所以归并起来，可以说这两种主义就是“无所为而为”主义，也可以说是生活的艺术化，把人类计较利害的观念，变为艺术的情感的。

这两种主义的概念，演讲完了。我很希望它发扬光大推之于全世界。但要实行这种主义，须在社会组织改革以后。试看在俄国劳农政府之下，“知不可而为”和“为而不有”的人比从前多得多了。

社会之组织未变，社会是所有的社会，要想打破所有的观念，大非易事，因为人生在所有的社会上，受种种的牵掣，倘有人打破所有的观念，他立刻便缺乏生活的供给。比方做教员的，如果不要报酬，便立刻没有买书的费用。然假使有公共图书馆，教员又何必自己买书呢？中国人常喜欢自己建造花园，然而又没有钱，其势不得不用种种不正当的方法去找钱，这还不是由于中国缺少公共花园的缘故吗？假使中国仿照欧美建设许多极好看极精致的公共花园，他们自然不去另造了。所以必须到社会组织改革之后，对于公众有种种供给时，才能实行这种主义。

虽是这样说法，我们一方面希望求得适宜于这种主义的社会，一方面在所处的混浊的社会中，还得把这种主义拿来寄托我们的精神生活，使他站在安慰清凉的地方。我看这种主义恰似青年修养的一服清凉散。我不是拿空话来安慰诸君，也不是勉强去左右诸君，它的作用着实是如此的。

最后我还要对青年进几句忠告。老子说“宠辱不惊”，这句话最关重要。现在的一班青年或为宠而惊，或为辱而惊。然为辱而惊的大家容易知道，为宠而惊的大家却不易知道。或者为宠而惊的比较为辱而惊的人的人格更为低下也说不定。“五四”以来，社会上对于青年可算是宠极了，然根底浅薄的人，其所受宠的害，恐怕比受辱的害更大吧。有些青年自觉会做几篇文章，便以为满足，其实与欧美比一比，那算得什么学问？徒增了许多虚荣心罢了。他们在报上出风头，不过是为眼前利害所鼓动，为虚荣心所鼓动，别人说成功，他们便自以为成功，岂知天下没成功的事，这些都是被成败利钝的观念所误了。

古人的这两句话，我希望现在的青年在脑子里多转几转，把它当作失败中的鼓舞、烦闷中的清凉、困倦中的兴奋。

# 评胡适之《中国哲学史大纲》[1]

1922年3月4日、5日

## 一

近年有两部名著，一部是胡适之先生的《中国哲学史大纲》，一部是梁漱溟先生的《东西文化及其哲学》。哲学家里头能够有这样的产品，真算得国民一种荣誉。两位先生的精神，可谓根本不同，差不多成了两极端。然而我对于他们，各有各的佩服，他们都也曾要求我对于他的大著切实批评。我读这两部书的时候，也随时起了许多感想，但苦于没有时候把它聚拢写出来。这回乘哲学社讲演之便，我很愿意将我所见提出来和诸君讨论，并求两先生指教。

今日先批评胡先生的《哲学史大纲》，但批评之前有三件事应该声明：

第一，批评和介绍不同。介绍，只要把这书的要点和好处提挈出来便够了；批评，不单是如此，是要对于原书别有贡献。胡先生这部书，治哲学的人大概都读过，都认识它的价值，用不着我添些恭维话来介绍，所以我只是把我认为欠缺或不对的地方，老实说出。

第二，我所批评的，不敢说都对，假令都对，然而原书的价值，并不因此而减损，因为这书自有它的立脚点，它的立脚点很站得住。

① 本文是梁启超在北京大学哲学社发表的演讲。

这书处处表现出著作人的个性，他那锐敏的观察力，致密的组织力，大胆的创造力，都是“不废江河万古流”的。

第三，我所讲的，有时溢出批评范围以外，因为我有些感想，没有工夫把它写出来。趁这机会，简单发表一发表。又原书还有许多小节，和我意见不相同的，因时间限制，只好省略了。

## 二

凡学问上一种研究对象，往往容得许多方面的观察，而且非从各方面观察，不能得其全相。有价值的著作，总是有它自己特别的观察点。批评的人，尽可以自己另外拿出一个观察点来，或者指驳那对手的观察点不对，然而总要看定了人家的观察点所在，而且绝对地承认它相当之价值。胡先生观察中国古代哲学，全从“知识论”方面下手，观察得异常精密。我对于本书这方面，认为是空前创作，其间想替他修正之处很有限，而且非批评的焦点。我所要商量的，是论中国古代哲学，是否应以此为唯一之观察点。这观察点我虽然认为有益且必要，但以宗派不同之各家，都专从这方面论它的长短，恐怕有偏宕狭隘的毛病。

胡先生专从时代的蜕变，理会出学术的系统，这是本书中一种大特色。我们既承认他的方法不错，那么，对于各时代真切的背景和各种思想的来龙去脉，应该格外慎密审查。我对于本书这方面，觉得还有好些疏略或错误之处，应该修正。

胡先生是最尊“实验主义”的人。这部书专从这方面提倡，我很认为救时良药，但因此总不免怀着一点成见，像是戴一种着色眼镜似的，所以强古人以就我的毛病，有时免不掉。本书极力提倡“物观的史学”，原是好极了，我也看得出胡先生很从这方面努力做去，可惜仍不能尽脱却主观的臭味。我也知道这件事很难（我自己便做不到），但对于“学问成家数”的胡先生，我们总要求他百尺竿头再进一步。

这是我对于这书的总批评，以下分段别论。

## 三

这书第一个缺点，是把思想的来源抹杀得太过了。著者倡“诸子不出王官”之论（原书附录），原是很有价值的创说。像刘歆、班固那种无条理的九流分类，每流硬派一个官为它所自出，自然是不对，但古代学问，为一种世袭智识阶级所专有，是历史上当然的事实。既经历许多年有许多聪明才智之士在里头，自然会随时产生新理解。后来诸子学说，受他们影响的一定不少。胡先生曾说：“大凡一种学说，绝不是劈空从天上掉下来的。”（三五叶）这话很对，可惜我们读了胡先生的原著，不免觉得老子、孔子是“从天上掉下来”了。胡先生的哲学勃兴原因，就只为当时长期战争，人民痛苦，这种论断法，可谓很浅薄，而且无稽。次段更加详辩。依我看来，夏商周三代——最少宗周一代——总不能说它一点文化没有。《诗》《书》《易》《礼》四部经，大部分是孔子以前的作品，那里头所含的思想，自然是给后来哲学家不少的贡献，乃至各书所引《夏志》《商志》《周志》以及《周任史佚》等先民之言论，许多已为后来哲学问题引起端绪。大抵人类进化到某水平线以上，自然会想到“宇宙是什么”“人生所为何来”“政治应该怎么样”……种种问题，自然会有他的推论，有他的主张，这便是哲学根核。例如人类该怎样地利用自然适应自然，这是我们中国人几千年最刻意研究的问题。这问题绝非起于老子、孔子。像《诗经》说的“天生烝民，有物有则，民之秉彝，好是懿德”“唯号斯言，有伦有脊”；《书经》说的“天叙有典，天秩有礼”“洪范九畴，彝伦攸叙”；《易经·爻辞》说的“君子终日乾乾夕惕若”“直方大”“观我生进退”“不远复，无祇悔”，等等，都含有哲学上很深的意义。《左传》《国语》里头所记贤士大夫的言论，也很多精粹微妙之谈。孔子、老子自然是受了这种熏习，得许多素养，才能发挥光大成一家之言。胡先生一概抹杀，那么忽然产生出孔老，真是他所说的“哲学史变成了灵异记、神秘记了”。胡先生的偏处，在疑古太过。疑古原不失为治学的一种方法，但太过也很生出毛病。诸君细读这书，可以看出它有一种自定的规律。凡是他所怀疑的书都不征引（但有时亦破此例，下文再论），所以不唯排斥《左传》《周礼》，连《尚书》也一字不提。殊不知讲古代史，若连《尚书》《左传》都一笔勾销，简直是把祖宗遗产荡去一大半，我以为总不是学者应采的态度。又如《管子》这部书，胡先生断定他不是管仲所作，我是完全赞成。若说管仲这个人和后来法家思想没有关系，我便不敢说。胡先生说，“管仲是实行的政治学家，不是法理学家”（三六三叶），请问，难道实行政治家就不许他发明些少法理吗?《管子》书中许多奥衍的法理，我绝对承认是由后人引申放大，但这种引申放大的话，为什么不依托令尹子文，不依托狐偃赵衰，不依托子产，独独依托管仲，便可以推想管仲和这种思想渊源，一定有些瓜葛。我对于孔老以前的哲学，拿这种态度来观察它，以为必如此才能理出它的来龙去脉，不知胡先生以为何如。

## 四

这书第二个缺点，是写时代的背景太不对了。胡先生对于春秋以前的书，只相信一部《诗经》。他自己找一个枯窘题套上自己，所以不能不拿《诗经》的资料做唯一的时代背景，殊不知《诗经》的时代，在孔子、老子前二三百年（这还是照原书三六叶所推算的，其实书中所引诸诗有许多，恐怕年代更在前），岂不是拿明末清初的社会来做现在的背景吗？何况讲古代哲学，自当以战国为中心，战国学术最盛时，上距孔子又二百多年了。胡先生拿《采薇》《大东》《伐檀》《硕鼠》诸诗，指为忧时的孔墨、厌世的庄周、纵欲的杨朱、愤世的许行……思想渊源所从出，简直像是说辛幼安的《摸鱼儿》、姜白石的《暗香疏影》和胡适之的《哲学史大纲》有什么联络关系，岂不可笑？胡先生亦自己知道有些牵强，所以只说个“怀胎时代”（但那篇名却标的是“哲学发生时代”），但我所不解者，出胎时代的背景，自然比怀胎时代尤为紧要，为什么把次要的说了一大堆，那最要的倒不说了呢？怀胎一直怀了两三百年，为什么老产生不下来？两三百年后，为什么忽然便会产生呢？这都是史学上极要关键，胡先生没有给我们一个答案，我们不能不觖望。

胡先生专宗《淮南子要略》说“诸子之兴皆因救时之敝”，所以他书中第二篇，讲了许多政治如何腐败，社会如何黑暗，就是因这种时势的反动，就把后来各派哲学产生出来。他所讲的时势状况对不对，已经很是问题。据我看来，内中一部分，总不免有些拿20世纪的洋帽子，戴在二千五百年前中国诗人的头上。让一步说，算是那状况都对了，恐怕胡先生的结论，还不能言之成理。头一件，古代社会交通甚笨，结合甚松，一个地方的腐败黑暗，不容易影响到别个地方。你看这一两年内，湖南、湖北、陕西等地，鬼哭神嚎，北京、南京还是弦歌不辍，上海、天津一样的金迷纸醉。现在尚且如此，何况古代？拿某处所采几首诗，代表了完全社会现象，怕有点不妥吧。第二件，原书所举诗人时代三百年，诚然是腐败黑暗，但腐败黑暗，怕不止这个时代吧！前乎此者怎么样，难道胡先生真信文武成康是黄金时代？他说的“长期战争，丧乱流离”并起自此时，唐虞三代的部落争斗，比春秋前后的惨痛，只有增加断无减少。后乎此者怎么样，史籍上很可考见，更不必多说了。然则胡先生所列举四种现象——所谓“一、战祸连年百姓痛苦；二、社会阶级渐渐消减；三、生计现象贫富不均；四、政治黑暗百姓愁怨”（四二叶），除却第二种稍带点那时代的特色外，其余三种，可算得几千年来中国史通有的现象，为什么别的时代都不结哲学胎，单在这时代结胎呢？第三件，拿政治腐败社会黑暗当作学问发生的主要原因，这种因果理法，我实在不懂。据我所见，凡属波澜壮阔的学术，倒是从政局较安宁社会较向上的时候产生出来，这种证据下文再说。第四件，应时救弊，自然不失为学说发生之一种动机，但若说舍此别无动机，那却把学术的门庭太看窄了。为活动而活动，为真理而求真理，确是人类固有的良能。哲学这件东西，格外带有“超时间”的意味。胡先生的学风，最尊效用，所以把各家学派都看成医病的药。其实他们所说的，一小半固然算得药方，一大半还是他们认作自己受用的家常茶饭，所以拿“救时之弊”四个字来概括它，我觉得不对。

依我说，研究当时社会背景，推求诸子勃兴的原因，当注意下列各事：

（一）自周初封建以来，社会上智识阶级，积有宏富的素养，经四五百年到春秋战国之交，有文化大发展之可能性。

（二）西周时代，凡百集中王室，春秋以后，渐为地方的分化发展，文化变成多元的。

（三）境内之夷蛮戎狄，次第被灭或被同化，民族之外延益扩大，内容益复杂，思想当然应起一种变化。

（四）兼并之结果，由百余国合为十数国，国土既大，取精用宏，容得起高等文化的发育。

（五）霸政确立之后，社会秩序比较的安宁，人民得安心从事学问，加以会盟征伐，常常都有，交通频繁，各地方人交换智识的机会渐多。

（六）从事学问，为贵族阶级所专有，因兼并争乱之结果，阶级渐混合。例如黎侯之赋式微，栾却胥原之降为皁隶；平民阶级中，智识分子渐多，即如孔子本宋之贵族，入鲁已为平民，学问自然解放且普及。

以上春秋时代的背景，到战国，这种背景越发扩大，且生变化，如下：

（七）战国时，兼并更烈，合为七国，而且大都会发生，有荟萃人文的渊薮，加以纵横捭阖盛行，交通益频数，所以前列第四、五两种原因，循加速率的法则进行。

（八）战国时，贵族政治消灭殆尽，智识分子全散在平民中，所以前列第六种原因，也循加速率的法则进行。

（九）因为列国并立，竞争人才，于是处士的声价日增，思想言论的自由也随着发展。

（十）因为钞书的方法渐通行，书籍渐富，所以墨子南游，载书甚多，苏秦发书，陈箧数十，传达智识的媒介工具，普及利用，学术自然骤进。

以上十件，都是环境的原因。还有两件心理的原因，是：

（十一）因社会变迁剧急，人人都起一种惊异，便把研求真理的念头刺激起来，个个建设新人生观。

（十二）对于社会现状都怀抱一种不安不满感情，所以社会问题，成了各家研究的焦点。

依我看，周秦诸子的时代背景，大略如此。总之，春秋战国之交，是我们民族大混合大醇化时代，是我们社会大蜕变大革新时代。在历史上求它的比对，除非我们现在所处的时代，或者比得上。在这种时代之下，自然应该是民族的活精神尽情发露，自然应该有光怪陆离的学术思想，绝不是胡先生所说那种简单的消极的理由所能了事，和春秋前诗人时代的社会更没有很大的关涉。我很盼望胡先生采纳我这一段的意见。

## 五

这部书从老子、孔子讲起，蔡孑民先生说它“有截断众流的手段”（序文），这是我极同意的。但应否从老子起，还是问题。这却不能怪胡先生，因为这问题是我新近才发生的，我很疑心《老子》这部书的著作年代，是在战国之末。诸君请恕我枝出题外，许我趁这机会陈述鄙见。

我们考老子履历，除了《史记》老、庄、申、韩列传外，是没有一篇比它再可靠的了。但那篇传实迷离惝恍，一个人的传有三个人的化身。第一个是孔子问礼于老聃，第二个是老莱子，第三个是太史儋。又说，“盖老子百有六十余岁，或曰二百余岁”。又说，“或曰儋即老子，或曰非也，世莫知其然否”。这样说来，老子这个人，简直成了“神话化”了。所以崔东壁说，著书的人绝不是老聃，汪容甫更咬定他是太史儋。特因旧说入人太深，很少人肯听信他们。我细读那篇传，前头一大段，固然是神话，但后头却有几句是人话。他说：“老子之子名宗，宗为魏将，宗子注，注子宫，宫玄孙假，假仕于汉孝文帝，而假子解，为胶西王印太傅。”这几句话就很发生出疑问。魏列为诸国，在孔子卒后六十七年，老子既是孔子先辈，他的世兄，还挨得到做魏将，已是奇事，再查孔子世家，孔子十代孙藂，为汉高祖将，封蓼侯，十三代孙安国，当汉景、武时，前辈的老子八代孙，和后辈的孔子的十三代孙同时，未免不合情理，这是第一件可疑。孔子乐道人之善，对于前辈或当时贤士大夫如子产、蘧伯玉等辈，都常常称叹，像《史记》说的“老子犹龙”那一段话，孔子既有恁么一位心悦诚服的老夫子，何故别的书里头没有称道一句？再者，墨子、孟子都是极好批评人的人，他们又都不是固陋，谅来不至于连那著《五千言》的“博大真人”都不知道，何故始终不提一字？这是第二件可疑。就令承认有老聃这个人，孔子曾向他问过礼，那么《礼记·曾子问》篇记他五段的谈话，比较的可信（因为里头有讲日食的事实），却是据那谈话看来，老聃是一位拘谨守礼的人，和《五千言》的精神恰恰相反（这话前人已曾说过），这是第三件可疑。《史记》这一大堆的神话，我们试把它娘家根究一根究，可以说十有八九是从《庄子》中《天道》《天运》《外物》三篇凑杂而成。那些故事，有些说是属于老聃，有些是属于老莱子，《庄子》寓言十九，本就不能拿作历史谈看待，何况连主名都不确定，这是第四件可疑。从思想系统上论，老子的话，太自由了，太激烈了，像“民多利器，国家滋昏，人多伎巧，奇物滋起，法令滋彰，盗贼多有”“六亲不和有孝慈，国家昏乱有忠臣”这一类的话，不大像春秋时人说的，果然有了这一派议论，不应当时的人不受他的影响。我们在《左传》《论语》《墨子》等书里头，为什么找不出一点痕迹呢？这是第五件可疑。再从文字语气上论，《老子》书中用“侯王”“王侯”“王公”“万乘之君”等字样者凡五处，用“取天下”字样者凡三处，这种成语，像不是春秋时人所有。还有用“仁义”对举的好几处，这两个字连用，是孟子的专卖品，从前像是没有的。还有“师之所处，荆棘生焉，大兵之后，必有凶年”这一类的话，像是经过马陵、长平等战役的人才有这种感觉。春秋时虽有城濮、鄢陵等等有名大战，也不见死多少人，损害多少地方，那时的人，怎会说出这种话呢？还有“偏将军居左上将军居右”这种官名，都是战国的，前人已经说过了，这是第六件可疑。这样说来，《老子》这部书，或者身份很晚，到底在庄周前或在其后，还有商量余地。果然如此，那么，胡先生所说三百年结的胎，头一胎养成这位老子，便有点来历不明了。胡先生对于诸子时代，考核精详，是他的名著里头特色之一，不晓得为什么像他这样勇于疑古的急先锋，忽然对于这位“老太爷”的年代竟自不发生问题？胡先生听了我这一番话，只怕要引为同调吧。

说到这里，我还附带着讨论一个问题，《列子·杨朱篇》我近来越看越不相信了。《列子》这部书的靠不住，差不多成为学界定论，胡君和我都是同一看法。不过因为这位大名鼎鼎的杨朱，他名下的遗产就只留下一点，凡属学者都很爱护它，我自己也是好几次“刀下留人”，虽然将全部《列子》“宣告死刑”，独独想替这一篇开一条生路。胡先生对于这件案，也是持很谨慎的态度，到底还是割舍不得。这篇东西本来有惹人恋爱的魔力，这也难怪，但我现在已经毅然决然当“刽子手”了。我看这篇书文章虽然优美，却全是汉以后人的笔法，试拿来和《庄子》头七篇一比，便比出来。里头所讲的，完全是晋代清谈家的“颓废思想”，周秦诸子，无论哪一派，都带积极精神，像这种没出息的虚无主义，断断不会有的。胡先生啊，我劝你也割爱吧。至于原书把《杨朱》这一篇，插在《墨子》和《别墨》两篇中间，编次体例上，我也有点莫名其妙，还要请教著者哩。

## 六

这部书讲墨子、荀子最好，讲孔子、庄子最不好。总说一句，凡关于知识论方面，到处发现石破天惊的伟论；凡关于宇宙观、人生观方面，十有九很浅薄或谬误。这由于本人自有他一种学风，对于他“脾胃不对”的东西，当然有些格格不入，我并不敢要求胡先生采用我的主张，但把我所见到的贡献些出来罢了。

现在先批评胡先生所讲的孔子。我所看的孔子，既已和胡先生所看有不同之处，那么，要先把我所看的讲出来，才能批评他。可惜不是短期讲演所能办到，在今日这个讲题里头，尤其不能喧宾夺主。我前年在清华学校讲国学小史，曾有一篇论孔子的，差不多有三四万字，那稿子是也曾寄给哲学社的。因为我对于这篇文章，还有许多不满意之处，不愿意印出，如今我苦于没有时候校改它，打算就印在本社的杂志上，求海内同学的批评。今日只能用极简单的话，把我的意见说说，作为批评胡君的基础。

我想我们中国哲学上最重要的问题，是“怎么样能够令我的思想行为和我的生命融合为一，怎么样能够令我的生命和宇宙融合为一”，这个问题，是儒家道家所同的。后来佛教输入，我们还是拿研究这个问题的态度去欢迎它，所以演成中国色彩的佛教。这问题有静的、动的两方面，道家从静入，儒家从动入。道家认宇宙有一个静的本体，说我们须用静的功夫去契合它；儒家呢，与道家及其他欧洲印度诸哲有根本不同之处，它是不承认宇宙有本体的。孔子有一句很直捷的话，说“神无方而易无体”。然则这无体的“易”从哪里来呢？怎样才能理会得它呢？孔子说“生生之谓易”，拿现在的话翻译它，说的是“生活就是宇宙，宇宙就是生活”。只要从生活中看出自己的生命，自然会与宇宙融合为一。《易传》说的“穷理尽性以至于命”，《中庸》说的“能尽其性，则能尽人物之性，可以与天地参”，就是这个道理。

怎么才能看出自己的生命呢？这要引宋儒的话，说是从“体验”得来。体验是要各人自己去做，那就很难以言语形容了，但我可以说它三个关键。第一件，他们认自然界是和自己生命为一体，绝对可赞美的，只要领略得自然界的妙味，也便领略得生命的妙味。《论语》“吾与点也”那一段，最能传出这个意思。第二件，体验不是靠冥索，要有行为（有活动），才有体验。因为儒家所认的宇宙，原是生生相续的动相，活动一旦休息，便不能“与天地相似”了。第三件，对于这种动相，虽然常常观察它，却不是靠它来增加知识。因为知识的增减，和自己真生命没有多大关系的。

体验出这个真生命，叫作“自得”。《中庸》说：“君子无人而不自得。”《孟子》说：“君子深造之以自道，欲其自得之也，自得之则居之安，居之安则资之深，资之深则取之左右逢其源。”这话是已经自得的人才能说出。有了这种自得，自然会“乐以忘忧，不知老之将至”，自然会“为之不厌，诲人不倦”，自然会“知其不可而为之”；坦荡荡的胸怀，活泼泼的精力，都从此出。这种理论对不对，方法好不好，尽可以任各人主观地批评，但从客观上忠实研究孔子，恐怕孔子的根本精神，大略是如此。

我刚才说过，胡先生这部书，凡关于知识论的都好。他讲孔子，也是拿知识论做立脚点，殊不知知识论在孔子哲学上只占得第二位、第三位，他的根本精神绝非凭知识可以发现得出来。所以他对于孔子说了许多，无论所说对不对（自然有许多对的），依我看来，只是弃精华而取糟粕。我对于本书这一篇总批评是如此，下文更将里头的节目，择几处来讨论。

《论语》头一个字说的是“学”，到底是学个什么？怎么个学法？胡先生说“孔子的‘学’只是读书，只是文字上传授来的学问”（百十叶）。我读了这段话，对于胡先生的武断，真不能不吃一大惊。鲁哀公问弟子孰为好学，孔子就只举了一个颜回，还说“不幸短命死矣，今也则亡，未闻好学者也”。他说颜回好学，还下了一个注脚，“是不迁怒不贰过”。我们在《易传》《论语》《庄子》里头，很看见几条讲颜回的，却找不出他好读书的痕迹。他做的学问是“屡空”，是“心斋”，是“克己复礼”，是“三月不违仁”，是“不改其乐”，是“无伐善无施劳”，是“有不善未尝不知，知之未尝复行”，都与读书无关。若说学只是读书，难道颜回死了，那三千弟子都是束书不观的人吗？孔子却怎说“未闻好学”呢？孔子自己说，“吾十有五而志于学”，难道他老先生十五岁以前，连读书这点志趣都没有吗？这章书跟着说“三十而立”等句，自然是讲历年学问进步的结果，那立、不惑、知天命、耳顺、不逾矩种种境界，岂是专靠读书所能得的？孔子的学，学些什么，自然是学个怎样的“能尽其性”，怎样的“能至于命”，拿现在的话说，就是学个怎样的才能看出自己的真生命，怎样的才能和宇宙融合为一。问他怎样学法，只是一面活动一面体验。《论语》说的“食无求饱，居无求安，敏于事而慎于言，就有道而正焉，可谓好学也已矣”。此外这一类的话还甚多，孔子屡讲“学而不厌，诲人不倦”，但有时亦说“为之不厌，诲人不倦”。“为”字正是“学”字切训，可以说，为便是学，学便是为。至于“行有余力，则以学文”“多闻多见，知之次也”，这是胡先生所说读书的，孔门论学问，把它放在第二位。依我看颜习斋所讲的学，和原始的孔学最相近。宋明儒的学，大半属于孔子所谓“思”了。把个学字从这方面解释，那么“学而不思则罔，思而不学则殆”和“以思无益，不如学也”这两段话都明白了。胡先生解这两章，用什么“经验推论”等名词来比附，原是不该，若勉强用这名词，那么孔子的“学”正是属于经验方面（经验只算孔学的半面而且还是粗迹），他的思才是推论。胡君所攻击，纯是无的放矢。

胡先生解“一以贯之”和“忠恕”，引章太炎先生所说，略加修正（一〇五至一〇九叶）。章先生从知识方面解这句话，原属新奇可喜，刚刚投合胡先生脾胃，自然是要采用了。其实“一贯、忠恕”当然不能从知识方面索解，用知识来贯孔学是贯不来的。梁漱溟先生说：“胡先生没有把孔子的一贯懂得，所以他底下说了好多的‘又一根本观念’，其实哪里有许多根本观念呢？”（《东西文化及其哲学》一七七叶）这句话很可寻味，既然有许多根本观念，还算得“一贯”吗？一贯既是孔学里头最重要的一句话，这个解释错误，便可以引起全部的错误了。

胡先生又说：“孔子只说这事应该如此做，不问为什么应该如此做。”（一五四叶）梁漱溟先生说这“不问为什么”正是孔子的好处（梁著一九三至一九九叶）。我想梁先生这段话固然很有妙理，但拿来讲老子可以说全对，拿来讲孔子不过得一半。胡先生的话，却是完全无根。孔子讲事理，最爱推求所以然之故，《易传》里头最表出这种态度，《易·爻辞》说：“潜龙勿用。”为什么潜龙该勿用呢？因为“阳在下也”。说：“亢龙有悔。”为什么亢龙便有悔呢？因为“盈不可久也”。若再问为什么盈不可久呢？这篇传虽然没有答，别篇传却有了。《谦彖传》说：“天道亏盈而益谦……人道恶盈而好谦。”若再问为什么亏盈益谦呢？他跟着就答，因为“谦尊而光卑而不可逾”。《系辞传》说：“仰以观于天文，俯以察于地理，是故知幽明之故。”又说：“感而遂通天下之故。”又说：“明于天之道而察于民之故。”又说：“明于忧患与故。”我们可以说一部《十翼》，只是发明一个“故”字，就是答的胡先生所说“为什么”这句话。胡先生这一段，是引墨子攻击儒家的话。墨子说儒家言“乐以为乐”无异言“室以为室”。这个比例，本来不通。我们自然不应该说“为吃饭而吃饭”，但尽可以说“为美而爱美”“为文学而做文学”

"为科学而做科学"。前者是和"室以为室"同性质，后者是和"乐以为乐"同性质，墨子只看见狭隘的实用主义，自然会起这种谬见，胡先生并非见不到此，何故附和他呢？

我对于孔子，还有好些意见和胡先生相出入，但为讲演时间所不许，只得就此而止。胡先生说孔子，有许多独到之处，虽然他的观察点和我不同，我还是很尊重他的意见，独里头有小小一节，我要忠告他。他相信孔子杀少正卯这件事，还把那传说三件罪名译成今文，是"聚众结社，鼓吹邪说，淆乱是非"（七三叶）。别人我不责备，胡先生是位极谨严的考证家，任凭怎么有权威的旧说，都要查一查来历估一估价值，才肯证引，为什么对于这样无稽的事忽然不怀疑了呢？这件事，最初是见于《荀子·宥坐篇》，那详细的罪名见于《家语》。《家语》之伪不必说，《宥坐篇》胡先生也明明说是"后人东拉西扯杂凑成"（三六叶），为什么这几句杂凑话忽然变了可宝的史料？其实，一、春秋时候很不容易杀一个大夫。二、在那种贵族政治底下，断不是"撮徒成党饰邪荧众反是独立"的人所能乱政，那时候亦绝对没有这种风气。三、诸书中记齐太公杀的华士，子产杀的邓析，孔子杀的少正卯，罪名都是一样，天下哪有这情理？四、孔子说："子为政焉用杀。""齐之以刑，民免而无耻。"我们若没有证据证明孔子是言行不相符的人，就不该信他有这件事；若信，便是侮辱他的人格。我相信胡先生不是轻薄人，但时髦气未免重些，有时投合社会浅薄心理顺嘴多说句把俏皮话。书中还有好几处是如此。我还记得《胡适文存》里头有一篇说什么"专打孔家店"的话，我以为这种闲言语以少讲为是。辩论问题原该当仁不让，对于对面的人格，总要表相当敬礼。若是嬉笑怒骂，便连自己言论的价值都减损了。对今人尚且该如此，何况是有恩于社会的古人呢？我想胡先生一定乐意容纳我这友谊的忠告吧。

## 七

胡先生讲的庄子，我也不甚佩服。这篇里头最重要的话，是说庄子发明生物进化论（二五五至二六五叶）。内中讲"种有几"那一段，确是一种妙解，但我以为无论这话对不对，总不是《庄子》精神所在。《寓言篇》“万物皆种也，以不同形相禅”，这两句，章太炎先生拿佛家“业力流注”的意义来解释，胡先生拿生物进化的意义来解释，我想还是章先生说得对。章先生的名著《齐物论释》用唯识解《庄子》，虽然有些比附得太过，却是这个门庭里出来的东西。胡先生拿唯物观的眼光看《庄子》，只怕全不是那回事了。

庄子的学说，我今日也不能多说，但可以用《齐物论》里头两句话总括他全书，是“天与我并生而万物与我为一”。他所理想的境界，和孔子也差不多，但实现这境界的方法不同。孔子是从日常活动上去体验，庄子嫌他噜苏了，要“外形骸”去求他，所以他说孔子是“游方之内”，他自己算是“游方之外”。这两种方法哪样对，暂且不论，但我确信这种境界，是要很费一番功夫才能实现的。我又确信能够实现这境界，于我们自己极有益。我还确信，世界人类的进化，都要向实现这境界那条路上行。胡先生在这篇末说了一个有趣的譬喻：“譬如我说我比你高半寸，你说你比我高半寸，你我争论不休，庄子走过来排解道：‘……我刚才在那爱拂儿塔上看下来，觉得你们二位的高低实在没有什么分别，不如算作一样吧。’这种学说初听了似乎有理，却不知世界上学识的进步，只是争这半寸；社会的维新，也只是争这半寸……”这段譬喻，我也承认它含有一半真理，但我还要告诉胡先生，张作霖、曹锟也只是争这半寸；两兄弟因遗产拔刀相杀，也只是争这半寸；一个好好的青年，或因落第，或因失恋，弄成发狂或自杀，也只是争些无聊的半寸。我希望胡先生别把应用的学问和受用的学问混为一谈，那么说话也少些流弊了。

## 八

第七篇讲的《墨子》，第八篇讲的《别墨》，都是好极了，我除了赞叹之外，几乎没有别的说。现在且把我对于这书讲名学地方的感想，总说几句。

我最初读这书，就起一种异感，觉得他讲名学的差不多占了一半。我曾和朋友说，若改称“中国名学史”，倒更名副其实。后来胡先生和我说，本来是由名学史的底稿改成，那就毫不足怪了。胡先生不认名家为一学派，说是各家有各家的名学，真是绝大的眼光。评各家学术，从他的名学上见出他治学的方术，令我们古代哲学在认识论部门占得极重要的位置。这一部分事业虽是章太炎先生引起端绪，却是胡先生才告成功，我们治国学的人，都应该同声感谢。书中讲的名学，无处不好，若要我讲我微微不满的地方，第一，说孔子的《春秋》以正名为唯一作用，像是把《春秋》看窄了些。第二，把《墨经》从墨子手上剥夺了，全部送给惠施、公孙龙，我有点替墨子抱不平。第三，未免把公孙龙抬得太高了，《天下篇》的二十一事，虽然有胡先生替他当律师，说出许多微妙的道理，但内中除了三五条叫我心折外，其余的，我还用孔穿那句老话回答，“臧三耳甚难而实非也，臧两耳甚易而实是也”。就拿“臧三耳”这句为例，胡先生依司马彪说，“臧的第三只耳朵必是他心神了”。果然如此，既已是心神，为什么叫它作耳朵？岂不是“异物名实互纽”吗？诡辩家之所以为诡辩，就在此。这种诡辩派出来，把正名主义的价值都丧失了。

胡先生讲墨学固然甚好，讲墨学消灭的三种原因，还不甚对。依我说，第三种“诡辩太微妙”应改为“诡辩太诡”。更有第四种原因，发于墨学自身，就是《庄子·天下篇》说的：“其道太觳，使人忧，使人悲，其行难为也……反天下之心，天下不堪，墨子虽能独任，奈天下何？”我和胡先生都是极崇拜墨子的人，但这一点，是不必为墨子讳的。

## 九

其余各篇，虽然还有些异同，不必多说了。唯有篇末说古代哲学中绝之原因，该有点商量。胡先生说那四种原因——一、怀疑主义的名学；二、狭义的功用主义；三、专制的一尊主义；四、方士派的迷信——我都承认，但是还有未尽，依我说，有两个更大的原因：

第一，凡当民族混化社会剧变时代，思想界当然像万流竞涌、怒湍奔驰，到这种局势完全经过了，社会状况，由川湍变成大湖泊，当然是水波不兴、一拭如镜。战国和秦汉的嬗变，正是如此。思想界发扬蹈厉了几百年，有点疲倦了，自然移到休息时代。

第二，中国人本是大平原民族，因他的环境和遗传，久已养成一种爱中庸厌极端的性质。春秋战国间，因社会剧变，发生特种刺激，才演出这个例外。像孔子这派的中庸态度，本来是最适于这个民族的心理，他本身又有很丰富的资料，尽够人受用，所以特种刺激过去之后，自然是唯他独尊了。

我很高兴，这次得有批评这部名著的光荣，我用十分的诚意，对于胡先生致敬礼。我希望胡先生和海内好学君子更有对于我这批评的批评。

# 美术与科学[①]

1922年4月15日

稍为读过西洋史的人，都知道现代西洋文化，是从文艺复兴时代演进而来。现代文化根底在那里，不用我说，大家当然都知道是科学，然而文艺复兴主要的任务和最大的贡献，却是在美术。从表面看来，美术是情感的产物，科学是理性的产物，两件事很像不相容，为什么这位暖和和的阿特先生，会养出一位冷冰冰的赛因士儿子？其间因果关系，研究起来很有兴味。

美术所以能产生科学，全从"真美合一"的观念发生出来，他们觉得真即是美，又觉得真才是美，所以求美先从求真入手。

文艺复兴的太祖高皇帝雷安那德达温奇，就是画最有名的耶稣晚餐图那个人，谅来诸君都知道了。达温奇有几件故事，很有趣而且有价值。当时意大利某村乡，新发现的希腊人雕刻的一尊温尼士女神裸体像，举国若狂地心醉其美，不久被基督教徒说是魔鬼，把它涂了脸凿了眼睛断了手脚丢在海里去了。达温奇和他几位同志，悄悄地到处发掘，又掘着第二尊。有一晚，他们关起大门在那里赏玩他们的新发现品，被基督教徒侦探着，一大群人声势汹汹地破门而入，人进去看见达温奇干什么呢，他拿一根软条的尺子在那里量那石像的尺寸部位，一双眼对着那石像出神，简直像没有看见众人一般，把众人倒愣了。当时在场的人，有一位古典派美术家老辈梅

① 本文是梁启超在北京美术学校的演讲。

尔拉，不以达温奇的举动为然，告诉他道："美不是从计算产生出来的呀。"达温奇要理不理的，许久才答道："不错，但我非知道我所要知的事情不肯干休。"有一回傍晚时候，天气十分惨淡，有一位年高望重的天主教神父当众讲演，说："世界末日快到了，基督立刻来审判我们了，赶紧忏悔啊，赶紧皈依啊。"说得肉飞神动，满场听众受了激刺，哭咧，叫咧，打噤咧，磕头咧，闹得一团糟。达温奇有位高足弟子也在场，也被群众情感的浪卷去，觉得自己跟着这位魔鬼先生学，真是罪人，也叫起"耶稣救命"来。猛回头看见他先生却也在那边，在那边干什么呢？左手拿块画板，右手拿管笔，一双眼盯在那位老而且丑的神父脸上，正在画他呢。这两件故事，诸君听着好玩么？诸君啊，不要单作好玩看待，须知这便是美术和科学交通的一条秘密隧道。诸君以为达温奇光是一位美术家吗？不不，他还是一位大科学家。近代的生物学，是他"筚路蓝缕"地开辟出来，倘若生物学家有道统图，要推他当先圣周公，达尔文不过先师孔子罢了。他又会造飞机，又会造铁甲车船，现有他自己给米兰公爵的书信为证。诸君啊，你想当美术家吗？你想知道惊天动地的美术品怎样出来吗？请看达温奇。

我说了半天，还没有说到美术、科学相沟通的本题，现在请亮开来说吧。密斯忒阿特、密斯忒赛因士，他们哥儿俩，有一位共同的娘，娘什么名字？叫作密斯士奈渣，翻成中国话，叫作"自然夫人"。问美术的关键在哪里，限我只准拿一句话回答，我便毫不踌躇地答道："观察自然。"问科学的关键在哪里，限我只准拿一句话回答，我也毫不踌躇地答道："观察自然。"向来我们人类，虽然和"自然"耳鬓厮磨，但总是"鱼相忘于江湖"的样子，一直到文艺复兴以后，才算把这位积年老伙计认识了。认识过后，便一口咬住，不肯放松，硬要在他身上还出我们下半世的荣华快乐。哈哈，果然他老人家葫芦里法宝，被我们搜出来了，一件是美术，一件是科学。

认识自然，不是容易的事。第一件要你肯观察，第二件还要你会观察，粗心固然观察不出，不能说仔细便观察得出，笨伯固然观察不出，弄聪明有时越发观察不出。观察的条件，头一桩，是要对于所观察的对象有十二分兴味，用全副精神注在它上头，像庄子讲的承蜩丈人“虽天地之大万物之多，而唯吾蜩翼之知”。第二桩要取纯客观的态度，不许有丝毫主观的僻见掺在里头，若有一点，所观察的便会走了样子了。达温奇还有一幅名画叫作莫那利沙，莫那利沙就是达温奇爱恋的美人。相传画那一点微笑，画了四年，他自己说，虽然恋爱极热，始终却是拿极冷酷的客观态度去画它。要而言之，热心和冷脑相结合是创造第一流艺术品的主要条件。换个方面看来，岂不又是科学成立的主要条件吗？

真正的艺术作品，最要紧的是描写出事物的特性，然而特性各个不同，非经一番分析的观察功夫不可。莫泊三的先生教他作文，叫他看十个车夫，作十篇文来写他，每篇限一百字。晚餐图里头的基督，何以确是基督，不是基督的门徒；十二门徒中，何以彼得确是彼得，不是约翰；约翰确是约翰，不是犹大；犹大确是犹大，不是非卖主的余人。这种本领，全在同中观异，从寻常人不会注意的地方，找出各人情感的特色。这种分析精神，不又是科学成立的主要成分吗？

美术家的观察，不但以周遍精密的能事，最重要的是深刻。苏东坡述文与可论画竹的方法，说道：“画竹必先得成竹于胸中，执笔熟视，乃见其所欲画者。急起从之，振笔直遂，以追其所见，如兔起鹘落，稍纵则逝矣。”这几句话，实能说出美术的密钥。美术家雕画一种事物，总要在未动工以前，先把那件事物的整个实在完全摄取，一攫攫住它的生命，霎时间和我的生命并合为一，这种境界，很含有神秘性。虽然可以说是在理性范围以外，然而非用锐入的观察法一直透入深处，也断断不能得这种境界，这种锐入观察法，也是促进科学的一种助力。

美术的任务，自然是在表情，但表情技能的应用，须有规律的组织，令各部分互相照应。相传五代时蜀主孟昶，藏一幅吴道子画钟馗，左手捉一个鬼，用右手第二指挖那鬼的眼睛。孟昶拿来给当时大画家黄筌看，说道：若用拇指，似更有力。请黄筌改正他。黄筌把画带回家去，废寝忘餐地看了几日，到底另画一本进呈。孟昶问他为什么不改，黄筌答道：“道子所画，一身气力色貌，都在第二指，不在拇指，若把他改，便不成一件东西了。我这别本，一身气力，却都在拇指。”吴黄两幅画，可惜现在都失传，不能拿来比勘，但黄筌这番话，真是精到至极。我们看欧洲的名画名雕，也常常领略得一二。试想，画一个人，何以能全身气力都赶到一个指头上？何以内行的人，一看便看得出来？那别部分的配置照应，当然有很严正的理法藏在里头，非有极明晰极致密的科学头脑恐怕画也画不成，看也看不到，这又是美术和科学不能分离的证据。

现在国内有志学问的人，都知道科学之重要，不能不说是学界极好的新气象，但还有一种误解，应该匡正。一般人总以为研究科学，必要先有一个极大的化验室，各种仪器具备，才能着手。化验室仪器，为研究科学最利便的工具，自无待言，但以为这种设备没有完成以前，就绝对地不能研究科学，那可大错了。须知仪器是科学的产物，科学不是仪器的产物，若说没有仪器便没有科学，试想欧洲没有仪器以前，科学怎么会跳出来？即如达温奇的时代，可有什么仪器呀？何以他能成为科学家不祧之祖？须知科学最大能事，不外善用你的五官和脑筋，五官脑筋，便是最复杂最灵妙的仪器。老实说一句，科学根本精神，全在养成观察力。养成观察力的法门，虽然很多，我想，没有比美术再直捷了。因为美术家所以成功，全在观察“自然之美”，怎样才能看得出自然之美，最要紧是观察“自然之真”，能观察自然之真，不唯美术出来，连科学也出来了。所以美术可以算得科学的全锁匙。

我对于美术科学都是门外汉，论理很不该饶舌，但我从历史上看来，觉得这两桩事确有“相得益彰”的作用。贵校是唯一的国立美术学校，他的任务，不但在养成校内一时的美术人才，还要把美育的基础，筑造得巩固；把美育的效率，发挥得加大。校中职教员学生诸君，既负此绝大责任，那么，目前的修养和将来的传述，都要从远者大者着想。我希望诸君，常常提起精神，把自己的观察力养得十分致密十分猛利十分深刻，并把自己体验得来的观察方法，传与其人，令一般人都能领会都能应用。孟子说：“能与人规矩，不能使人巧。”遵用好的方法，能否便成一位大艺术家，这是属于“巧”的方面，要看各人的天才。就美术教育的任务说，最要紧是给被教育的人一个“规矩”。像中国旧话说的“可以意会，不可以言传”。那么，任凭各人乱碰上去也罢了，何必立这学校？若是拿几幅标本画临摹临摹，便算毕业，那么一个画匠优为之，又何必借国家之力呢？我想国立美术学校的精神旨趣，当然不是如此。是要替美术界开辟出一条可以人人共由之路，而且令美术和别的学问可以相沟通相浚发。我希望中国将来有“科学化的美术”，有“美术化的科学”，我这种希望的实现，就靠贵校诸君。

# 护国之役回顾谈[①]

1922 年 12 月 25 日

诸君，今日是护国军在云南起义恢复共和的日子，学校里都停课纪念，诸君因为我和这件事有点关系，请我来这里讲演，我很感谢诸君的盛情。唉，这件事现在已成为一段历史了。和这段历史有关系的人，亲自来讲这段历史，听的人自然亲切有味。却是可怜，这段历史是伤心历史，我这个在历史里头凑角色的人，好比带着箭伤的一匹小鹿，那支箭不摇它倒还罢了，摇起来便痛彻肝肠。因为这段历史，是由好几位国中第一流人物而且是我生平最亲爱的朋友把他们的生命换出来。他们并非不爱惜他自己的生命，但他们想要换得的是一个真的善的美的中华民国。如今生命是送了，中华民国却怎么样？像我这个和他们同生不同死的人，真不知往后要从哪一条路把我这生命献给国家，才配做他们朋友。六年以来，我每一想起那眼泪便在肚子里倒流。论起当时，对于袁世凯做皇帝，真是普天同愤，护国成功，原来是全国民心理所造成，并不是靠一部分几个人之力。但别方面有许多事情，我知道得不十分正确，而且为时间所限，不能多说，现在只好把我所亲历的事情中之一部分，忍着痛和诸君说说吧。

提起今天的纪念，人人都该联想到那位打倒袁皇帝的英雄蔡公松坡，即蔡锷。蔡公许多事业，或者诸君都还知道，不必我细说，

① 本文是梁启超为南京学界全体所做的公开演讲。

只说我和他的交情。我二十四岁时候，在湖南时务学堂讲学，蔡公那年才十六岁，是我四十个学生里头最小的一个。我们在一块儿做学问不过半年，却是人格上早已熔成一片。到第二年就碰着戊戌之难，我亡命到日本，蔡公和他的同学十几个人，不知历尽几多艰辛，从家里偷跑出来寻我。据我后来所知道的，他从长沙到了上海的时候，身边只剩得二百铜钱，即二十个铜子。好容易到日本找着我了，我和我一位在时务学堂同事的朋友唐才常先生，带着他们十几个人，租一间两丈来宽一楼一底的日本房子同住着。我们又一块儿做学问，做了差不多一年，我们那时候天天摩拳擦掌要革命，唐先生便带着他们去实行。可怜赤手空拳的一群文弱书生，哪里会不失败，我的学生就跟着唐先生死去大半。那时蔡公正替唐先生带信到湖南，幸免于难。此外还有近年在教育界很尽些力的范源廉君，也是那十几个学生里头漏网的一个。蔡公旧名本是艮寅两个字，自从那回跑脱之后，改名蔡锷，投身去学陆军，毕业后在云南带兵，辛亥革命时在云南独立，做了两年都督。这是蔡公和我的关系以及他在洪宪以前的历史大概。

民国三年春天，蔡公把都督辞掉，回到北京。他辞都督，并非有人逼着他辞，云南人苦苦挽留，中央也不放他走。但蔡公意思，一来，因为怕军人揽政权，弄成藩镇割据局面，自己要以身作则来矫正它；二来，因为他对外有一种怀抱，想重新训练一班军官，对付我们理想的敌国；三来，也因为在云南两年太劳苦了，身子有点衰弱，要稍为休息休息。他前后写了十几封信和我商量，要我帮他忙把官辞掉。于是我们在北京常在一块儿又一年。当时很有点痴心妄想，想带着袁世凯上政治轨道，替国家做些建设事业。我和我一位最好的朋友——也是死于护国之役的——汤公觉顿，专门研究财政问题，蔡公专门研究军事问题。虽然还做我们的学问生活，却是都从实际上积经验，很是有趣。

民国三年年底，袁世凯的举动越看越不对了，我们觉得有和他脱离关系之必要，我便把家搬到天津，我自己回广东去侍奉我先君，做了几个月的乡间家庭生活。那年阴历端午前后，我又出来，到南京玩耍，正值冯华甫做江苏将军，他和我说，听见要办帝制了，我们应该力争。他便拉我同车入京，见袁世凯，着实进些忠告。不料我们要讲的话，袁世凯都先讲了，而且比我们还痛切，于是我们以为他真没有野心，也就罢了。华甫回南京做他的官，我回天津读我的书。

过了两个多月——我记不清楚是哪一天——筹安会闹起来了。筹安会发表宣言的第二日，蔡公从北京搭晚车来天津，拉着我和我们另外一位亲爱的朋友——这个人现还在着，因他不愿意人家知道他，故我不说他的姓名——同到汤公觉顿寓处。我们四个人商量了一夜，觉得我们若是不把讨贼的责任自己背在身上，恐怕中华民国从此就完了。因为那时旧国民党的人，都已逃亡海外，在国内的许多军人文人都被袁世凯买收得干干净净。蔡公说："眼看着不久便是盈千累万的人颂王莽功德，上劝进表，袁世凯便安然登其大宝，叫世界看着中国人是什么东西呢？国内怀着义愤的人，虽然很多，但没有凭借，或者地位不宜，也难发手，我们明知力量有限，未必抗他得过，但为四万万人争人格起见，非拼着命去干这一回不可。"于是我们商量办法，唯一的实力，就是靠蔡公在云南、贵州的旧部，但是按到实际上，有好几个困难问题。第一层，这件事自然非蔡公亲自到云南去不可，但不能等蔡公到了过后慢慢地去集合旧部，如此一定事机泄露，闹不成功，所以一面要蔡公先派人去，一面要打电报把重要的人叫来，这里头非费三个月以上的日子不可。第二层，我和蔡公的关系，是人人知道的。然而我们两个人讨贼所用的武器，各各不同，蔡公靠的是枪，我靠的是笔。帝制派既已有了宣言，我其势不能不发表反对的文字。但我的文字发表之后，便是我们的鲜明旗帜已经打出来，恐怕妨害蔡公的实力行动。我们再四商量的结果，只有外面上做成蔡公和我分家的样子，于是过了几天，我在天津，便发表了一篇万多字的文章，题目叫作"异哉所谓国体问题者"。蔡公在北京，却联合好些军官做赞成帝制的表示，他在北京到处逢人便说："我们先生是书呆子，不识时务。"那些袁党的人便问他："你为什么不劝你先生？"他说："书呆子哪里劝得转来，但书呆子也不会做成什么事，何必管他呢。"当时蔡公这种办法，诚不免是带些权术作用，但不是如此，事情便做不成，所以不得不行权〔术〕。

袁世凯总算一位有眼力的人，他看定了当时最难缠最可怕的，就是我和蔡公师弟两个。当我那文章还没有发表以前，有一天他打发人送了十万块钱一张票子和几件礼物来，说是送给我们老太爷的寿礼。他太看人不起了，以为什么人都是拿臭铜钱买得来，我当时大怒，几乎当面就向来人发作。后来一想，我们还要做实事，只好忍着气婉辞谢却，把十万块钱璧回，别的礼物收他两件，同时却把那篇作成未印的稿子给来人看，请他告诉袁世凯采纳我的忠告，那人便垂头丧气去了。

蔡公那方面，虽然在军官赞成帝制的文章上亲笔签过名，袁世凯到底不放心他，有一天蔡公家里出了盗案了，有四五个衣服很整齐的人带着手枪来抢劫，但是奇怪，什么东西都没有抢去，只是翻箱倒箧像要搜查什么书籍纸片之类，结果搜不出什么，空手走了。后来我们才知道是袁世凯派来要偷蔡公的电报密码本子。可惜他脑筋发动得迟慢，蔡公早已防备到这一招，在一个礼拜前已经把几十部密码带到天津，放在我的卧房里头了。袁世凯一面发气，一面恐怕露马脚，过几天便把那几个钦派强盗枪毙灭口了。

我们在这几个月里头，天天和袁世凯钩心斗角，把我们一群心直口直的书生，也弄成很深的城府。侦探是常常二三十个跟着我们，我们却不能不常常会面，蔡公总是每礼拜跑一趟天津，因为要避袁党注意起见，我们在一块儿便打牌吃花酒，做成极腐败的样子。几个月过后，袁世凯看着这两个人真没有什么可怕了，九十月间，蔡公叫出来的人都到了，又打发回去了。十一月底，蔡公便托病——其实亦是有病，入天津某医院住着，等到袁世凯几趟派来问病的人拿了医生诊断书回去，蔡公便一溜溜到我家里，搭船去日本长崎会他派去云南又从云南再出来迎接他的一个人——这人是一位师长，现在已经出家做和尚，在南京跟着欧阳竟无先生学佛——我为什么一向守在天津不走动呢？头一件，因为办事秘密机关在我家里，我不能走开。第二件，因为我一走动，怕袁世凯加意防范蔡公，蔡公便到不了云南。

我们这几个月刻刻当心，一直到十二月二号，蔡公才能跑脱。

我们约定扣准日子，蔡公到云南的时候，我便到上海。我们分手的时候，约定两句话：“成功呢，什么地位都不要，回头做我们的学问。失败呢，就死，无论如何不跑租界，不跑外国。”蔡公走了十日后，我也悄悄地搭船往大连，由大连转上海。蔡公走了，他家里完全不知，倒天天打电话来问我要人，我只好拿别的话支吾过去。我临走的前一点钟，去和我的夫人作别，把事情大概告诉她。我夫人说：“我早已看出来了，因为你不讲，我当然也不问你。”她拿许多壮烈的话鼓励我勇气，但我向来出门，我夫人没有送过我，这回是晚上三点钟，她送我到大门口，很像有后会无期的感想。可怜袁世凯派下来几十个饭桶侦探，头一回把蔡锷放跑，第二回把梁启超放跑，他们还睡觉呢。听说后来都枪毙了。我临动身的时候，把我预备好的讨贼檄文和电报等等都交给一位朋友，云南今天起义，明天北京、天津、上海中西文报纸都一齐登出来，和原文一字不差。听说袁世凯后来看见气极了，说：“自己一世做人聪明伶俐，不料这回被梁启超、蔡锷装在鼓子里头。”

蔡公十二月十九日到云南省城，我十八日也到上海。云南军界都是蔡公旧部，况且又经几个月布置，自然根本上没有多大问题，但到了临时，也不免言哤事杂，几乎发动不成。我在上海接到蔡公一封“皓电”后，一连几日，别无消息。那时我们又不能打密电去问，只有干着急。还好，南京的冯华甫，很和我们表同情，我托他帮我打封电去，这是二十二日的事。这封电却有非常的效力，因为这电是我和蔡公约的密码，由南京一等印电发去，他们以为我这个人已经在南京，冯华甫准备着就要响应了。二十五日下午，蔡公拿我的电文当众宣布，当场就把现成做好的反对帝制檄文用电报打出来，就是今日所纪念的护国之役历史的发端了。

我们这几个月的计划，本来预定举义后半个多月，我们的兵便到重庆，料定袁世凯调将遣兵，抢不过我们的先着。但起义后有许多意外的障碍——我现时也不忍多说，总之因为这种障碍，弄到蔡公要从大理府一带调兵，耽搁了十来天的日子，而且好的兵都留在省城，蔡公所能带到前敌的，只是二等以下的兵、二等以下的军械。因为这种障碍，本来应该在重庆、宜昌一带和袁军决胜负的，闹到在叙州、泸州一带被敌人堵截我们。那时洪宪皇帝那边的主将，便是现在候补大总统曹锟，带着张敬尧、吴佩孚一班人，手下十几万器械精良、粮食充足的军队。可怜我们最敬爱的蔡公，带着不满五千人的饥疲之众，和他们相持几个月。讲到军事嘛，我是外行，一点说不出来，但我所知道的，蔡公四个月里头，平均每日睡觉睡不到三点钟，吃的饭是一半米一半沙硬吞，他在万分艰难万分危险中，能够令全军将官兵卒个个都愿意和他同生同死。他经过几回以少击众之后，敌人便不敢和他交锋，只打算靠着人多困死他饿死他。到后来，他的军队，几乎连半饱都得不着了，然而没有一个人想着退却，都说我们跟着蔡将军，为国家而战，为人格而战，蔡将军死在哪里，我们也都欢欣鼓舞地死在哪里。唉，我真不知蔡公的精神生活高尚到什么程度，能够令他手下人人都感动到如此。

说到这里，我们要把蔡公一方面的事暂行阁起，说说各方面情形。蔡公在北京时候找出来商量大事的人，除了云南军官以外，最重要的是前任贵州省长戴公循若。戴公本来是一位学师范的文人，辛亥革命时，在贵州起义，后来做了省长，是一位极有肝胆极有才略的人。他从十月间就到北京，受了蔡公命令回贵州布置，云南起义后二十多天，他就把贵州响应起来。他带着一支军队出到洪江，和蔡公掎角，当时和他相持者就是吴佩孚。像他这样一位文弱书生，用些残兵弱卒和现在鼎鼎大名的第一流军人能相持许久，我们可以想象他的人才和人格了。后来戴公做了四川督军，被安福党人刘存厚戕害，这是后话，姑且不提。

且说自从云南起义后三个多月，除贵州以外，没有一省响应，蔡公军又围困在泸州，朝不保夕，袁世凯看着我们这些“跳梁小丑”指日可平，早已大踏步坐上皇帝宝座去了。我们在上海真是急得要死，自己觉着除了以身殉国外没有第二条路了。我自己是天天做文章鼓吹，还写了许多信到各省的将军们，也没什么功效。当时态度最不明了的，就是广西的陆君荣廷，我们所盼望第三省的响应，也只有这一处。我写了一封很沉痛的信给他，陆君本来是久怀义愤，或者我这封信有点子帮助也未可定，到三月中旬，陆君忽然派一位军官姓唐的，带着他的亲笔信来找我，要我到广西去他才独立，我早上到，他晚上发表，晚上到，他早上发表。我们得着这个消息，真是喜从天降，我一点不迟疑答道：“我立刻就去。”但是怎么样去法呢？当时袁皇帝“捕拿梁启超就地正法”的上谕，早已通行各省，我经过广东到广西是万万不行的，只有走安南的一条路。当时香港政府是替袁皇帝出力的，我差不多连香港一关也过不去，加以我上海的寓所中，前后左右都是侦探围绕，我几乎一步不能出门。我一面筹划我去的方法，一面请我们在北京头一天商量大计的朋友汤公觉顿先到陆君那里帮他的忙。俗语说得好：“天下无难事，只怕有心人。”我广西到底去成了，我想法子从上海搭船到香港，我是蹲在煤炭房的旁边，我下了船后上海侦探才知道，打电到香港，香港政府派人来搜船，也搜我不着。我又设法偷搭一只装货船到了安南。安南本来有我们设立的一个通信机关，我以为到了那里搭火车入广西很容易了，哪知道到了过后，各车站中已经有我的相片，到处截拿，我只好坐一段车坐一段船走一段路，三天工夫才到镇南关入广西境。在这个期间内，我自己碰着一件终天大恨的事。唉，我先君因病过去了，那时候我正蹲在香港船煤炭房里头。哀哉！哀哉！我从此便永远为无父之人了，可怜我的朋友都瞒着不给我知道。我在广西，怕老太爷担心，三天五天一封禀帖去报平安，唉！讲什么国家大事，我简直不是个人了。

陆君荣廷到底是好汉，我的朋友汤公到了南宁，并报告我已经起程，陆君并不等我到步，三月十五日已经把广西独立了。三月二十六日我才到南宁。广西问题解决之后，再进一步，就是广东问题。那时广东的将军是龙济光，袁世凯封他做亲王，正在高兴得很，我们想不把广东拿过来，到底不能达讨贼的目的。龙济光因大势的压迫，渐渐拿出模棱态度，和我们通殷勤，有电到广西请派人来商量。当时汤公激于义愤，自己担负这个责任，跑到广州，和龙济光痛陈利害一日一夜，四月初九日居然把广东独立的电报打了出来。那时龙济光左右都是帝制党人，他自己就没有诚意，哪里经得起别人的恐吓呢。到了明天，他便变起卦来，说是要在海珠开善后会议，把汤公和我们在广东共事最得力的朋友，一位是警察厅长王公广龄，一位是陆军少将谭公学夔，一齐请去，门外是大兵重重围住，开议不到一会儿，龙济光部将凶贼颜启汉等，拿出手枪向汤公、王公、谭公狙击，惨哉，惨哉！这几位忠肝热血足智多谋的仁人志士，竟断送在一群草寇手里头。

我们在广西得着凶报，痛愤自不待言，便连日连夜带着大兵，从梧州顺流而下，到了肇庆，肇庆镇守使李君耀汉，欢迎我们，我和陆君就在肇庆和龙济光相持。过了几日，岑君春煊也从上海跑来了，听说孙君逸仙也从外国回到上海，他手下的健将陈君炯明，也在惠州起兵响应我们，龙济光着急了，派人到我们那里谢罪。但是他的靠不住，谁也知道的。当时我们手下的人个个摩拳擦掌，说非打广东不可。但我和陆君全盘打算彻底商量，蔡公正陷在重围，再下去个把月眼看着要全军覆灭，我们把广西独立原是想出兵湖南，牵制敌势，令根本问题早日解决，若是粤桂开起仗来，姑无论没有必胜的把握，就令得胜，也要费好些时日，而且精锐总损伤不少，还拿什么力量来讨贼？岂不是令袁世凯拍掌大笑吗？论理，汤、王、谭三公，都是我几十年骨肉一般的朋友，替他们报仇的心，我比什么人都痛切，但我当时毅然决然主张要忍着仇恨和龙济光联合。但是联合吗？他要来打我们又怎么呢？我说非彻底叫龙济光明白利害死心塌地跟我们走不可。有什么方法叫他如此呢？我左思右想，想了一日一夜，除非我亲自出马，靠血诚去感动他。当时我就把我这意见提出来，我的朋友和学生跟着我在肇庆的个个大惊失色，说这件事万万来不得，有几位跪下来拦我。但我那时候，天天接着蔡公电报，形势危在旦夕，我觉得我为国家为朋友都有绝大的责任，万万不能躲避，而且我生平不知为什么缘故有一种自信，信我断不会横死，信我一定有八十岁命。

当时无论何人也拦我不住，我竟自搭车跑广州去了。我到了沙面，打电话告诉龙济光说我来了，要会他，龙济光也吓一大惊，跟着我就一乘轿子跑上观音山去了。我和龙济光苦口婆心地谈了十几点钟，还好，他像是很心悦诚服的样子，到第二天晚上，他把许多军官都聚起来，给我开欢迎会。个个都拖枪带剑如狼似虎的几十人，初时还是客客气气的，啊啊，酒过三巡，渐渐来了，坐在龙济光旁边一员大将——后来我才知道他名字叫作胡令萱，在那里大发议论，起首骂广东民军，渐渐骂广西军，渐渐连蔡公和护国军都骂起来了，鼓起眼睛盯着我，像是就要动手的样子。龙济光坐在旁边整劝少说话。我起初是一言不发，过了二十分钟后，我站起来了。我说："龙都督，我昨夜和你讲的什么话，你到底跟他们说过没有？我所为何来，我在海珠事变发生过后才来，并不是不知道你这里会杀人，我单人独马手无寸铁跑到你千军万马里头，我本来并不打算带命回去。我一来为中华民国前途来求你们帮忙，二来也因为我是广东人，不愿意广东糜烂，所以我拼着一条命来换广州城里几十万人的安宁，来争全国四万万人的人格。既已到这里，自然是随你们要怎样便怎样……"我跟着就把全盘利害给他们演说了一点多钟，据后来有在座的人说，我那时候的意气横厉，简直和我平时是两个人，说我说话的声音之大就像打雷，说我一面说一面不停地拍桌子，把那满座的玻璃杯都打得叮当作响。我当时是忘形了。但我现在想起来，倘若我当时软弱些，倒反或者免不了他们的毒手。我气太盛了，像是把他们压下去，那位胡令萱悄悄跑了。此外的人，像都有些感动，散席后许多位来和我握手道歉。自从那一晚过后，广东独立，没有什么问题了。第三天我就回肇庆，陆君也带着兵出湖南去了。

以后湖南、浙江都陆续独立，四川那边形势松得多了，过些日子，接着冯华甫电报，要我来上海商量解决大局方法。我五月初旬回到上海，我的兄弟和我的女儿从天津来接我。住定了两日，才把老太爷的事告诉我，我魂魄都失掉了，还能管什么国家大事，从此我就在上海居丧，连华甫也不便来和我商量了。过了二十多天，袁世凯气愤身亡，这出戏算是唱完。

共和恢复了，黎总统就任了。当下任命蔡公做四川督军兼省长。蔡公本来说过，成功不争地位，而且这几个月过的日子不是人过的，他本来已经有病的人，到这时更病到不成样子，所以他无论如何不肯做这官，急急要将兵权交出来，自己去养病。但一来因为自己的军队要收束，二来因为四川秩序要维持，他还扶着病亲自到成都住了二十天，把各方面情形都布置停妥。当时政府无论如何不许他辞，四川人烧着香拦着路不准他走，他到底毅然决然走了。他到上海时候，我会着他，几乎连面目也认不清楚，喉咙哑到一点声音也没有，医生都看着这病是不能救了，北京政府接二连三派人欢迎他，他也不去，在上海住了几天，就到日本养病，十一月七号，这位民国恩人便和这个世界长别了。

这回事件，拿国内许多正人君子去拼一个叛国的奸雄袁世凯，拼总算拼下了。但袁世凯的游魂，现在依然在国内纵横猖獗，而且经他几年间权术操纵，弄得全国人廉耻扫地，国家元气断丧得干干净净。唉，纪念云南起义，还有什么纪念，不过留下一段伤心的史料罢了。若说还有纪念价值吗，那么，请纪念蔡公松坡这个人。我们青年倘能因每年今天的纪念，受蔡公人格的一点感化，将来当真造出一个真的善的美的中华民国出来，蔡公在天之灵，或者可以瞑目了。

蔡公死了吗？蔡公不死！不死的蔡公啊！请你把你的精神变作百千万亿化身，永远住在我们青年心坎里头。

# 治国学的两条大路

1923年1月9日

诸君，我对于贵会，本来预定讲演的题目，是“古书之真伪及其年代”。中间因为有病，不能履行原约。现在我快要离开南京了，那个题目不是一回可以讲完，而且范围亦太窄。现在改讲本题，或者较为提纲挈领于诸君有益吧。

我以为研究国学有两条应走的大路：

一、文献的学问。应该用客观的科学方法去研究。

二、德性的学问。应该用内省的和躬行的方法去研究。

第一条路，便是近人所讲的“整理国故”这部分事业。这部分事业最浩博最繁难而且最有趣的，便是历史。我们是有五千年文化的民族，我们一家里弟兄姊妹们，便占了全人类四分之一，我们的祖宗世世代代在“宇宙进化线”上头不断地做他们的工作，我们替全人类积下一大份遗产，从五千年前的老祖宗手里一直传到今日没有失掉。我们许多文化产品，都用我们极优美的文字记录下来。虽然记录方法不很整齐，虽然所记录的随时散失了不少，但即以现存的正史、别史、杂史、编年、纪事本末、法典、政书、方志、谱牒，以至各种笔记、金石刻文等类而论，十层大楼的图书馆也容不下。拿历史家眼光看来，一字一句，都藏有极可宝贵的史料。又不独史部书而已，一切古书，有许多人见为无用者，拿它当历史读，都立刻变成有用。章实斋说：“六经皆史。”这句话我原不敢赞成，但从历史家的立脚点看，说“六经皆史料”，那便通了。既如此说，则何止六经皆史，也可以说诸子皆史，诗文集皆史，小说皆史。因为里头一字一句都藏有极可宝贵的史料，和史部书同一价值。我们家里头这些史料，真算得世界第一个丰富矿穴。从前仅用土法开采，采不出什么来，现在我们懂得西法了，从外国运来许多开矿机器了。这种机器是什么？是科学方法。我们只要把这种方法运用得精密巧妙而且耐烦，自然会将这学术界无尽藏的富源开发出来，不独对得起先人，而且可以替世界人类恢复许多公共产业。

这种方法之应用，我在我去年所著的《历史研究法》和前两个月在本校所讲的《历史统计学》里头，已经说过大概。虽然还有许多不尽之处，但我敢说这条路是不错的，诸君倘肯循着路深究下去，自然也会发出许多支路，不必我细说了。但我们要知道，这个矿太大了，非分段开采不能成功，非一直开到深处不能得着宝贝。我们一个人一生的精力，能够彻底开通几处矿苗，便算了不得的大事业。因此我们感觉着有发起一个“合作运动”之必要，合起一群人，在一个共同目的共同计划之下，各人从其性之所好以及平时的学问根底，各人分担三两门做“窄而深”的研究，拼着一二十年工夫下去，这个矿或者可以开得有点眉目了。

此外，和史学范围相出入或者性质相类似的文献学还有许多，都是要用科学方法研究去。例如：

（一）文字学　我们的单音文字，每一个字都含有许多学问意味在里头。若能用新眼光去研究，做成一部《新说文解字》，可以当作一部民族思想变迁史或社会心理进化史读。

（二）社会状态学　我国幅员广漠，种族复杂，数千年前之初民的社会组织，与现代号称最进步的组织，同时并存。试到各省区的穷乡僻壤，更进一步入到苗子番子居住的地方，再拿二十四史里头蛮夷传所记的风俗来参证，我们可以看见现代社会学者许多想象的事项：或者证实，或者要加修正。总而言之，几千年间一部竖的进化史，在一块横的地平上可以同时看出，除了我们中国以外恐怕没有第二个国了。我们若从这方面精密研究，真是最有趣味的事。

（三）古典考释学　我们因为文化太古，书籍太多，所以真伪杂陈，很费别择；或者文义艰深，难以索解。我们治国学的人，为节省后人精力而且令学问容易普及起见，应该负一种责任，将所有重要古典，都重新审定一番，解释一番。这种工作，前清一代的学者已经做得不少。我们一面凭借他们的基础，容易进行；一面我们因外国学问的触发，可以有许多补他们所不及。所以从这方面研究，又是极有趣味的事。

（四）艺术鉴评学　我们有极优美的文学美术作品。我们应该认识它的价值，而且将赏鉴的方法传授给多数人，令国民成为“美化”。这种工作，又要另外一帮人去做。我们里头有性情近于这一路的，便应该以此自任。

以上几件，都是举其最重要者。其实文献学所包含的范围还有许多，就是上所讲的几件，剖析下去，每件都有无数的细目。我们做这类文献学问，要悬着三个标准以求到达：

第一求真。凡研究一种客观的事实，须先要知道他“的确是如此”，才能判断他“为什么如此”。文献部分的学问，多属过去陈迹，以讹传讹失其真相甚多。我们总要用很谨严的态度，仔细别择，把许多伪书和伪事剔去，把前人的误解修正，才可以看出真面目来。这种工作，前清“乾嘉诸老”也曾努力做过一番；有名的清学正统派之考证学便是。但依我看来，还早得很哩。他们的工作，算是经学方面做得最多，史学子学方面便差得远，佛学方面却完全没有动手呢。况且我们现在做这种工作，眼光又和先辈不同，所凭借的资料也比先辈们为多。我们应该开出一派“新考证学”，这片大殖民地，很够我们受用咧。

第二求博。我们要明白一件事物的真相，不能靠单文孤证便下武断。所以要将同类或有关系的事情网罗起来贯串比较，愈多愈妙。比方做生物学的人，采集各种标本，愈多愈妙。我们可以用统计的精神做大量观察。我们可以先立出若干种“假定”是否正确。若能善用这些法门，真如韩昌黎说的“牛溲马勃，败鼓之皮，兼收并蓄，待用无遗”。许多前人认为无用的资料，我们都可以把它废物利用了。但求博也有两个条件。荀子说“好一则博”，又说“以浅持博”。我们要做博的功夫，要能择一两件专门之业为自己性情最近者做去，从极狭的范围内生出极博来。否则件件要博，便连一件也博不成。这便是好一则博的道理。又，满屋散钱，穿不起来，虽多也是无用。资料越发丰富，则驾驭资料越发繁难，总须先求得个“一以贯之”的线索，才不至“博而寡要”。这便是以浅持博的道理。

第三求通。好一固然是求学的主要法门。但容易发生一种毛病，这毛病我替它起个名叫作“显微镜生活”。镜里头的事物看得纤悉周备，镜以外却完全不见。这样子做学问，也常常会判断错误。所以我们虽然专门一种学问，却切不要忘却别门学问和这门学问的关系；在本门中，也常要注意各方面相互之关系。这些关系，有许多在表面上看不出来，我们要用锐利眼光去求得它。能常常注意关系，才可以成通学。

以上关于文献学，算是讲完，两条路已言其一。此外则为德性学。此学应用内省及躬行的方法来研究，与文献学之应以客观的科学方法研究者绝不同。这可说是国学里头最重要的一部分，人人应当领会的。必走通了这一条路，乃能走上那一条路。

近来国人对于知识方面，很是注意，整理国故的名词，我们也听得纯熟。诚然，整理国故，我们是认为急务，不过若是谓除整理国故外，遂别无学问，那却不然。我们的祖宗遗予我们的文献宝藏，诚然足以傲世界各国而无愧色，但是我们最特出之点，仍不在此。其学为何？即人生哲学是。

欧洲哲学上的波澜，就哲学史家的眼光看来，不过是主智主义与反主智主义两派之互相起伏。主智者主智；反主智者即主情、主意。本来人生方面，也只有智、情、意三者。不过欧人对主智特别注重，而于主情、主意，亦未能十分贴近人生。盖欧人讲学，始终未以人生为出发点。至于中国先哲则不然。无论何时代何宗派之著述，夙皆归纳于人生这一途，而于西方哲人精神萃集处之宇宙原理、物质公例等等，倒都不视为首要。故《荀子·儒效》篇曰：“道，仁之隆也。……非天之道，非地之道，人之所以道也。”儒家既纯以人生为出发点，所以以“人之所以为道”为第一位，而于天之道等，悉以置诸第二位。而欧西则自希腊以来，即研究他们所谓的形而上学，一天到晚，只在那里高谈宇宙原理，凭空冥索，终少归宿到人生这一点。苏格拉底号称西方的孔子，很想从人生这一方面做功夫，但所得也十分幼稚。他的弟子柏拉图，更不晓得循着这条路去发挥，至全弃其师传，而复研究其所谓天之道。亚里士多德出，于是又反趋于科学。后人有谓道源于亚里士多德的话，其实他也不过仅于科学方面有所创发，离人生毕竟还远得很。迨后斯端一派，大概可与中国的墨子相当，对于儒家，仍是望尘莫及。一到中世纪，欧洲全部统成了宗教化。残酷的罗马与日耳曼人，悉受了宗教的感化，而渐进于迷信。宗教方面，本来主情意的居多，但是纯以客观的上帝来解决人生，终竟离题尚远。后来再一个大反动，便是“文艺复兴”，遂一变主情、主意之宗教，而代以理智。近代康德之讲范畴、范围，更过于严谨，好像我们的临“九宫格”一般。所以他们这些，都可说是没有走到人生的大道上去。直到詹姆士、柏格森、倭铿等出，才感觉到非改走别的路不可，很努力地从体验人生上做去，也算是把从前机械的唯物的人生观，拨开几重云雾。但是真果拿来与我们儒家相比，我可以说仍然幼稚。

总而言之，西方人讲他的形而上学，我们承认有他独到之处；换一方面，讲客观的科学，也非我们所能及；不过最奇怪的，是他们讲人生也用这种方法，结果真弄到个莫名其妙。譬如用形而上学的方法讲人，绝不想到是从人生的本体来自证，却高谈玄妙，把冥冥莫测的上帝来对喻。再如用科学的方法讲，尤为妙极。试问人生是什么？是否可以某部当几何之一角、三角之一边？是否可以用化学的公式来化分、化合，或是用几种原质来造成？再如达尔文之用生物进化说来讲人生，征考详博，科学亦莫能摇动，总算是壁垒坚固；但是果真要问他人之所以异于禽兽者安在？人既自猿进化而来，为什么人自人而猿终为猿？恐怕他也不能给我们以很有理由的解答。

总之，西人所用的几种方法，仅能够用之以研究人生以外的各种问题，人，绝不是这样机械易懂的。欧洲人却始终未彻悟到这一点，只盲目地往前做，结果造成了今日的烦闷，彷徨莫知所措。盖中世纪时，人心还能依赖着宗教过活；及乎今日，科学昌明，赖以醉麻人生的宗教，完全失去了根据。人类本从下等动物蜕化而来，哪里有什么上帝创造？宇宙一切现象，不过是物质和它的运动，还有什么灵魂？来世的天堂，既不可凭，眼前的利害，复日相肉迫。

怀疑失望，都由之而起，真正是他们所谓的世纪末了。

以上我等看西洋人何等可怜！肉搏于这种机械唯物的枯燥生活当中，真可说是始终未闻大道！我们不应当导他们于我们祖宗这一条路上去吗？以下便略讲我们祖宗的精神所在。我们看看是否可以终身受用不尽，并可以救他们西人物质生活之疲敝。

我们先儒始终看得知行是一贯的，从无看到是分离的。后人多谓知行合一之说，为王阳明所首倡，其实阳明也不过是就孔子已有的发挥。孔子一生为人，处处是知行一贯。从他的言论上，也可以看得出来。他说“学而不厌”，又说“为之不厌”，可知“学”即是“为”，“为”即是“学”。盖以知识之扩大，在人努力的自为，从不像西人之从知识方法而求知识。所以王阳明曰：“知而不行，是谓不知。”所以说这类学问，必须自证，必须躬行，这却是西人始终未看得的一点。

又儒家看得宇宙人生是不可分的，宇宙绝不是另外一件东西，乃是人生的活动。故宇宙的进化，全基于人类努力的创造。所以《易经》曰：“天行健，君子以自强不息。”又看得宇宙永无圆满之时，故易卦六十四，始“乾”而以“未济”终。盖宇宙“既济”，则乾坤已息，还复有何人类？吾人在此未圆满的宇宙中，只有努力地向前创造。这一点，柏格森所见的，也很与儒家相近。他说宇宙一切现象，乃是意识流转所构成，方生已灭，方灭已生，生灭相衔，方成进化。这些生灭，都是人类自由意识发动的结果。所以人类日日创造，日日进化。这意识流转，就唤作精神生活，是要从内省直觉得来的。他们既知道变化流转，就是宇宙真相，又知道变化流转之权，操之在我。所以孔子曰：“人能弘道，非道弘人。”儒家既看清了以上各点，所以他的人生观，十分美渥，生趣盎然。人生在此不尽的宇宙当中，不过是蜉蝣、朝露一般，向前做得一点是一点，既不望其成功，苦乐遂不系于目的物，完全在我，真所谓“无人而不自得”。有了这种精神生活，再来研究任何学问，还有什么不成？

那么，或有人说，宇宙既是没有圆满的时期，我们何不静止不做，好吗？其实不然。人既为动物，便有动作的本能，穿衣吃饭，也是要动的。既是人生非动不可，我们就何妨就我们所喜欢做的、所认为当做的做下去？我们最后的光明，固然是远在几千万年几万万年之后，但是我们的责任，不是叫一蹴而就地达到目的地，是叫我们的目的地，日近一日。我们的祖宗，尧，舜，禹，汤，孔，孟……在他们的进行中，长的或跑了一尺，短的不过跑了数寸，积累而成，才有今日。我们现在无论是一寸半分，只要往前跑才是。为现在及将来的人类受用，这都是不可逃的责任。孔子曰："士不可以不弘毅；任重而道远，仁以为己任，不亦重乎？死而后已，不亦远乎？"所以我们虽然晓得道远之不可致，还是要努力地到死而后已。故孔子是"知其不可而为之者"。正为其知其不可而为，所以生活上才含着春意。若是不然，先计较他可为不可为，那么，情志便系于外物，忧乐便关乎得失；或竟因为计较利害的缘故，使许多应做的事，反而不做。这样，还哪里领略到生活的乐趣呢？

再其次，儒家是不承认人是单独可以存在的。故"仁"的社会，为儒家理想的大同社会。"仁"字，从二、人；郑玄曰："仁，相人偶也。"（《礼记注》）非人与人相偶，则"仁"的概念不能成立。故孤行执异，绝非儒家所许。盖人格专靠各个自己，是不能完成。假如世界没有别人，我的人格，从何表现？譬如全社会都是罪恶，我的人格受了传染和压迫，如何能健全？由此可知人格是个共同的，不是孤零的。想自己的人格向上，唯一的方法，是要社会的人格向上。然而社会的人格，本是各个自己化合而成。想社会的人格向上，唯一的方法，又是要自己的人格向上。明白这个，意力和环境提携，便成进化的道理。所以孔子教人"己欲立，而立人；己欲达，而达人"。所谓立人、达人，非立、达别人之谓，乃立、达人类之谓。彼我合组成人类，故立、达彼，即是立、达人类。立、达人类，即是立、达自己。更用取譬的方法，来体验这个达字，才算是"仁之方"。其他《论语》一书，讲仁字的，屡见不鲜。儒家何其把仁字看得这么重要呢？即上面所讲的，儒家学问，专以研究"人之所以道"为本，明乎仁，人之所以道自见。孟子曰："仁也者，人也；合而言之，道也。"盖仁之概念，与人之概念相涵，人者，通彼我而始得名。彼我通，乃得谓之仁。知乎人与人相通，所以我的好恶，即是人的好恶。我的精神中，同时也含有人的精神。不徒是现世的人为然，即如孔孟远在两千年前，他的精神，亦浸润在国民脑中不少。可见彼我相通，虽历百世不变。儒家从这一方面看得至深且切，而又能躬行实践，“无终食之间违仁”，这种精神，影响于国民性者至大。

即此一分家业，我可以说真是全世界唯一无二的至宝。这绝不是用科学的方法可以研究得来的，要用内省的功夫，实行体验。体验而后，再为躬行实践，养成了这副美妙的仁的人生观，生趣盎然地向前进。无论研究什么学问，管许是兴致勃勃。孔子曰“仁者不忧”，就是这个道理。不幸汉以后这种精神便无人继续地弘发，人生观也渐趋于机械。八股制兴，孔子的真面目日失。后人称“寻孔颜乐处”，究竟孔颜乐处在哪里？还是莫名其妙。我们既然诵法孔子，应该好好保存这份家私——美妙的人生观，才不愧是圣人之徒啊！

此外我们国学的第二源泉，就是佛教。佛，本传于印度，但是盛于中国，现在大乘各派，五印全绝。正法一派，全在中国。欧洲人研究佛学的甚多，梵文所有的经典，差不多都翻出来。但向梵文里头求大乘，能得多少？我们自创的宗派，更不必论了。像我们的禅宗，真可算得应用的佛教，世间的佛教间的确是印度以外才能发生，的确是表现中国人的特质，叫出世法与入世法并行不悖。他所讲的宇宙精微，的确还在儒家之上。说宇宙流动不居，永无圆满，可说是与儒家相同。曰：“一众生不成佛，我誓不成佛。”即孔子立人、达人之意。盖宇宙最后目的，乃是求得一大人格实现之圆满相，绝非求得少数个人超拔的意思。儒、佛所略不同的，就是一偏于现世的居多，一偏于出世的居多。至于他的共同目的，都是愿世人精神方面，完全自由。现在自由二字，误解者不知多少。其实人类外界的束缚，他力的压迫，终有方法解除，最怕的是“心为形役”，自己做自己的奴隶。儒、佛都用许多的话来教人，想叫把精神方面的自缚，解放净尽，顶天立地，成一个真正自由的人。这点，佛家弘发得更为深透，真可以说佛教是全世界文化的最高产品。这话，东西人士，都不能否认。此后全世界受用于此的正多。我们先人既辛苦地为我们创下这份产业，我们自当好好地承受。因为这是人生唯一安身立命之具。有了这种安身立命之具，再来就性之所近的，去研究一种学问，那么，才算尽了人生的责任。

诸君听了我这夜的演讲，自然明白我们中国文化，比世界各国并无逊色。那一班沉醉西风，说中国一无所有的人，自属浅薄可笑。《论语》曰：“人虽欲自绝，其何伤于日月乎？多见其不知量也!”这边的诸同学，从不对于国学轻下批评，这是很好的现象。自然，我也闻听有许多人讽刺南京学生守旧，但是只要旧的是好，守旧又何足诟病？所以我很愿此次的讲演，更能够多多增进诸君以研究国学的兴味！

# 知命与努力[①]

1927 年 5 月

今天所讲的题目是“知命与努力”。知命同努力这两件事，骤看似乎不易合并在一起，《列子·力命》篇中曾经说明力与命不能相容，我从前作的诗也有“百年力与命相持”之句，都是把知命同努力分开，而且以为两者不能并存。可是，究竟是不是这样呢？现在便要研究这个问题。胡适之先生在欧洲演说中国文化，狠攻击知命之说，以为知命是一种懒惰哲学，这种主张，能养成懒惰根性。这话若不错，那么，我们这个懒惰人族，将来除了自然淘汰之一途外，真没有别条路可走了。但究竟是不是这样呢？现在还当讨论。

在《论语》里面有一句话：“不知命无以为君子。”意思是说：凡人非有知命的功夫不能作君子。君子二字在儒家的意义常是代表高尚人格的。可以知道儒家的意见，是以知命为养成高尚人格的重要条件。其他“五十而知命”等类的话很多，知命一事在儒家可谓重视极了。再来反观儒家以外的各家的态度怎样呢？墨家树起反对之帜，矫正儒家，所攻击的，大半是儒家所重视的。所以墨家自然不相信命，《墨子·非命》篇中便极端否认知命，在现在讲，可算“打倒知命”了。列子的意见，更可从《力命》篇中看出，他假设两人对话，一名力，一名命，争论结果，偏重于命。列子是代表道家的，可见道家的主张，是根本将命抬到最高的地位，而将力压服

① 本文是梁启超在华北大学发表的演讲。

在下面，和墨家重力黜命的宗旨恰恰相反。可是儒家就不然，一面讲命，一面亦讲力，知命和努力，是同在一样的重要的地位，即以“不知命无以为君子”一句论，为君子便是努力，但却以知命为必要条件，可知在儒家的眼光中两者毫无轩轾了。

命字到底怎么解呢？《论语》中的话很简单，未曾把定义揭出来。我们只好在儒家后辈的书籍中寻解说，《孟子》《荀子》《礼记》，这三种都是后来儒家的重要的书。《孟子》说：“莫之致而者命也。”意谓并不靠我们力量去促成，而它自己当然来的，便是命。《荀子》说：“节遇谓之命。”节是时节，意谓在某一时节偶然遇着的，便是命。《礼记》说：“分于道之谓命。”这一条戴东原解释得最详，他以为道是全体的统一的，在那全体里面，分一部分出来，部分对于全体，自然要受其支配，那叫作“分限”，便是命。综合这几条，简单地说，就是：我们的行为，受了一种不可抵抗的力量的支配，偶然间遇着一个机会，或者被限制着只许在一定范围内自由活动，这便是命。命的观念，大概如此。

分限——命——的观念既明，究竟有多少种类，经过详密的分析，大约有下列四种：（一）自然界给予的分限。这类分限，极为明显易知，如现在天暖，须服薄衣，转眼秋冬来了，又要需用厚衣，这便是一种自然界的分限。用外国语解释，便是自然界对于人类行为，给的一个order，只能在范围内活动，想超过是不能的。人类常常自夸，人力万能征服了自然界，但是到底征服了多少，还是个问题，譬如前时旧金山和日本的地震，人类几十年努力经营的结果，只消自然界几秒钟的破坏，便消灭无余。人类到底征服了自然界多少呢？近几天，天文家又传说彗星将与地球接近，星尾若扫到地面，便要发生危险。此事固未实现，然假设彗星尾与地面接触了，那变化又何堪设想，彼时人类征服自然界的力量又如何呢？这样便证明自然界的力量，委实比我们人类大得多，人类不得不在它给予的分限中讨生活的。（二）社会给予的分限。凡是一个社会，必有它的时间的遗传和空间的环境，这两样都能给予人们以重要的分限。无论如何强有力的人，在一个历时很久的社会中，总不能使那若干年遗传的结果消灭，并且自身反要受它的影响。即如我中华民国，挂上民治招牌已十六年了，实际上种种举动，所以名实不符者，实在是完全受了数千年历史惰力所支配，不能自拔。社会如此，个人亦如此，一人如此，众人亦如此，不独为世所诟病的军阀官僚，难免此惰力之支配，乃至现代蓬勃之青年，是否果能推翻惰力，不受其支配，仔细思之，当然不敢自信。吾人一举一动，一言一行，所不为惰力所干涉者，实不多见的。至于空间方面，亦复如是，现在中国经济状况，日趋贫乏，几乎有全国国民皆有无食之苦的景况，若想用人的力量去改这种不幸的情形，不是这一端改好，那一端又发生毛病；便是那一端改好，这一端又现出流弊。环境的势力，好似一条长链，互相牵掣，吾人的生活，便是在这全国环境互相牵掣的势力支配的底下决定，人为的改造，是不能实现的。小而言之，一个团体，也是这样，凡一个学校，它有学风，某一个在这学校里念书的学生，当然受学风的影响和支配，想跳出学风以外，是不容易的。而这个学校的学风，又不是单独成立的，又与其他学校，发生连带关系，譬如在北京某一学校，它的学风，不能不受全北京学校的学风的影响和支配，而不能脱离，就是这样。全北京的学风，影响到某一校；一校的学风，又影响到某一人，关系是如此其密切而复杂，所以社会在空间上给予人们的分限，是不可避免的，而不易改造的。(三）个人固有的分限。在个人自身的性质、能力、身体、人格、经济诸方面，常有许多不由自主的状态，这便是个人固有的分限。这些分限，有的是先天带来的，有的是受了社会的影响自然形成的，然而其为分限则一。譬如有些人身体好，有些人身体坏，身体好的人每天做十多点钟的功课，不觉疲倦，身体弱的人每天只用功几点钟，便非常困乏，再不停止，甚至患病，像这种差别，是没有法子去平均和补救的。讲其原因，自然是归咎于父母的身体不强壮，才遗传这般的体质。这不独个人为然，即以民族而言，华人同欧美比较，相去实在很远，这都是以前的祖先遗留的结果，不是一时的现象。然而既经堕落到如此地步，再想齐驱并驾，实无方法可施。既曰实行卫生，或可稍图改善，然一样的运动，一样的营养，而强者自强，弱者自弱，想立刻平等，是不可能的。才能经济诸端，尤其易见，有聪明有天才的人，一目十行，倚马万言，资质愚笨的人，自然赶他不上；有遗产的子弟，可以安富尊荣，卒业游学，家境困苦的人，自然千辛万苦，往往学业不完。这种分限，凡为人类，怎能逃脱。身体才能，固然不能变易，即如物质方面之经济力，似乎可以转换，然而要将一个穷学生于顷刻中化为富豪，亦是不能实现的事。物质的限制尚且如此之难去，何论其他，个人分限，诚不可轻视的了。（四）对手方给予的分限。凡人固然自己要活动，然而同时别人也要活动，彼此原都是一样的。加之人的活动方面，对自然常少，而对于他人的常多，所以人们活动是最易和他人发生关系的。既然如此，人们活动的时候，那对手方对于自己的活动也很有影响，这影响就是分限了。人们对他人发生活动，他人为应付起见，发生相当的活动来对抗，于是自己起了所谓反应。反应也有顺的，也有逆的，遇见顺的，尚不要紧，遇见逆的，则自己的活动将受其限制，而不能为所欲为，于是便构成了对手方的分限。这可以拿施教育者与受教育者做个比方，施者虽极力求其领会，然受者仍有活动的余地，若起了逆的反应，这个教育的方法，便要失败的。此犹言团体行为也。个人对个人的也是如此，朋友、夫妇间的关系，何莫不然，无论如何任性的人，他的行为总难免受其妻之若干分限，妻子之面亦同。人生最亲爱者，莫如夫妇，而对手方犹不能不有分限，遑论其他。犹之下棋，我走一着，人亦走一着，设禁止人之移棋，任我独下，自属全胜，无如事实不许，禁止他人，既难做到，而人之一着，常常与我以危险，制我之死命，于是不得不放弃预定计划，与之极力周旋，以求最后之胜利。此即对手分限之说，乃人人相互间，双方行为接触所起之反应了。

此四种分限——再加分析，容或更有——既经明了，只受一种之限制时，已是发生困难，使数十年之工作，一旦毁坏，然人生厄运，不止如是，实际上，吾人日常生活，几无不备受四种分限之包围和压迫。因此，假使有一不知命的人，不承认分限，甚至不知分限，或不注意分限，以为无论何事，我要如何便如何，可以达到目的。此种人勇气虽然很大，动辄行其开步走的主义，一往直前，可是，设使前边有一堵墙，拦住去路，人告诉他前面有墙，墙是走不过去的，而他悍然不顾，以为没有墙，我不信墙的限制，仍然前行。

有时前面本是无墙，侥幸得以穿过，然已是可一不可再的成功，今既有墙，若是墙能任意穿行，自然很好，但墙实在是不能通过的东西，于是结果，他碰了墙，碰得头破脑裂，不得不回来，回来改变方向，仍是照这样碰墙，碰了几回之后，一经躺下，比任何软弱人还软弱，再无复起的希望。因他努力自信，总想超过他的希望，不想结果失望，自然一蹶不振。这种人的勇气，不能永久保持，一遇阻碍，必生厌倦，所以不知命——不信分限，专恃莽气的人是很难成功的。

儒家知命的话，在《论语》中有很重要的一句，便是批评孔子的："知其不可为而为之"那一句。可见知其可为而为之——不知或不信分限，不是勇气；必要知其不可为而为之，才算勇气。明知山上有金矿动手去掘的人，那不算有勇；要明知不可为，而知道应该去做的人，才算伟大。这句话很可以表现孔子的全部人格，也可以作为知命与努力的注脚，"知其不可为"便是知命，"而为之"便是努力，孔子的伟大和勇气，在此可以完全看出了。我们的科学家，或是梦想他的能力可以征服自然界，能够制止地震，固不算真科学家；或是因为知遇地震无法防止，便不讲预防之法，听其自然，也非真科学家。我们的真科学家，必具有下列的精神，便是明知地震是无法控制的，也不作谬妄的大言，但也不流于消极，仍然尽心竭力去研究预防的方法，能够预防多少，便是多少，不因不能控制而自馁，也不因稍一预防而自夸，这种科学家才是真科学家，如我们所需要的。他们的预料，本来只在某一限度，限度之上就应当无效或失败，但他们知道应该做这种工作，仍是勤勉地去做着，尝试复尝试，不妨其多，结果如是失败，原不出其所料，万无失望的打击，幸而一二分的成功，于是他们便喜出望外了。知命之道，如此而已。

这种一二分的成功，为何可喜呢？因为世界的成功，都是比较的，无止境的。中国爱国的人，都想把国家弄得像欧美日本一样富强，好似欧美日本便是国家的极轨一样。谁知欧美日本，也不见得便算成功，国中正有无穷的纷扰哩！犹如列子所语的愚公移山，他虽不能一手把很高的山移完，可是他的子孙能够继续着去工作，他及身虽只能见到移去一尺二尺，也是够愉快，比起来未见分毫的移动，强得多了。成功犹如万万里的长道，一人的生命能力，可不能走完，然而走到中途，也胜于终身不走的哩！所以知命者，明知成功之不可必，了解分限之不可逃，在分限圈制前提之下去努力，才是真能努力的人啊！

我们为何需要真正的努力，因为只有真正的努力，才可不厌不倦。人何以有厌倦，多因不知分限，希望过大，动遭失败，所以如此。知命的人，便无此弊。孔门学问如“学而不厌，诲人不倦”，“为之不厌，诲人不倦”，“居之无倦”，“请益又曰无倦”，“自强不息”，“不怨天不尤人”诸端。所谓不厌，不倦，不息，不怨，不尤，都是不以前途阻碍而退馁，是消极的知命。如“学而时习之不亦悦乎，有朋自远方来不亦乐乎”，都是以稍有成功而自娱，是积极的努力。所以我们不只要排除尊己黜人的妄诞，也宜蠲去美人恨己的忧伤，因这两者都于事实是无益的。我人徒见美国工人生活舒适，比中国资产阶级甚或过之，于是自怨自艾，于己之地位运动宁复有济。犹之豫湘人民，因罹兵灾，遽羡妒他省人民，又岂于事实有补。总之，生此环境，丁此时期，唯有勤勉乃身，委曲求全，其他夸诞怨艾之念，均不可存的。

孔子的“发愤忘食，乐以忘忧”功夫，实在是知命和努力的一个大榜样。儒家弟子，受其感化的，代不乏人，如汉之诸葛亮，固知辅蜀讨曹之无功，然而仍以“鞠躬尽瘁死而后已”为职志者，深明“汉贼不两立，皇室不偏安”之义，晓得应该如此做去，故不得不做，此由知命而进于努力者也。又如近代之胡林翼、曾国藩，固曾勋业彪炳，而读其遗书，则立言无不以安命为本，因二公饱经事故，阅历有得，故谆谆以安命为言，此由努力而进于知命者也。凡人能具此二者，则做事时较有把握，较能持久。其知命也，非为懒惰而知命，实因镇定而知命；其努力也，非为侥幸而努力，实为牺牲而努力。既为牺牲而努力，做事自然勇气百倍，既无厌倦，又有快乐了。所以我们要学孔子的发愤忘食，便是学他的努力；要学孔子的乐以忘忧，便是学他的知命。知命和努力，原来是不可分离的，互相为用的，再没有不相容的疑惑了。知命与努力，这便是儒家的一大特色，也是中国民族的一大特色，向来伟大人物，无不如此。诸君持身涉世，如能领悟此一语的意义，做到此一层功夫，可以终身受用不尽！

# 陈去病
(1874—1933)

## 生平简介

陈去病（1874—1933），字佩忍，号巢南、垂虹亭长，江苏苏州吴江同里人。诗人、学者、政治活动家，南社创始人之一。七岁入私塾，二十二岁中秀才。1903 年赴日本考察。1904 年创办东江国民学校。学校停办后，赴上海与刘师培等编辑《警钟日报》，创办《二十世纪大舞台》杂志。1906 年加入中国同盟会。1909 年与柳亚子等发起成立南社。1913 年“二次革命”爆发后，任讨袁军总司令部秘书。1919 年赴粤参加护法运动，历任非常国会秘书长、大总统咨议。1923 年与柳亚子等创建岁寒社，加入新南社。晚年还曾担任江苏古物保管委员会苏州分会主任、江苏革命博物馆馆长、国民党中央党史史料编纂委员会委员、国民政府内政部参事等职。曾先后在安徽徽州府中学堂、浙江公立法政专门学校、东南大学等多所学校任过教职。1933 年病逝于故乡同里镇。

# 论诗人当具历史地理两种之本领

1923 年

鄙人少更忧患，长苦奔走，故平生志愿，颇从事于天地四方之学。对于国家社会极思有所改革。而所阅览、所深好、所探讨研究之书，大抵以历史地理两类为最多，其他则农田水利之学而已，于诗文词赋本不甚注意也。盖吾人立志自当于其大者远者为重，若雕虫小技扬雄所羞，玩物丧志二程亦垂为深戒。可见诗文词赋，虽关系于美术上甚大，然究是小道，非正当事业也。孔子曰“行有余力，则以学文”，又曰“词达而已矣”，又曰“修词立其诚”。斯言也，真吾辈学者之所当奉为圭臬耳。自问一生于游侠行为所做甚多，南舣北驾，临水登山，无非为着一桩最大的革命事业。而对酒当歌，激昂慷慨，亦未尝不乘兴为之。实则随笔涂抹，非欲以诗文自豪也。迩来南北统一，企求和平。我辈赋闲无事，谈诗亦未始不可。但鄙人从前所学之诗，皆从历史地理两种方面得来，虽有名师，不能致也。盖鄙人平生最深恶而痛疾者，莫如时下主张学宋诗者。其所为之诗，不是尖新即是生硬，不是萧索即是颓唐，从无一个胸襟阔达、抱负不凡，如李白、杜甫、韩愈之流，其所作皆涵天盖地、上古下今、纵横跌宕，以给我观赏者，此为憾事。故鄙人对于吟咏一道，极意主张唐诗，以其从史地上得来故也。李唐之世南北统一，天下承平能文之士，目睹六朝淫靡之习，足以蛊惑人心败坏风俗，莫不奋笔而起，上探风骚，高踵汉魏，各出其心思才力，独树一帜，于是人文蔚起，炳炳琅琅，卓然高驾建安七子而上之。厥后虽更离乱，而诗人之操不变。如杜甫一人，即可以代表一朝。今观其诗，何一非关于史地之作？可知吾人不去研究诗学则已，必欲学诗，则非明于史地不可，而学诗亦非唐不可矣。盖唐人之诗，其骨格风调迥然不同，犹之名门淑媛贵家公子，自具一种大方态度，绝非寒俭之伧所可得而拟也。虽初盛中晚，各擅胜场，然其为唐音则一也。而宋诗则不然，非肤廓浮浅即形寒骨立，虽苏、黄、范、陆号称四家，然实无一能与高、岑、王、孟比，况李、杜、韩、柳乎？苏、黄、范、陆尚如此，则他可知矣。而近人无识，往往盲从。少年不学，好为新诗。呜呼，此诚诗道之大厄也，何痛如之。

夫年老能诗之人，既背唐媚宋，以造成骫骳不振之俗，而亡其国。新进少年又不知诗，而任意盲从，则吾辈亦何忍更言诗道耶。虽然，诸君子既切于学诗矣，鄙人亦居然作冯妇矣，似又不能不谈诗。顾欲谈诗，非从唐代以上溯汉魏，由汉魏而上窥风骚不可，唐以后则尽从明七子之议，置之不论可也。然余尤以为无论学诗作诗，其人当具有两种必需本领。本领维何？即吾所谓历史地理是也。盖诗也者，乃发抒其人志事之物，而非徒供吟弄风月者也。故孔氏有兴、乱、群、怨、远、迩、多识之称，即可明其为用之广，而陈诗观风之所以列为政要也。然学者不明史地，则所咏何事，所处何境岂能洞悉，则学如不学矣。若作诗之人，不明史地，则怀抱必陋，学识必陋，典故必庸熟〔俗〕陈腐而不鲜明，尚何足以称诗史耶？是故余以为只要熟于史地，便可谈诗，不必胸罗万卷也。然而史地亦岂易言哉？则端赖有才学识兼具之人，斯可以熔化一罏贯通一气也。余之主张如此，幸诸君教之。

# 黄　兴
(1874—1916)

## 生平简介

黄兴（1874—1916），原名轸，改名兴，字克强，一字廑午，号庆午、竞武，湖南省长沙府善化县高塘乡人。近代民主革命家，民国的创建者之一，孙中山的第一知交。辛亥革命时期，以字克强闻名当时，与孙中山常被时人以“孙黄”并称。1902 年夏被选派赴日本留学。1903 年与留日学生五百多人集会声讨沙俄侵略罪行。1904 年 2 月，华兴会正式成立，被推为会长。后起义事泄，流亡日本。1905 年 8 月，中国同盟会正式成立，任同盟会行政庶务组长兼任副会长。1907 年开始先后发动并指挥了多次起义。1911 年 4 月，同盟会组织发动第三次广州起义，任副总指挥。1912 年 1 月 1 日，中华民国南京临时政府成立，任陆军总长兼任参谋总长，授大将军官阶。同年 8 月，同盟会等组织改组为国民党，任理事。1916 年 10 月 31 日于上海去世。1917 年 4 月 15 日，受民国元老尊以国葬于湖南长沙岳麓山。著作有《黄克强先生全集》《黄兴集》《黄兴未刊电稿》《黄克强先生书翰墨迹》等。

# 在南京黄花岗之役周年纪念会上的演讲

1912 年 5 月 15 日

今日为黄花岗诸烈士在广州死义之纪念日。是役也，去年海上各报均有记载，但语焉不详。兴请为诸君一详言之。

近十年来，堂堂正正可称为革命军者，首推庚子惠州之役，次大通之役，此后一二年间，寂寂无闻。后孙中山先生由美归，而广东，而日本。乙巳年组织同盟会，苦心经营，旋有萍醴之役、钦廉之役、镇南关之役，旋有河口之役。河口一役，感动军界，以致复有安庆之役，前年正月有广东新军之役。此役败后，海外各同志更加愤激，即各军队中之同志亦非常充足，无间于南北。众论多欲利用此时机，克日起义，可收全功。是时孙中山先生由美至日本，转而抵南洋，与各同志集议。此时赴议者，东南各省多有代表，会议之地点在南洋槟榔屿。兴与赵伯先、胡汉民两先生日日商议，当时所缺者，唯饷械二项。幸南洋各志士担任筹款者极形踊跃，得十余万元，乃议决由孙中山先生赴美，购美军械，赵君与兴来内地运动。本拟去年正月即当起义于广东，后因种种事件均未办理完善，故迟迟未发。地点议定广东省，因运有机关枪四十五支在彼，又广西军队中诸同志有为之援应。至于内地之布置，长江一带，谭人凤先生任之。谭先生身体多病，此时亦冒险力疾至鄂。其时，鄂有居正、孙武及系狱之胡瑛诸先生暗中筹划；湘省则有焦达峰先生力谋进行，异常敏速；上海则今都督陈其美先生极力运动。当时交通部公举赵伯先先生主持，盖赵与兴皆驻在香港者也。而又议定：赵由闽出江西，兴出湖南，谭人凤出江西。此时北军亦有暗为援助者，东京同志则归国援助者极多。但吾辈此时起义，不能多得军械，只得购备手枪，及同志中所制炸弹。种种困难，故又行延期。然节节进行，未尝稍懈。姚雨平先生则任运动广东新军，及巡防营暨各会党，各会党亦非常服从。现海军司令胡毅生先生亦力为运动。至军事上之计划，兴与赵伯先先生任之。议定以千余人为先锋，赵率百余人，今第七师长洪承点及兴亦各率数十人。陈炯明君守备城西旗界，因旗界内有训练之兵数千人，而旗民之备有枪械者亦五六千，故不得不力谋防御。但此时又有极端之困难，则因起义之举，早为清粤督张鸣岐所侦悉，城中增设军队，防备极严。虽议决 3 月 28 日发动，而军械尚未运进。此时又设统筹处，兴自任之，赵伯先先生为总指挥。事后外间传言兴为总指挥，误也。二十五晚，兴入广州城至机关部，宣告发动期。然此时又发生一极困难问题，则承运枪械之人有陈镜波者，系李准令其投身我党为侦探也，彼已将由头发船内运进之枪百余杆、子弹若干报知李准。幸我辈起事之期及另行运进枪械子弹，为渠所不知，故不疑我等即日起事。盖我等另运之枪弹，系装入油漆桶内运进者，亦有由同志诸人随身携带者。26 日满吏防备更严，张调巡防营数营入城，驻观音山。广州城内之观音山，犹南京城中之北极阁，居高临下，极占形势，故张派兵驻此以扼我军。此日有倡议改期者，然种种机关已备，势难再延，故兄弟及少数同志坚持不可，谓改期无异解散，将来前功尽弃，殊为可惜。是晚，又议赵所率二部分多外乡人，易为满吏侦知，不如暂退驻香港。27 日姚雨平先生来城，然枪仍未到，赵部下已退驻香港。28 日，张又调巡防营入城，然营中多有同志，故此时多数人又决议进行，冀有该营为之援助。而该营中同志，亦多半赞成发动迅速者。下午三时半，遂电赵部下，要其来城。当赵部退香港时，方疑我辈另有意见，故彼等甚愤激，此次得电，皆极欣然，来者颇多。是夜商议次日进行方法：兄弟任由小东营出攻督署，陈炯明诸人承认抵御警察局，姚任收复小北门枪炮局，时间则定午后五时半。29 日上午分发枪械与各处，然是晨城门已闭，赵君率所部自港来时已不能入城。而兴遂任指挥，部下共数十人，部署一切。至下午五时二十五分，手续尚未完毕，迟二十五分钟，始率由小东营出发。先十分钟，陈炯明君派人来问，今日究竟发动与否，然来者见我等皆携弹荷枪，遂不言而去。事后始知陈因畏事之棘手，欲不发动，故派人来陈说一切。然来者并未明言，故我等并不知其不来援应，仍孤军冒险前进。

出军时，全队行走迅速，至督署门首，有卫兵数十人驻守。林时塽先生率二三人前进，用炸弹猛击，死卫兵数人，余皆逃入卫兵室内，匿不敢出，然我军此时亦死三四人。卫兵既退，兴率十余人由侧门入署，余大部分，四川喻培伦先生率之，驻门外防御。兴入署至大堂，有卫兵数人见我军至，即招手谓张在花厅，我等遂入花厅各处搜张，不获。且室内一无陈设，似久已迁移者。我军觅得床板木料等物，放火后遂出。复有卫兵一排，在大堂下用枪向我军猛击，兴立大堂柱旁，双手各持手枪还击，毙卫兵数人，余皆鼠窜，我军乃得出署。至门外见喻及所率之部皆已不在，盖当兴入署后，喻已率队往攻督练公所矣。我军行至东辕门外，时有李准之卫队与我军相遇，隔仅五十米突，卫队遂即跪击，我军林时塽君时在前列，刚欲用弹还击，而头部已中枪弹，遂倒街中。兴手指及足亦受弹伤，乃率残部十余人转行，欲往助喻君攻督练公所。至双门底，又遇巡防营一大队，距我军丈余，福建人方声洞先生猛击之，中其哨官巡兵数人，然彼见我军人少，乃向前直扑。尔时硝烟漫空，弹如雨注，方君遂中弹而仆，存者仅数人矣。兴乃避至一民房中，由板壁内放枪，毙其前进者数十人，相距约十分钟，巡防营退去。我军复行，途遇喻君，喻以为欲攻督练公所，必先攻观音山所驻之巡兵，乃身先部下，携弹直上，至山半与巡兵激战，但部下之人多无经验，不善掷放炸弹，又见彼军势盛，遂一面竭力抵御，一面徐徐退却。巷战至十二时，我军见彼巡防营愈增，乃退至一米店，用米袋筑墙以守，各挟利枪，一发数中。遂以十余人力御巡防营四百余人，毙敌近百数。巡防营畏势不敢复来，始放火烧店而去。

此役之失败，至是完毕。统计百二十人中，存者无多。而所亡者皆吾党之精华。推原其故，均由兴一人之罪。盖兴当日若不坚持迅发，则陈、姚不得愆期，又何致以孤军无援，陷入重地，死我英俊如此之多。然自此役后，同志中不以挫折灰其壮气，图谋再举，弥增激励。现上海都督陈其美先生亦来香港，谓广东虽失败，内地尚可进行。而兴一人之意见，则痛此役之失败、同志之惨亡，决意欲行个人主义，狙击张、李二凶，以报同志。而谭人凤先生及海外诸友，每邮电力阻。又以粤省防御甚严，猝难下手，乃淹留香港，日伺机会。

6月间，陈其美、谭人凤两先生在鄂运动，幸有端倪，派人至上海催促进行，并嘱兴筹措饷项，兴乃电致南洋、美洲各同胞，幸各地乐于捐输。至8月湖北起义二周后，各同志电兴速来鄂襄助，兴遂由港来汉。自兴离港后，狙击之事，各同志转意于凤山，卒达目的。且此举并为光复广州之导线，盖自凤山被炸后，全粤满吏皆极恐慌，李准竟令其弟来香港与诸同志联络，而广州乃兵不血刃，九星之帜已高悬于五羊城矣。是鄂省8月之起义，由广州之原动力，而广州9月之光复，又我七十二烈士之死义激而成之也。七十二烈士虽死，其价值亦无量矣。且烈士之死义，其主义更有足钦者，则以纯粹的义务心，牺牲生命，而无一毫的权利思想存于胸中。其中如林觉民先生，科学程度极其高深，当未发动之先，即寄绝命书与其夫人，又告同人云："吾辈此举，事必败，身必死，然吾辈死事之日，距光复期必不远矣。"其眼光之远大，就义之从容，有如此者！又喻君培伦最高于爱国思想，前在天津与汪精卫、黄复生诸人苦心经营，谋炸载沣，后因事机失败，炸弹为警兵搜去，不遂所志。来港后，日夜与李君荫生复制炸弹，不稍休息。此役所用之炸弹，多出其手制者。至方声洞，以如花之年，勇于赴战，当其与巡防营巷战时，身中数弹，犹以手枪毙多人。他如窦鸿书[①]、李君荣诸君，虽系工人，然皆抛弃数百元之月俸，从事于革命事业，捐躯殉国，尤足钦佩。总之，此次死义诸烈士，皆吾党之翘楚、民国之栋梁。其品格之高尚，行谊之磊落，爱国之血诚，殉难之慷慨，兴亦不克言其万一。他日革命战史告成，必能表彰诸先烈之志事。今届周年大纪念，兴与诸君同负后死之责，当共鉴诸烈士之苦衷，竭尽心力，以图民国之进步，庶无负于死者。并愿年年此日，永永举行纪念，追思既往，劝励方来，谅亦诸君所表同情者。

---

① 窦鸿书，即杜凤书。

# 在中国同盟会上海支部夏季常会上的演讲（二件）

1912 年 6 月 30 日

## 一

本会本有特别之党纲，更当有宏大之党德。所谓特别之党纲者，即孙中山先生夙所主持之民生主义。虽此主义在他党人多未认为必要，或且视为危险，实则世界大势所趋，社会革命终不可免。而本会所主张之社会主义，又极为平和易行。盖十年前本会初成立时，即标明四大主义，其一为平均地权，乃本会与他党特异之点。其详细办法，中山先生于南京、武昌两处均有演说，凡我同志，均当知此主义之必要，力谋进行。现在欧美各国，其政党均略分两种，一为国权党，一为民权党。国权党主增重政府权力，民权党主扩张个人之自由。本会既抱持社会主义，自为民权党无疑。至政党道德，吾人尤宜以宏大之心理对待他党。现在共和党竭力诬蔑本会，如谓孙中山先生得比款一百万，又谓唐总理尽将比款送人，又谓同盟会得比款三十五万，其实皆是捏造。天下事，是非曲直，终有大明之一日，吾人尽可以大度处之，切勿与他党谩骂。况比款事，中山先生已电请财政部宣布，不久即可水落石出乎！至国务总理，已推定陆子兴，吾人亦绝不反对，且当竭力维持之。唯既与本会主张之政党内阁不同，自可确守文明国在野党之态度，实行监督。故所谓党德者，即以宏大之心理对异党，断不可尤而效之，捏造谩骂也。

本会亟应举办之事凡三：（一）设立政法学校，造就建设人才，因现在为当力谋建设时代；（二）扩张言论机关，因本会虽不计较他党机关报之谩骂，却不可不普及政见于国民；（三）兴办调查事业，以洞悉国情，使本党所主张，不为纸上空谈。唯此三事，皆非经济不可。现有基本金仅徐固卿君捐万元，及他项捐款两万元，而办学校等事需款正多，望诸同志协力筹议。

## 二

中华民国成立已半年，而一切未能就绪，其原因在于政党未能确立。今日内阁风潮，实非好现象。如何办法，实政党一大问题。前次本会专致力于破坏事业，后革命成功，于南京大会始决议改为政党。夫政党者，以政为党，非以党为政也。本党成立与他党异。中山先生倡三大主义，其特注重者则平均地权一语。本党对于社会亦甚出力，全体一致，此乃本党之特色，可以谓之党风。本党性质与民权党无别。凡此特色，本党须发挥出来。民生主义，孙先生曾屡次演说，唯外间尚未明晰。以世界大势观之，社会革命岌岌不可终日，吾人此次革命，即根据社会革命而来。民生主义繁博广大，而要之则平均地权。反而言之，即是土地国有。土地是不能增加的，而生齿日繁，土地私有则难于供给。他人见吾党持社会主义，群相惊讶，不知吾人于建国之初，不先固根基则难以立国。故吾党员极宜注意此点，宏其党风。而欲宏党风，须有包含一切之宏量。他党之攻吾也，虽含种种疾忌而不好之点，吾人亦当引以为戒，认彼反对者为好友，不必反报，含养大度，培植党德，成一个最大政党，于攻击风潮中特立不移，以一特别党风造成一种党德。故吾党从前纯带一种破坏性质，以后当纯带一种建设性质。欲言建设，当得人才；欲得人才，当兴教育。故本党能从教育一方面着手是绝好方法，先在上海立一宏大学校，教育本会会员，养成法政人才，然后各地再依次增设，渐渐忍耐进行，则本党人才自裕。至现在言论机关，与我为不正之反对者可不理会。唯本党自当多设言论机关，发挥本党政见。二者之外，其最要者为设调查专部。如不加调查，则一切事情不得明了，而万物纷如乱丝。调查部之性质，是国家大事均归调查，而各地分部可任调查之责。然欲调查之完美，必先养成调查之人才。故本党宜集中学以上意志坚卓之人才，换以简单之学科，使分赴各地而得其真相，然后本党对此确切之布告，则始不致谬误。今日政治中心虽在北京，而实在长江流域。故本机关部之责甚重，即可于上海办起。所得各地报告，然后报告本部，而复合本党政治上人才，研究本会政见，确定进行，布告各支部，使外间知本党政见之所在，或选善于口辩之人，分赴各地演说本党政见。然而此种种措施，须有绝强之财力。今本党基金尚无确数，故本党一切应行之事，尚未能着手。……

# 在北京国民捐会欢迎会上的演讲

1912 年 9 月 21 日

兄弟前留守南京时，曾通电全国发起国民捐，竟有政党之反对。然就余所至之地仔细体察，一般国民实无一不赞成者。试问何以应有国民捐？请约略言之。盖造成共和所费太巨，概取诸民，又嫌其苛。现在政府概用外债，余非谓外债之必不可用也，然据要求条件观之，已足亡国而有余。吾国成于革命，而亡于外债可乎？我国革命甚速，唯其速也，即有多数人不识共和本旨。有谓化除南北意见为共和者，有谓南北休战为共和者，有谓自由行动、随便做事、毫无范围即为共和者，此皆极端的错误，无国家思想而致也。兄弟之发起国民捐，在使人人脑筋中受刺激，而有国家思想，且必稍持强迫性质。前查革命时代，何省不耗财？何地不耗财？耗费虽多，秋毫不犯，为国也，非敛钱也。在昔洪、杨改革时代，曾国藩创办厘金，系纯然敛钱方法，甚有以漏厘而杀人者，其勒索剥削，至今尚未尽净。

何言乎国民捐为发起人爱国思想？盖一国犹广厦，以全国合资造成此厦，使知此厦为国民造成，其爱国之心不难激发。前各省有反对此捐，仅系少数无识者，而一般爱国国民对于此捐之有责任心，与兄弟所见略同。何言乎国民捐必稍带强迫性质？自光复后，中国人之在汇丰银行之存款，香港约七千余万之多，上海约八千余万之多，天津约一万万之多。此外尚有交通不便之处，其存钱于他处者，又不知凡几。若以数百元家资者，取银数毛，千元家资者，取银一元，由是言之，虽近于强迫，而实非强迫也。即湖南筹饷局一事，创时未久，其收入已有六七百万之多。昔普法战争赔款甚巨，此项经费，亦系由国民输将者。现在诸君若能慨然捐款，是兄弟最希望的。若当此时再不设法挽救，恐将来有钱无处可用。今何时也？我政府专借外债，以消耗于无形，而不谋生产事业，殊甚非计。国民捐一事，固望诸君合力进行，尤望政府毅然赞助，庶国计民生两有裨益。

# 在湖南军警界欢迎会上的演说

1912 年 11 月 4 日

今天我们最有荣誉之军警开欢迎会，兄弟非常荣幸，非常感激。民国成立，数千年专制一旦推翻，皆赖我军警同胞之力。记得去年武昌起义，独湖南首先响应，军警两界之功不少。此光复史中最可荣幸之事。不但为我全国国民所知，兄弟去年在汉阳时，美国领事曾送报给我看，载湖南反正情形甚详，并拍电告知本国，极言湖南反正之文明。所以兄弟说，不但为我国国民所知，即为外人亦很崇拜。

现民国虽立，保护之责全在军人。军人之主义在对外，其天职在为国防。须思陆军如何而后能使国力发达，不受外人欺侮，是全在军界之能不负其天职耳。至警界，以保护内地治安为天职，尤为切要，不比前清军警，全是防汉。现在军民分治，尚非最要。因光复后秩序未复，警察之力未充，有时犹不得不借助军队。故军警两机关须能同时发达。苟警界能与军队同一进步，即分治亦甚易事。此全在自己能认定职务，为学问上之研究而已。

又民国初建，各省未能统一，兵数之多，不下百万。至统一后，大家知国中财政支绌，所以愿退伍者甚多。此时我南方秩序业已恢复，湘中军士有功不居，全数退伍，此其爱国心热，不但湖南同胞钦佩，即于全国亦极有影响，真是为军界模范。

至以后建设军队，亦不必求急效，须筹稳健的建设，渐渐加多。盖大陆之国，当以军队为主体。俄国有常备兵一百二十余万，德、法六十余万，日本二十余万，与俄交战时不过十余万。然是时，俄兵几如清之绿营，日本则皆系征兵，素以武士道为大和魂，其国民一入军籍，如以生命卖与国家，故能制胜。

民国以后征兵，常备约需百余万，或三年退伍，或二年，尚不能定。假如二年一退伍，十年当得四五百万，而国力不可限量矣。我国土地、人民、物产皆极丰富，非军队不可保。故军人责任最大，大家要能负责。又军人精神、脑力比人尤强，此精神、脑力再加学问，则军人之天职可完全无缺。兄弟在南京陆军部及留守任时，最提倡青年军士求学。学成则无论何事可办。以军事学而论，此次战争尚无甚进步，将来必言学问方可制胜。譬如前此仅有轮船，此时已有空中飞艇，将来必有空中战争之一日。故军人不是穿军服，戴军帽，挂指挥刀就了，尤宜以研究军事学为保障民国要着。

观今天军警两界，精神充足，且皆青年。有此资格，研求学问，为国保障，发挥湖南人特性，使留一光荣历史。兄弟希望无量。

至此次退伍同胞，大家要仰体谭都督德意，尽维持责任。退伍办清后，将来必从征兵制办起，方能完全。

警界宜求高等教育，负地方法律上及人民卫生上责任极大，宜于军事学特别研究。盖警界必知法律，人民生命财产方有所托。湘中光复后，秩序全仗警察维持，尤望力求进步，使成一法治国家。

兄弟在革命前很与两界亲切。至革命时，汉阳大失败，湘中子弟甚多，兄弟因没学问，不能担负，抱歉良深。故尤望军警同胞求学，以维持民国。区区微忱，尚希鉴察。

# 在湖南政界欢迎会上的演讲

1912 年 11 月 5 日

今日辱承诸君欢迎，不胜感谢。鄙人奔走革命，十载于兹，艰险备尝，于政治未遑研究，但愿以在海外所见所闻及所怀抱者，与诸君一研究之。

夫共和政治求达于完全，其进行方法甚多，但吾人夙所主张者则民生政策，即国家社会政策是也。鄙人在本党开会时曾畅言之。大凡政治革命告成，而后社会革命在所难免。采用此策，自可永享清平幸福。欧美各邦治国大政，每为大资本家所左右，如美国脱辣斯之专横，社会不平，孰大于是？革命风潮随之而起。吾人谋国，必为百年长久之计。我国近虽无此现象，要当预为之防。以我国之地大物博，若能采取地价增差税，富强自可立至。况国家社会主义，为立国 20 世纪者所莫能外。德之实行此策，英之于殖民地注意及此，其明征也。生当今世，侵略主义难望和平，须求大同主义，与列强盟好，然后可以图存，亦大势之无可如何者。不宁唯是，人民贫富不甚悬殊，国家财力日渐充足，普及教育可得言矣。夫欲谋国家之发展，莫先于教育，自宜竭全力运筹，而以国家资财充其经费。查儿童自数岁入幼稚园即离家庭，而教养于保姆。一方面使子侄繁多者不感教育费之痛苦，可以经营他事，一方面养成人民独立合群之性质，法至善也。

学以专而精，以久而成，增长年限亦其要点，如日本强迫教育之改四年为六年，其明征也。国际竞争最后解决于武力，中学而上，令学兵学二年，俾军事教育普及全国，则不待养兵而全国皆兵矣。总之，教育为当今之急务，无论公私，在所必设。诸君各有子弟，各须衣食，若以衣食之费输之公家，使之代吾教养成独立合群性质，利莫大焉。吾湘教育素称完备，扩而充之，是所望于诸君。

外此交通实业，亦宜急谋进行。查湖南铁路仅成百里，现有谭督办主持，全路告成，谅亦不远。唯支线如常辰、衡永等路，均宜同时并举。其经费则宜以从前房租、米捐等股充之。至湖南矿产素号繁富，平江金矿、常宁锑矿，其尤著者。特货弃于开采者资本有限，未获胜利耳。现锑矿州咸为德商所垄断，公私俱受其害，自宜厚集商本，合力进行，以收后效。至工业不发达之故，多由湘人性喜从军，不屑为此。退伍以后回里者，多谋生无术，甚为可虑。宜设立大工场，强游民入场学习技艺三年，而后即可自营生业，而工业发达矣。以言商业，湘本山国，视闽、粤诸省之出洋经商，每年收入税数十万者，诚有愧色。然他日铁路告成，握各省交通枢纽，商务繁兴，可操左券。唯拆毁城垣，改良街道，辟北门为新埠，不容缓耳。又商业与工业相表里，宜于南门外迁去义冢，建造工场。而修天桥联水陆洲、岳麓山以为市场。则长沙驾港、沪而上之，亦意中事。以云农林，湖南产米甲东南，所谓湖南丰，天下足也。近因洞庭淤塞，水患频闻，为积极之说者，谓宜多发帑藏，广募夫役以疏浚之。不知现在财政困难，力万不逮，不若于受水害最甚之处，易稻以麦，新生之淤，不准再耕。且择水道淤塞太甚者，少为疏浚，以通水路便舟行，或易为力。至于林业，辰州一带，尚有可观，外此则童山汇口。今宜于沿湘两岸，择选土宜，广为种植，俾山林日有起色，而水患可少减矣。以上数端，鄙人对于湖南所极愿进行者。唯离湘日久，情形类多隔膜，愿诸君有以教之。

# 在湖南农工商界欢迎会上的演说

1912年11月10日

今承农工商界开会欢迎，非常感谢。顷龙先生言及农工商一节，兄弟此项学识极为短浅，但只将所见闻及理想所及与大家商榷焉。

现今在地球上能以农工商立国者极多，其于三者能完全发达，握世界霸权者，厥惟德国。德之农工最盛，商业亦不可谓不强，实占地球上第一位。因德国境土与我国云南相同，其农业昌盛已数百年，工业一项则各国制造均以之为依归，各国工学均以之为宗主。故其在欧洲不须求助他国，可与列强相抗，唯其农工业之强，故陆军能握全胜，即海军亦有一日千里之势，堪与英国平等。盖军事上之发达，全以农工为根本也。

美为后起之国，提倡农业最力，工业亦盛，数十年来进步甚大，故其国民经济在欧洲各国之上，地球上之最富者莫若美也。至共农工业之所以盛者，则以一切皆采用最新之法。荒僻之未开者，皆一一开垦，故为利甚溥。至如农业之发达不及工业，而商业则遍于东西日所出入处者莫如英。就中国观之，无处不有英人，即其一证。英之本部仅为三岛，其农业既为地所限，乃遂并力工商，故其发达无与伦比。

日本维新不过数十年，农业颇发达，工商亦有平等之进步，其货物输出于中、美者极多，在中国几无处不有。

合世界大势以观，中国农工商业几悉被人夺其利。先言农业，向来米可出口，近年安南有法人经营，暹罗、缅甸有英人经营，而我国米失其利。茶为出口大宗，自英人经营印度，注力茶业，日本亦极力改良，而我国茶业失其利。丝棉以中国产为最，现亦为英、日夺其利。中国本以农立国，有最大之出口货，今则一切失败。此由只知守旧，不知用新法之弊也。至工业一项更无可言。矿则窖藏地中不能开采。以言手工，不但不能出口，即本国尚须销用外货。故谓无工业之可言也。至于商业，非有农工，从何运输？即谓闽粤经商不乏亿中，然其在南洋各岛，不过经纪贩卖。因外人每购中国原料以供制造，制成后转以售之。中国闽粤人即居经纪者，以故徒手致富甚多。此在二十年前尚可站脚，近十年来无此机会。外人在内地设大工厂，就地制造，直接购买，故经纪失其利。由此以观，兄弟敢说中国人并无商学，无所谓商。此莫大哀痛之事。

但以中国国土之大，人民之众，农为旧日所固有，工亦不患人力之缺乏。徒有材料，任其弃置。以偌大的土地、偌多的人民及原品，何患不发达起来。民国政治上已经革命，将来农业商界亦必大大的革命方好。夫农业在能尽地力，盖地力可以无限。如有田一方，平时能收获二三石者，采用新法，加以肥料，未始不能收五六石。如患水者，可改良种植，使水不成灾，或用引水机吸水。种种新法，其利无穷。吾师徐先生者，江苏无锡人，为最先研究格致学家徐建仁先生之子，世其家学，能创新意。先是无锡年产米二三十万，徐以为种植尚未尽良，因更选佳种。全县仿行之，不十年产米数倍。又将稻田种桑，无锡蚕业，遂岁值数百万，昔之贫户多以致富。计至今不三十年，得此成效，此皆由能尽地力改良种植之故。全国苟能如此推广，其利即无量矣。

再言工业。工业中以矿为最大，如五金之属皆可制物，由采出至制成皆属工业上事。现洋货来华不离金属。苟能将矿业开采，即工业数倍美洲亦可。农以生之，工以成之，商以通之。农工发达，则商业亦自然发达矣。至于使农工商能发达之道，厥在于学。农有农学，工有工学，商有商学。苟能注意，富强可立俟也。

湖南土地膏腴，农业极盛，矿产甲于全国，工值极为低廉。以湖南之资，从农工商上努力进行，自不难为民国模范。至其责任，非他人属，今日在座诸君要将农工商各学问从根本上讲究，则此后不可限量矣。兄弟所希望于各位者如此。

# 在湖南商务总会欢迎会上的演说

1912 年 11 月 13 日

今日承商会欢迎，实深感谢。

此次民国成立虽借武力，其实商界之功不少。兄弟归湘以来，闻商界同胞对于光复湖南非常尽力。不仅光复后认筹巨款，且光复前商界诸君如李君达璋、文君经纬等，皆曾秘密开会，与闻光复事，此诚我湖南商界之光荣史。但兄弟对于商界将来希望尤大。兹就前途略为商榷之。

现我国不得谓有商业，此因农工不发达之故，而在湘为尤甚。别省人尚能旅居各省经商，唯湘人保守性重，足迹不出湖南。而商业因以不发达。然湘本农国，又富矿山，地位最居重要。将来商业上不得不有绝大之希望。但欲谋商业之发达，当务其大者远者。兄弟意见，以为商务总会须将各资本家合并拢来经营实业。盖资本分散，不能大举，进步上恒呈阻碍。外人挟其雄厚之资，合力经营，独登垄断，以攘我利。我们即须自己团结组织公司，以图抵制。如湘中各属茶业，辰、沅木业，皆可集大公司经营者也。又现今输入之品，棉纱最占重要，湖南销行甚多，急宜设立公司纺造。湘中为产棉之地，能合资经营，不难抵制外货。

再银行一项。关于币制，币制不改良，银行不能发达。今政府已有改良之议矣。前此之钱业，即有资本一二百万者，亦归失败。此又须集资为大银行，湘、汉、沪各处皆可分立汇兑，必易发达。否则小钱业林立，资本不敷，无不归于失败。虽然此尚属将来事也，至现在市面恐慌，纸币充塞，现金不流通，沪、汉银价日见增高。湘中储金不多，纸币无限，适足惹起恐慌，又须沪、汉汇兑，所以吃亏。此非实行整理，由商会将现金收集，及设法取缔纸币不可。取缔之法，宜先调查多少，其现金相当者准其发行，否则筹资收回。此救济市面恐慌，商会应负完全责任者也。至增加现金之法，政府宜多铸铜角小银毫，以资流通，将来中央必用金本位，湘政府亦可用此法将银本位改定。如银一元值铜角百，一毫值十，不分高下，亦商界极便利之一事。虽于补水不无小亏，然如能行之湖南，行之各省，行之全国，则币制可齐一矣。此币制改良之本，甚望商会诸君有以整理之也。

又市场一项，须谋发达。湘为将来极交通地，若如现在则街道极狭，几至人不能来，门不得入，此应将市街改良。改良之法莫如从北门外地皮购置房屋，修筑马路，或将重要机关及剧园、茶馆渐渐移去，城中即将渐渐冷淡。或现在即将城壁拆去，以便改良商场，此亦要事。此后民国成立，一切须有民国气象，否则多此一番改革，不过政治上变动一番，于社会毫无影响。所以市街改良，甚望商会诸君担负责任。此第一事业也。

兄弟离乡甚久，于现今湘中情形多不熟悉，仍望各位指教。

# 在美洲中国国民党支部召开“二次革命”纪念大会上的演讲

1914 年 7 月 15 日

今日美洲国民党支部开“二次革命”纪念大会，兄弟适漫游至此，得与男女诸同胞相见，荣幸何似！唯“二次革命”，鄙人身列其间，故今日愿将此事始末布告于诸君之前。唯诸君垂听焉。

今日之会，一所以纪念“二次革命”之先烈，二所以纪念“二次革命”之失败，三所以祝“三次革命”之成功。然而自“二次革命”失败以来，袁世凯目国民党为“乱党”矣，无智附和之者，亦目为乱党矣。今欲有所论述，不能不先从此点说破。

犹忆亡清时代广东辛亥三月二十九之役，黄花岗烈士七十余人，当未反正之初，清政府何尝不以“乱党”目之，乃反正而后，各界开纪念会、开追悼会，有口皆碑，咸目为烈士者何也？黄花岗七十余烈士，为人民谋幸福，反对清政府而死难，清政府故目之为“乱党”。今“二次革命”诸先烈，为人民争共和，反对袁政府，亦与黄花岗诸烈士同一心理，故袁政府亦不得不目之为“乱党”。夫以为人民谋幸福、争共和之英雄豪杰，竟为人诬为“乱党”，吾恐先烈九泉有知，不能瞑目矣。至于袁氏破坏民国之罪，罄竹难书，若将其颠末一一说出，虽尽一日之长，犹不能说尽。然不略举以相告，恐诸君不知也。

然吾今欲举袁氏罪恶，又不能不先举一要点以相告。此要点为何？即国民党之主张是也。国民党之主张为何？盖以人道主义自持者也，以建设完全政府为责任者也。当第一次革命初起之时，扬子江以南尽属革党势力，固不待言，即黄河以北，除河南、直隶两省势力略薄外，是全国已入于革党势力范围矣。而当时何以不直抵北京，作黄龙之痛饮？只以袁氏当时戴假面具赞成共和，吾人以革命之目的已达，加以吾党以人道自持，不忍再动干戈，至人民涂炭，故让总统于袁氏耳。然则吾人非为私图，久已表明于天下。今在座诸君，有国民党人，有未为国民党人而表同情于国民党者，有或未表同情于本党者。本党无论矣，敢问表同情于本党诸君，请问诸君良心，以“乱党”目国民党人，则诸君实自居于何等？

夫本党以国家为前提，而袁氏亦曰以国家为前提，其真伪善恶，似难别白，然其手段、其主张实与吾党不同。但此点恐在座诸君尚有所惑，请略为解释可乎？诸君乎！我至亲至爱之诸君乎！试将南京政府吾党执政时各省所行政策，与今日袁党执政时各省所行政策一比例之，亦可明白，无须兄弟之喋喋。唯袁氏罪恶甚多，而其最甚者，可分作五类说之：一、弃灭人道；二、违背约法；三、破坏军纪；四、混乱财政；五、扰乱地方。

何谓人道？其最显浅者，譬有小孩子于此，人人对之，无不爱重之、保护之，而不凭其有危险，此即人道之见端也。然即此心理扩而充之，无论何时何地，当以待小孩子者待全国之人，其量乃广。再而充之，不独视一国如是，即视世界一般人类，下而及之一草一木，凡有生机者，亦当如是。此种心理，在座诸君人人所同具，设有残害小孩子，欺压小孩子，人人见之，皆谓之为弃灭人道，当为人所共弃也。今袁世凯最无人道，与匹夫匹妇置小孩子于最危险地位无异，而人反有恭颂之者，真可异矣。

夫袁氏弃灭人道之实据至多，今略举之。其一则残杀张振武、方维是也。此二人者，有功于第一次革命，袁氏诱之入京，假为宴会，即被逮捕，不待法庭审讯，仅借口于黎元洪电告，即加以“反叛民国”之罪名，星夜枪毙。此袁氏弃灭人道者一也。其二，不以明杀，而用暗杀。如广西都督沈秉堃，袁氏以其每不满意于彼，于是饵以内阁总理，诱至北京，密令私人于宴饮场中，置毒杀之。此袁氏弃灭人道者二也。其三，毒杀林述庆也。林为国民党老同志，首次革命至为有功。袁氏以其不满意于己，诱之入京，亦于宴饮中毒杀之。此袁氏弃灭人道者三也。

尤有甚者，去年党狱繁兴时代，民党人居留北京者，袁氏多方诛戮，乃尤以为未足，有一夕而暗杀数人，尸首不知所在者。是其对待民党手段，尤为令人难测。然袁氏尚以为不足以大伤民党之元气也，而购凶暗杀宋教仁之事又起矣。宋君主张政党内阁，当时与袁氏所主张者不同。袁氏去宋之谋益急，于是运用其金钱、其勋位，示意赵秉钧，先由赵指使洪述祖贿通应夔丞，由应夔丞转购武士英。当暗杀宋君时，兄弟在车站与宋君并肩而行，而凶徒突向宋君轰击，凶星骤至，凶手在逃。后用敏捷手腕，始将应夔丞、武士英拿获。而袁氏以此案发生时，恐事机不密，终至败露，即设计将应、武诸人，陆续置之死地，为灭口之计。唯赵秉钧一人尚知底细，赵不死终恐破案，故卒又置赵于死地而后已。其明杀暗杀之手段如此，亦可见袁氏之弃灭人道，无所不用其极也。

何谓违背约法？约法者，于宪法未成立之前，人人所当共同遵守者也。乃袁氏自攫得总统以来，假共和之名，行专制之实，其种种违法，不胜枚举。而其荦荦最著者，莫如制造勋位一事。盖共和国家，人民平等，由总统而官吏，均为人民公仆。只言职守，无所用勋位也。而袁氏为笼络人心计，为黄袍加身之预备，独有此天开之异想。此其违背约法者一。

次则私行设官。夫民国官职原有定额，而袁氏志在收服人心，位置私人，遂任意开辟宦途，别立名称。如总统府中，除顾问三千余员外，其他若各处之宣慰使、镇守使、镇抚使等等名目，不一而足。无论为君主为民主，皆中外各国所无，而袁氏独为之。此其违约法者二。

次则星夜借债。自宋案发生以后，以政府首善之地，为购凶暗杀之场。其时公愤在人，汹涌莫压，袁氏自知与民党有不两立之势，于是不俟议院通过，即星夜签押，与五国银团径借二千五百万镑，为对待民党之准备。当时国民党人张继、林森诸君以袁氏违法，不经两院通过，亲往银行阻止，而卒为袁氏势力所压制，志不得行。此为违背约法者三。

何谓破坏军纪？夫各国军队，所以保护人民，抗拒敌国，为对外计，非所以对内而杀戮国民也。而袁政府大谬不然者，当南京政府成立之后，南北议和，民党为人道计，冀免生民涂炭，举总统而让之袁氏。唯当时所要求于袁氏者，以迁都南京一事，最为要着。民党之意，实欲脱离满清关系，建立真正共和。讵袁氏为一己私人计，意以己之得力军队，遍布北方，若一旦脱离南下，势难稳固，无以遂其盘踞之志。故借部下军队以压制国民，指使彼辈在北京、天津一带，忽起变动，奸淫抢掠；复唆使心腹播散谣言，造成一种袁若南下难制军队之舆论，俾袁得所借口，其破坏军纪为何如耶？

然袁氏之破坏军纪，犹不止此。首次革命之后，南方各省民军虽陆续解散，然所留之劲旅尚多，且皆愤袁之专制，多有怀革命思想者。而各军又皆知守法，无由嫁祸，乃袁竟择其中一二不肖之军官，如暗令余鹤松运动江西、刘茂贞运动南京、黄和顺运动广东，务使军队自行变动，乃可施以解散，补以北兵。此其破坏军纪之尤者。至拱卫军前呼后拥，额逾数万，而均毫无军纪，等于袁家之仆役，以视孙中山总统南京时，卫兵不过数十，相去为何如耶？

混乱财政。财政者，国家之命脉也。国家保护人民，而后人民纳税于国家。故国家财政，即为一般人民之血汗，必有预算、决算以整理之，日求国家财政之丰裕，人民负担之减轻。若袁之于国家财政则不然，其对于交通银行，此为其黑幕最大者。盖交通部中铁路等类之款项，为交通起见，出入颇为利便，而袁则借之以滥发钞票至一亿之多。尤复大借外债，以为购买军队、贿买议员、笼络报馆，预为攫夺总统之需，几致全国财政支绌，而陷于破产地位。试问袁氏借此巨款，他日袁氏负清还之责，抑吾民共担此责任乎？愿诸君其一思之。虽然，国家贫乏，非不主张借款，苟借之以供开矿等等利民福国事业则可，借之以供私人之用则不可，其间最宜分别者耳。

扰害地方。袁世凯之在今日，人有谓之为大总统者，在吾人视之，实一大贼头耳。盖袁氏果为总统，则宜如何保护地方，使吾民日臻安乐。乃袁氏莅任将三年，盗贼之劫掠也如何？军队之骚扰也又如何？是谁之咎欤？今阅各报，白狼之行踪，忽然而陕西，忽然而山东，所过之地，多被搅扰，是为吾民之大贼者，似不能不目白狼矣。不知为白狼之大贼头者，更有一袁世凯也。白狼河南人，与袁氏同乡，不过巡防营之哨官耳。袁氏因欲杀黎元洪之势力，因而沟通白狼，使之摇动湖北军队。同时更有九龙匪遍于长江一带，只为朱瑞、程德全等军所击散，故不成功。此外更有一共进会，即袁氏密令应夔丞等所组织，以扰乱南方各省之军队也。然亦旋举而旋仆，今所存者仅白狼一股耳。初时白狼本听袁氏指挥，彼因袁、黎已两相邀好，白狼已无用着之处，遂日疏白狼，白亦渐渐不听节制。迨后河南都督张镇芳召降白之部下头目数十人，不旋踵即置之死地，于是白狼大愤，持复仇主义，至有今日。若是，则袁氏以总统资格，而勾引土匪以贻害地方，其居心尚堪问耶?

袁氏有此种种罪恶，倘吾民犹不知起而反抗之，直可谓坐以待亡者耳。苟不欲亡国，则未有不群起而攻之者也。此所以素持和平主义之国民党，首先发难，而有此“二次革命”之举。然此不得已之战争，实袁氏迫成之耳。何以言之？当袁氏派兵到江西九江时，其军队故意愈迫愈近，如临大敌，大有攫击林虎所带军队之概。故，七月十二日，两军互击，即为“二次革命”之先声。兄弟此时知事已决裂，即到南京，被举为讨袁总司令。唯当时南京已非完全民党势力，仅江西、湖南、广东、安徽四省势力尚在耳。而广东又有江孔殷、梁士诒等走狗用金钱买通军队，亦不尽可靠。唯时尚在战争中，军事不容稍缓。然上海为南京咽喉，时陈其美力任攻沪制造局之责，死战而不得下，不得上海，则南京实不易为力。无何，湖口失败之消息又到，迫得在南京先开一军事会议，拟调南京健旅往援江西，而各军官多不主张，盖亦有故。因军人等已在疲倦之下，不宜再劳师于江西，故渐将军队退出，然后分兵或入广东，或过江西，以期互相响应。此南京不守，所以致此次失败之由也。且其时知大势已去，不宜再为负隅之计，以徒劳兵事，而致引起国民无穷之恶感，反不如留后来之地步，以做第三次革命工夫。此国民党之所以光明磊落，虽至失败，亦可以对国人者此也。

今日为第二次革命纪念会，兄弟经把“二次革命”之原因及其失败情形，略为诸君述之。至后日袁氏如何作恶，实在不能预测。唯诸君奋起精神，驱此妖魔。此非国民党一部分之事，实为全国人民应为之事也。诸君共勉之。

# 在旧金山民国公会宴会上的演讲

1914 年 7 月 16—22 日间

兄弟今日承洪门手足过爱，宠以盛会，兄弟自觉无限感谢。但兄弟以为今日能与洪门手足相叙一堂，是乃现今大总统袁世凯所赐。因袁不破坏民国，则兄弟恐无今日之机会，得与诸君把晤。唯通常人士，颇多只知袁世凯破坏民国，而于其奸险狡诈之实状，恐或未甚了了。兄弟今得此良好机会，敢述其种种阴险，如何欺骗革命党，如何欺骗国民，如何欺骗世界各国，为我洪门手足告，俾知所对待，想亦诸君所乐闻也。

袁世凯是何如人？前清之督抚也。其在前清戊戌年间，尝施其阴谋，欺骗保皇党首领康有为氏，至令康氏党人骈首菜市者六人。然因此袁遂得清西太后之宠眷，扶摇直上，官阶日隆。

然袁又不独对于朋友专以阴谋而取其利，即对于其至亲如母如弟，亦为其母其弟之所鄙弃也。其母程氏，名门淑德，读诗书，明大义。世凯少时，顾盼自喜，睥睨兄弟，又好赌博，结无赖，为乡党父老所不齿。壮成欲入仕，母制止之，盖知子莫若母也。其后卒为官吏，母犹谆谆告诫，勉以诚实做人，而责以忠君报国。而袁世凯之所为，乃无一不与帷训相反。其弟世彤，以其不遵母教，而欺君罔大，篡弑之迹，日益彰著，遂致书谏之。世凯不恤，世彤遂与之断绝往来。是其奸险狡诈，即一门之亲，亦不能相处矣。

袁虽得西太后宠眷，但仍恐一旦为人所疏，则不特禄位莫保，恐以自己如此行为，难保不有受上刑之一日。于是，袁又出其阴谋，贿通清宫宦者，日在太后面前揄扬袁氏之才，使太后无日不有“袁世凯”三字从耳朵经过。且使其深信，袁确有才干，而后宠乃不衰。盖清室制度，宦者不下数千人，其职位虽至卑贱，但日与君上相处，其权力至巨。世凯深知此中三昧，遂出其金钱，使三千余之宦官皆为其所用，其阴险有如此者。

袁一面邀好于西太后，而当时宠眷足与世凯相颉颃甚或驾乎其上者，尚有一人在，岑春煊是也。岑春煊者，前清督抚中之颇有才而亦有气节之士也。其宠眷既与袁世凯颉颃，而意见又与袁世凯龃龉，故袁之嫉之也如眼中钉、背中刺，不去不安。但岑既为西太后所宠眷，则以袁之权力，去岑亦非易事。于是，袁又出其阴谋，以离间岑于西太后。盖袁素知西后痛心疾首于康有为、梁启超辈，即暗中遣其私人，搜得康、梁之照片，使照相匠将岑之照片，拍于康、梁之照片上，成为三人合照之片。片成，阴令西太后最亲信之宦者，托为在外间拾得之物，转呈西后。西后不察，一见康、梁、岑同照一片，即疑岑二心于己，怒气上冲，遂日疏岑。岑之政权，且不旋踵而被夺矣。

袁之害岑也，其阴谋已遂，而袁之权力，亦愈伸张。但当时仍有足以制袁者，则庆亲王是也。盖庆亲王人虽庸懦，然为清室老臣，当国至久，西太后亦宠眷逾恒。苟庆、袁不能联络，则袁之野心终不能逞。于是，袁又出其阴谋，利用庆王之酷爱黄白，即投其所好，间接直接使庆王之财路日觉发达，而庆王遂又入其彀中，一任袁世凯之舞弄，如傀儡然。袁之权力，遂一时无两矣。

当此时也，袁得西太后之宠眷，而庆王又受其笼络，朝政全在其掌中，尚何所求？然而，西后以风烛之年，宁有长生之术？一旦崩逝，则平昔最痛恨世凯之光绪帝，讵肯宽容世凯而不问其罪状乎？此则世凯所为日夕不安而不可语人之绝大事体者也。盖光绪之痛恨世凯，以世凯用种种阴谋离间其母子。如戊戌一案，竟至帝以尊贵之身，等于幽囚。深恐帝以少壮之年，尚有执政之日，则自身之危险，实在不可思议，遂乘皇帝之抱病，密向西后要求废帝，别立他人。时后虽与帝不睦，但此事关于国家至巨，且国际上亦有关碍，深恐轻举妄动，反为不美，故未加可否。袁知后意不从，愈生惶恐，遂又出其阴谋，贿赂其平昔最亲信之宦者，密将光绪毒死。然光绪虽死，西后究有母子之关系，至为痛悼。且默念袁之狠毒，亦万不意其至是，故当时颇有厌恶袁世凯之意。宫中宦者为袁世凯之心腹者甚多，窥知后意，密告世凯，世凯大怒，计无所出。然其狠心毒手，又跃跃动矣。于是更用重金，贿买西后之近身宦官，暗将西后毒死。故其时帝、后先后崩逝，事至离奇，外间虽略有所闻，然以事无证据，亦付之无可如何而已（当时保皇党纷纷电请杀袁世凯以谢天下）。

帝、后既死，宣统继立，载沣摄政。在其时世凯自以为亦莫予毒矣，讵知摄政载沣人虽庸愚，唯天性尚厚，深知其兄光绪帝之死，为袁氏所下毒，故日谋为兄复仇。然尚未发电，消息已为人泄出。袁氏闻知，其惶恐至难言状，迫得哀求驻京各公使为之缓颊。载沣以碍于各公使颜面，亦未尝明正典刑。袁氏经此而后，深知地位危险，三十六计，走为上计，遂具折托为足疾，借彰德为藏身处矣。

然袁氏当未辞职之先，其篡弑之心，尚欲一试也。是时兄弟寄留南京，有直隶总督杨士骧代表人来会，据称宫保此时地位颇觉危险，甚愿与革命党联合，把清室推翻，复我故国。兄弟当时曾答以袁君有此思想，诚为吾辈革命党人所赞同。但吾辈革命党人，原有一定之主张（其主张维何？即推翻满室后，施行共和民主政治，不再立君主于国内是也）。然代表人去后，终不见袁氏有些须举动。未几袁即辞职回籍，以意测之，或者因有为难之处，故不能动也。

袁氏既回河南原籍，在常人观之，多以为袁氏从此逍遥于山水间，了此余生矣。岂知袁之野心，固未尝一日息也。其回籍后，畜养死士至三四千人，广置田宅，即婢仆亦六七百人。彼其意以为今日虽被削政权，唯终有达其目的之一日，故招集无赖，预为他日之用。此亦其阴谋之一种也。然袁氏前此阴谋，虽屡施不一，唯向未施及于我革命党者。后此所述，则皆彼对于革命党之阴谋者也。

霹雳一声，武汉起义，声势之大，动地惊天。其时清廷帝后，寡识无能，羌不知措，彷徨无计。老臣庆王乃献议谓：非召袁世凯出山，不足以支持危局。彼载沣者，与袁氏虽不合，但当时因民军势大，存亡所关，遂允庆王之议。然袁氏被召，且却且前，最后提出要求条件，略谓：一、须授予军务全权；一、须授予财政全权；一、须授予开战议和全权；一、须授予用人全权。此等条件，袁氏之跋扈，真为千古所罕有。然清室帝、后迫于危亡，竟亦一一应允。而袁氏遂摇旗擂鼓，出而与民军抵抗矣。

民军当时之势力，不独长江以南各省已悉入于其手，黄河以北，如陕西、山西、甘肃、山东、东三省各处亦相继独立，所余者不过河南、直隶而已。且民气之盛，蓬蓬勃勃，莫可向迩。袁氏默察世势，知不可以取胜，于是又出其阴谋，以和议来相聒矣。当时南京政府，即为民军之首领，自思念民军之起义，无非欲推倒清室，今袁氏求和，声令清帝退位，是政权已归于我汉人之手，同心协力，建一真正共和的国家，事非大难，尚何所求而不成和，至我汉人互相残杀？此因其时袁氏之部下，亦皆汉人也。南京政府既本人道之观念，许其议和，则袁氏应守双方停战之约，磋商条件。顾袁氏一生行事，无所不用其阴谋，即无所不失其信用，竟一面与民军议和，一面将山、陕民军多方侵犯。南京政府闻报，函电诘问，至再至三，虽世凯答复，托为兵士不听节制之过，然实袁氏远交近攻之手段，可断言也。此为袁氏欺骗革命军之初步也。

迨和议已成，南北统一，双方所尚未妥惬者，只有建都地点之一大问题。盖在袁氏方面，则坚持仍以北京为首都；而在民军方面，则坚持应以南京为首都。后经临时参议院议决，主张南京。参议院解决此问题后，同日开临时大总统选举会，袁世凯当选为临时大总统，临时政府遂派遣专使蔡元培、汪精卫等欢迎袁来南京就职。世凯自知此事已为议院通过，殊无拒绝之理由。但无论如何，世凯有死不南下之意。此因彼辈久视北京为藏身窟穴，一旦他徙，则如蛇鼠之离巢，失其所恃。世凯存此一点隐衷，于是又施其阴谋，暗令北京兵队变乱，放火焚东安门外及前门外一带，火光烛天，土匪乘之，抢掠达旦，商民被害者数千家。蔡等所居之室，乱兵亦持枪而入，蔡等皆越墙而逃，始免于难。翌日，天津、保定之军队亦尤而效之。其残破之情状，较南方曾经战争之都会为甚。自是，袁世凯遂借口于北方军士之不服，外人生命财产寄在北京者不少，势难南下就职。蔡等无奈，后遂允许世凯在北京就职。而世凯欺骗革命党之阴谋，又进一步矣。

南北统一之政府成立，袁氏手握大柄，其专制之迹象虽随处流露，早为明眼人所窥破，但其时南方民军，虽经陆续遣散，势力仍异常坚厚。袁氏自知野心必有时而大露，革命军手造共和，宁肯坐视？一旦声罪致讨，何以抵敌？遂又出其阴谋，联络土匪，扰乱南方各省军队，俾可以派兵南下，厚其势力。至其联络土匪之事实，则今日横行数省之白狼，即其一也。

白狼，河南人，巡防营之哨官也。平日与地方之匪类，素有邀好，势力颇大。时袁氏与黎元洪尚未契合，于是暗令其表弟张镇芳以河南都督之名义，密授白狼以扰害湖北军队之机宜。白狼迷于利禄，慨然任之。自此黎元洪所辖之湖北地面，遂无宁日，人民困苦，无可言状。袁氏借口，而北兵于是入鄂境矣。同时暗派方某召集九龙匪应夔丞组织共进会，以扰乱大江以南各省。当时浙江都督朱瑞、江苏都督程德全不知个中窍要，颇以地方之治安为怀，遂竭力将九龙会匪、共进会匪次第平服。故今日此等匪类为患尚小，所余者仅白狼耳。盖袁利用白狼以扰乱湖北军队既告成功，复用种种方法，笼络黎元洪入其彀中，遂日与白狼疏阔。白之部下亦日横一日，渐扰及河南地方。都督张镇芳患之，不得已而招降白狼。白略觉袁、张食言而肥之伧，姑先着其心腹弟兄三四十人投诚镇芳。讵镇芳以若辈野性难驯，悉杀戮之。白狼大怒，遂率其部下，声言复仇。今日蹂躏各省，祸害闾阎，人皆知白狼之罪，而不知实袁氏之罪也。此亦袁氏欺骗革命军之一端也。

袁氏既用种种方法，将南方各省军队势力打消，然军队之势力虽日减，而国民党者，由同盟会改组而成，同盟会手创共和，为国人所信仰，势力之大，实足以监督袁氏而有余。此又袁氏视为喉中鲠，不专不安者也。于是袁氏不特发其阴谋，且施其毒辣手段。沈秉坤者曾为广西都督，复充湘军总司令者也；林述庆者镇江军之总司令，当世之奇男子也。二君皆为吾党之重要人物，而每流露不满意袁氏之言。袁氏忌之，遂密遣其爪牙，一面与沈、林二君邀好，一面置毒于饮食之中，竟致沈、林二君先后中毒死。此外尚有湖北同志数人，在京忽失所在。后查确为人暗杀，尸首不可复得，其事亦皆袁氏为之主谋也。然民党重要人物虽先后为袁氏暗杀，究之以民党之精神气魄，未易摇动。盖当时国民党之代理理事长宋教仁君，才具甚好，以一身斡旋其间，尚足以制袁氏之死命，故袁氏去宋之谋又生矣。语云：财神用事，有钱何所不为？于是袁氏密遣赵秉钧，由赵密结洪述祖，再由洪以三十万金、勋位等购通应夔丞，复由应买凶手武士英，乘宋附车往京，即在车站将宋杀死。越日，应、武二凶皆获。袁氏自知不了，即用厚金贿赂守凶犯者暗将武凶毒死以灭口。复星夜秘密签字，大借外债，金钱到手，而打消民党之毒谋，更日急一日矣。

夫民党手造共和，为国人所信仰，既如上述，袁氏欲打消之，谈何容易。虽先后暗杀民党重要的人物多人，然民党一日未消灭净尽，则袁氏未可以为所欲为也。于是袁氏即利用其借到之金钱，由交通银行发行一亿之钞票，收买国内外舆论之机关，一面为之歌功颂德，一面为之排斥民党，务使国人之对于民党生出一种厌恶之意态。更用金钱收买民党以外之政党，或民党内之不肖党员，使之攻击民党之政策，自是民党遂四面受敌矣。然彼犹以为未足也，复制成一种舆论，加民党以“乱党”之名。又使其爪牙，诬指民党蓄谋为乱，于是彼即据之以为派兵南下之口实。民党被迫，进退维谷，仓促起事，不相结合，遂以致败。而世之昧者不知内容，反附和袁氏之言，以为民党真是乱党也。一犬吠形，百犬吠声，而民党即随其声以俱亡，可哀孰甚！

袁氏打消民党之目的既达，遂乘战胜之余威，行其愚民之毒计，解散国会，消灭自治，摧残教育，种种罪恶，无非欲促其帝业之成。其最显者，则议用旗制。查旗制乃君主之专有物，今袁氏既议用旗制，是当然以君主自居矣。

然袁氏虽事事仿行君主制度，何以不即将大总统三字毅然取消？此非袁氏不欲者也，有一最大原因在，盖关于国际问题。若在国内，则袁氏至于今日，已毫无疑虑矣。然国际问题，在袁氏最难解决者为美国。因美国为世界共和古国，又为首先承认中华民国之一人。既承认为中华民国，则一旦改为君主，当然不是民国。其时美国严词诘问，至难答复。此又因美国不愿世界再有君主国发现，愿中国建立一共和国家，为其东方之良友也。兄弟今尚记忆一事，当美国承认民国之初，有一美国人走来道贺，并询余知其道贺之意否，余茫然莫之所对。余之友人乃详细为余说明，略谓：美国人甚喜中国能建立民国，互相携手。然中国今日，亦号为民国矣，但在我美国人观察之，中华民国基础实未稳固。袁世凯君尚日向外交团运动，欲外交团不承认中国为民主国家，乃可达君主之目的。美国微闻其说，深恐中华民国之生命，绝于一旦，故特脱离各国之关系，先承认中华民国，其基础日益巩固，此余所以为君贺也，云云。由此以谈，则袁氏不遽取消“大总统”三字，全因于国际之阻碍，否则，我先烈出死力以制造之民国，并此“大总统”三字，亦不能存矣。然而袁氏虽不敢遽将“大总统”三字取消，究之今袁之权势、袁之专横、袁之举动，较于君主有过之无不及。想诸君亦有所闻。唯诸君须知：现世界尚可以帝制为治乎？我先烈流血断头，然后造成共和，宁忍坐视袁氏之推翻乎？吾知诸君必不尔尔。故望诸君同心合力，拥护共和，将袁氏驱除，中国前途，庶有豸耳。

# 在欢送驻沪国会议员北上大会上的演讲

1916 年 7 月 13 日

自癸丑失败，国会解散后，鄙人以为自此以往与诸君相见之事，几成绝望。何幸天祚吾人，犹得与诸先生重集一堂。居今思昔，不禁感慨系之矣。今国会行将开会，诸君不日北上，不可无一言以相赠。兹特略述鄙人对于国会诸君之所欲言者，诸君其留意焉。

夫此次政变，简单言之，乃新势力与旧势力之争，官僚派与民党之争；然使混言之，曰新，曰旧，曰官僚，曰民党，则犹有未尽。盖新派与民党不必皆善，而旧派与官僚亦未必尽恶。故以正确之义言之，实正义派与非正义派之争也。旧派与官僚，换言之，即非正义派。至袁世凯未称帝以前，热焰熏天，目无民意，以中国之大，几无新派与真民党容身之所，可悲孰甚？幸正义不没，民权获伸，袁逆自毙，帝孽潜逃，可谓正义派战胜非正义派之第一幕。虽然，邪正不幸并立，正义派苟不团结一致，则非正义派之势力，不唯不能打消，反将乘隙潜进，死灰复燃，国家前途仍有可虑。鄙人今以至诚挚之意，切望凡属于正义派之人，宜结合为一，进而推之于前，以为国内势力之中坚，不致使非正义派仍有恢复旧势力之一日，则吾国前途其庶几矣。尝念此次举义以来，从前政党竞争全归乌有，悉进而集于正义之下，此为一极可庆之现象。但党派在今日虽不可有，然须将官党、民党的界限，分别得清清楚楚，不可有丝毫的蒙混。对于官党则排斥之，对于民党则结合之。今日诸君北上就职，甚望诸君此后不树形式上之党别，而为精神上之结合，此鄙人之第一希望也。

癸丑之时，凡官僚派人，动以“捣乱”二字讥弹国会，国民不察，亦往往附和之，此至可慨叹者也。彼等之意，谓因有国会自身之捣乱，而后有袁氏之解散国会。然平心论之，国会并非捣乱，真捣乱实为袁世凯也。夫国会对于国家负有重大之责任，当此袁氏行政屡屡违法，国会之据法相争，正所以尽其职守。不过议员之争民权、抗暴力，自野心者官僚派无识之人方面观之，遂见而为捣乱耳。故求国会之能尽其职任，不患其为正当之捣乱，而患其与暴力政府之捣乱噤若寒蝉耳。平心论之，先有袁氏之违法，而后有国会之抵抗，而有非法之解散，故袁氏之违法为因，即国会之抵抗为果。今若曰国会捣乱，而后袁氏违法，不通之论也。今者诸君又将行使职权矣，所望仍尊重责任之观念，勿轻背神圣之职守，即不幸有与行政部争执之事，亦视为职守之当然。吾意国民今日经此大教训后，断不致仍任非正义派人复以捣乱之名词加之诸君，是望诸君勉之者也。虽然，癸丑之冲突，全以袁世凯一人之故，今总统黎公平和坦直，为诚心欢迎国会之人，以诸君之爱国，总统之忠诚，吾信此次开会后，国会与政府必能十分融洽，断不至复有癸丑之事。前言云云，所以察是非之真，明责任之辨，而非有疑于今日之政府者也。

鄙人尚有希望于诸君者，即此后对于借款问题须特加注意是也。今人往往有一种谬论，谓袁氏实为强有力之人，谓中国非袁氏不能维持。今袁氏虽死，而误此论者尚属不少。实则平心论之，袁氏何尝有真正能力。癸丑之役，彼之所以成功者，唯赖有二千五百万镑耳。及金钱既尽，能力全销。故袁氏之能力，不外金钱之能力也。鄙人因袁氏之先例，知金钱为物，足以启野心者之图谋不轨，甚望国会开后，对于借款问题特加注意。然此并非谓借款绝对不可为也，亦非对于今日之北京当局有戒心也，亦以促国人之注意，勿令非正义之人更得借金钱之能力，行政治之罪恶，此则区区之微意矣。

犹有言之，自袁氏盗国，酿成战祸，于是一般国民对于今后之国家，犹有惧逆党之复活者，此实过虑之论也。夫经此次义战，共和制度在中国亦证明为真理，而自世界观之，民主潮流日益普遍，君主制已成为过去之废物，吾国今后断不容再有第二阴谋出现。兹所望于诸君者，唯对于共和政治之前途为积极之建设，而不必更葸葸焉以预防帝制为事，或生无谓之风潮。前途方长，唯诸君勉之而已。

# 金松岑
(1874—1947)

## 生平简介

金松岑（1874—1947），原名懋基，又名天翮，字松岑，号壮游，笔名金一、爱自由者，别署天放楼主人。江苏吴江同里人。近代诗人、国学大师。早年跟从顾询愚学诗、钱词锷学文。肄业于江阴南菁书院。1902 年在家乡同里创办新式学校——同川自治学社。1911 年秋移居并讲学于苏州濂溪坊。民国成立后，任江苏省议员。其后历任吴江县教育局局长、江南水利局局长。1932 年与张一麐等在苏州发起成立中国国学会。1936 年 8 月任吴越史地研究会常务理事。1939 年春任上海光华大学中文系教授。1941 年复归苏州，杜门撰述，寄情诗歌。1947 年 1 月在苏州病逝。著有《女界钟》《自由血》《天放楼文言》《天放楼诗集》《鹤舫中年政论》等，译著有《三十三年落花梦》《记俄国虚无党史》等。

# 清代学术之变迁及其结果[1]

1928年

往古学术，无一成不变之理。盛极必衰，穷极必通。如中国学术史上正统之孔孟学说，揭橥仁义礼乐，为博大精深之大规模的建设，统一人类之思想与行为，其后不能不有先秦诸子之分裂。卮言异说，百喙竞鸣，其后遂有始皇之坑儒焚书。两汉学术复兴，儒术复归于统一，经学极盛，尤以三礼及易学为最。郑康成礼学，集先儒之大成，而同时亦有王肃之破坏。虞仲翔易学，于象数最密，后来便有王弼之破坏。王弼一扫汉易卦气消息爻辰纳甲之学，而以老庄说易，开放学者之思想。其时儒学渐衰，老庄玄虚之学大兴，佛教西来，故魏晋六朝，学者往往三教并修。至唐复欲以儒学统一思想，故以帝王之力，颁行《十三经注疏》。然六朝以后，学者多喜诗歌文章，渐趋于华靡，气节不修，以致五代之乱。宋兴，则周、程、张、朱诸理学，应运而起，此天演循环自然之公例也。宋明诸儒，严气正性，养成独立自尊之人格。陆王诸大儒，尤富于豪杰性。然以末流高谈性命，空疏无具，此时物极必反，乃人于近日所讲清代学术之问题中矣。

清代学术，何以勃兴，第一由于气运转变之趋势，第二乃是朝廷鼓励之助力。盖清初大儒，大都生于明季。理学如孙夏峰、李二曲、颜习斋、陆桴亭，经学如顾亭林、王船山、黄梨洲、张稷若、

① 本文是金松岑于1928年暑期在苏州青年会发表的演讲。

阎百诗，以及博学鸿词科诸文人，大都明代人物。唯其因气运将开而生，故诸儒之人格，无不伟大，其学术无不精博，卓然开国气象，而且富于创造性，适用科学法，今以理学、经学分述如次。

理学分程朱、陆王两派。往往相攻击如仇雠。孙夏峰独沟通二家，不立门户，其学以居敬慎独为主。其弟子之贵显者有汤文正公，治效见于吾苏。陆王派是尊德行，程朱派是道问学；陆王既近于禅，程朱偏重书本，然亦从事静坐。颜习斋出，起一大革命，将程朱、路王，一切推翻，提倡直接孔孟，以四德、九容、六府、三事为教，颇似今日之行为派，而且最适用于现在之中国。二十年前鄙人早提倡两个学者：一顾亭林，二颜习斋，奉为宗师。近来梁启超亦提倡习斋矣。然夏峰之学，至汤文正后遂绝。习斋两大弟子，李刚主兼从毛西河学乐，故亦习考据，依旧注重书本。王昆绳好谈政治，习兵法，文章颇似魏叔子，理学家居敬崇礼之风渐失，再传亦绝。此其故何也，一由于清代学术趋势，向考据方面进行，势力极大，而习斋主张实习，不多读书。二由于康熙帝尊重朱学，而习斋攻击宋儒。三则习斋天下，无大弟子如习斋之人格之魄力。然其学说之潜势力，影响于后世极大。一则戴东原攻击宋儒，著《原善》《孟子字义疏证》两书，影响于今日社会政治教育者不小。其立论暗用习斋，其详别论之。二则嘉道咸间，文士多谈河渠、漕政、兵法，皆受习斋昆绳之暗示，更进一步而谈变法改制，更进一步而倡革命。

清初大儒，如陆桴亭、张杨园，确守程朱者也。李二曲，确守陆王者也。然桴亭亦尝执贽于刘念台之门，念台则王学巨子也。梨洲笃守念台，乃独事考据（二曲读书极博，著有《十三经纠谬》《二十一史纠谬》）。其徒万充宗、万季野，治礼学、史学，卓绝一代。梨洲之弟晦木泽望，崇祯中秋试不第，弟兄相约闭关，读尽天下书而后出。其魄力可惊，亦可见当时博学之风，如一大潮流，不可抵御也。

清代经学，有正统派，有怀疑派，有革新派。正统派以亭林为之魁，实为苏州学派之祖。其下则惠元、龙天牧、定宇祖孙三人。世人皆以定宇为苏州学派之祖，与常州、徽州，鼎足为三。顾定宇先生考古之功，固属不小，发明汉易，尤有大功，然以与徽州之江慎修、戴东原、胡竹村、墨庄比，则苏州较为逊色。定宇弟子余萧客、江声，无过人之才。独王西庄、钱竹汀可传耳。竹汀学问最精，然太仓人，非苏人也。若段茂堂、陈硕甫，则受东原之法乳，已成徽学。而宋浮溪又属常州学系。若以亭林冠苏学，则徽学之江慎修，实师法亭林，其徒遍海内。北方学者，受亭林学派之影响为不少也。

徽州亦正统派也，顾东原一出，风靡全国，其直接间接名弟子，有孔巽轩、王怀祖、段茂堂、郝兰皋。郝氏之《尔雅》，段氏之《说文》，皆成空前之作。王氏小学，几于绝后，而徽州诸儒，大都朴学，胜于苏常。

常州为革新派，即今文学也。庄方耕著《春秋正辞》，审密有条理，至刘申受述公羊学，全祖董江都、何劭公，一时才华之士颇喜之。其徒有宋浮溪、龚定庵、魏默深、戴子高。子高又笃信习斋学说。由默深而影响于湘潭王壬秋，壬秋传之井研廖季平，季平传之康有为，有为传之梁启超，同时湖南有皮鹿门、谭嗣同、唐才常，皆与梁启超友善，唱今文公羊家言，素王改制，九世复仇，而革命起，清室亡矣。

怀疑派以毛西河为魁，然西河小辩小慧，不足服人。其最有成绩者为阎百诗，断定二十五篇《古文尚书》为伪。此案确定，至今不能平反。梨洲、晦木、胡东樵力攻《河图》《洛书》《先天》《后天》图，然江慎修独信《河》《洛》。嘉庆间有崔东壁，著《考信录》三十六卷，中有唐虞、夏商、丰镐、洙泗考信录等，于可疑者备致抉剔，然皆立说精当，实事求是。至东原之攻宋儒，其人格远不如习斋，其书虽疏证《孟子》，而阴取《荀子》，心先窒碍，故立说触处窒碍，朱鼎父《无邪堂答问》，已痛驳之。总之戴氏一生学问，功罪参半。江问渔《中国人性论》，谓为情欲主义派，信然，然江氏实崇拜性恶说者也。

疑古之学，至康有为而结晶，康氏有《新学伪经考》，举古文学中疑似之处，一切以为刘歆伪造，而章太炎反之，以为孔子以后，莫如刘歆，胡适之更走极端，彼以为经史百家，多半不足征信。说者以为胡氏用科学方法治国学，怀疑乃第一步功夫，其信然欤。

清初诸儒，魄力极大，富有开国气象。如顾亭林、王船山、黄梨洲、朱竹垞等，著书种类之多，令人可惊。即一部书，如顾震沧之《春秋大事表》，徐健庵之《读礼通考》，秦文恭之《五礼通考》，胡东樵之《禹贡锥指》，顾景范之《读史方舆纪要》，顾亭林之《音学五书》，朱竹垞之《经义考》，大都博大精审，兼而有之。乾嘉间诸儒，学问精审，或过于前，然而博大不及也。其间最精者，为张皋文之《周易虞氏义》，陈硕甫之《诗毛氏传疏》。清代二百数十年，专家之书，首推此二部。然虞氏书已散佚，故张氏纂辑发挥，苦心经营，尤为不易，可称绝作矣。

清末人才消耗，似气运将竭，无伟大之著作。如曲园著书虽多，除《古书疑义举例》七卷，精确可传外，余皆琐碎之作，且表示堕落。独孙仲荣《周礼正义》，号称大，尚不免芜杂。松江张文远徵君，著《丧服郑氏学》，与曹师复礼先生之《易郑氏笺释》，确守郑氏家法，既精且博。曹师近成李鼎祚《周易集解注》，尤为不刊之作。胶东柯凤声《新元史》，贯串中西，集诸家之大成。三君子者，可为清代学术之后劲矣。

清代理学，一至中叶，无复生气。其时乃别开一派，江西罗台山，苏州王大绅、薛皆山、彭尺木，皆儒佛双修。彭氏尤皈心净土，独为纯笃。近时佛学大昌，而杨仁山居士，遂以佛门龙象，唱道东南，则彭氏开之也。（清代结局，佛学得一杨仁山，道术得一四川双江刘止塘沅，两大教师也。）

清代诸儒，搜剔学术，或掇拾坠绪，发挥光大，或创辟蹊径，自成宗派，实为中国历史上最有价值之时代。然尚有未竟之工作，一为甲骨文，二为元史，三为子书。而子书中之《墨子》，如梁启超、胡适之、章行严、陈柱等，皆有校补笺释，然书中宝藏，尚未尽泄也。至如《管子》一书，其价值在诸子之上，尚未有人研究及之耳。

要而言之，诸儒中经学守许郑，理学守朱陆，皆正统派也。理学中之习斋尺木，经学中之常州庄刘，革新派也。而东原之古文学，戴子高之今文学，不期而师法习斋。尤奇者，怀疑派之三大师，皆生于北方。颜习斋，博野人也；阎百诗，太原人也；崔东壁，大名人也，而拜其赐者乃在徽州。一为戴东原，二为胡适之，皆由怀疑而近于破坏。今文学起于常州，由常州而湖南，由湖南而广东，康、梁出而旌旗变色，又吸收西方学说，乃释庄子在宥为自由，易群龙无首为民主，其说风靡一世，而清乃亡矣。清之兴焉以学术，其亡焉亦以学术。今世之唱〔倡〕导学术，其宗旨将使后来生如何之结果，试掩卷而推之，亦有兴味之一问题也。

# 陈友仁

(1875—1944)

## 生平简介

陈友仁（1875—1944），祖籍广东顺德。国民党左派人物，曾任国民政府外交部长。1875 年生于英国殖民地特立尼达的一个华侨家庭，从小接受英国教育。1898 年自圣玛丽学院毕业，成为特立尼达的第一位华人律师。1911 年秋回国，任袁世凯政府交通部的法律顾问。1914 年辞职，创办英文报纸《京报》(*Peking Gazette*)，后因发表文章批评段祺瑞被捕入狱。出狱后南下广州，任孙中山的外交顾问。1919 年曾代表广东军政府参加巴黎和会。1925 年在孙中山于北京逝世前，代其起草《致苏联遗书》。后创办英文《民报》，因作文抨击张作霖再次入狱。出狱以后回到广州。1926 年 3 月，接替胡汉民出任国民政府外交部长，大力支持当时的省港大罢工，迫使港英当局妥协。1927 年 2 月依靠强硬的外交手段，收复了汉口英租界和九江英租界。同年 4 月与宋庆龄联名发表《讨蒋通电》。1930 年在巴黎与国民党元老（右派代表）张静江的四女儿张荔英结婚。1931 年回国，出任广州政府的外交部长。在蒋介石下野后，继续出任中央政府外交部长，后辞职赴上海。1933 年，十九路军发动反蒋的福建事变，又出任福州政府的外交部长，事败后流亡法国巴黎。1938 年赴香港居留。1941 年 12 月香港沦陷，为日军拘捕，转押上海软禁。1944 年 5 月病逝于上海。1949 年以后，其遗骸被移葬到北京八宝山革命烈士公墓。

# 日本对华侵略与美国关系

自国联未能解决日本在华侵略所起冲突后，世人目光今已集中于美国之任务。此项任务，系由历史造成之环境赋予美国。尽远东之国际形势，一部分建立于门户开放主义与《九国公约》及《非战公约》所筑成之基础上。而此基础，则以美国为其主要素。因门户开放主义，既由美国政治家演成，而灌入于列强政治思想中；而《九国》《非战》两公约，乂大部分为美国政治心理所孕育而产生。现日本欲以武力破坏国际形势，美国当然有领导诸国加以阻止之责。美国应当干涉中日争执之理由，可归纳为四种：一、军事形势方面；二、法律方面；三、经济方面；四、国际方面。

军事方面。首就军事形势方面言之，此乃由于日本之满洲理论而起。日人曾举三种理由声称满洲为其生命线：一、原料之来源；二、屏蔽苏俄势力之南侵；三、日本过剩人口之收容地。对于日人第一理由，中国之答语，日本尽可在满洲循寻常国际贸易途径，购买所需一切原料，一如美国与其他国家需要国外原料时之所为。日人所假托之赤色恐怖，观于苏俄实际对满政策，亦难成为重大理由。苏俄自1919年与1920年宣言之后，不仅在口头上且在事实上放弃帝俄侵略满洲领土政策，□敢言设国民党之革命领导，弗于1927年□□其行，则北满苏俄一切权利之收归我有。今日对已成之事实，即谓南满各项权利，没能于1905年脱离日人掌握，仍操于帝俄之手，此时当可同样收回，亦非全无根据之谬想。至收容日本过剩人口一层，按日本移民满洲企图，迄今无一成功。显似彼岛国民族，在体质上或心理上有不能永久居住远离南海之大陆地方。如满洲等处之性质，中国他处，或有为日人所能居住繁殖者。尤其在山东、江浙等沿海诸省为然，顾皆早告人满之患。虽然他处尚有乐土，在如美国、加拿大之西海滨及澳洲之旷土，皆日人所能拓殖地方。唯此等白人土地，非至日本海军力握有太平洋上霸权，日人不能问津。而欲造成此海军霸权，尤非先消灭太平洋上美国之海军力不可。因此理由，加以美国对于人种平等要求，拒绝让步后，日人愈形愤懑，遂令日人之军事思想，悉为日美两国，势已无术避免第三次“生死战”之观念所支配。日本参谋本部之计划此战争与从事准备也，恰如准备1894年至1895年间之第一次对华“生死战”，与1904年至1905年间之第二次对俄“生死战”之主要准备。为缔结英日同盟，今此盟约虽废，顾仍继续为英国决定对日政策之准则。而日人在准备此第三次大战计划中，其外交上之艰苦工作，亦端在维持此同盟之精神，借以阻挠远东英美海军结合之任何企图。盖日人对于国际行使制裁与压力之媒介物，无有更惧于英美海军之联合者。此所以日本在寻觅过剩人口收容地之呼声中，其宣传家之字典中，未尝列入澳洲与新西兰也。虽然日本在备战上，尚有一可畏之露骨表示，即为其目下之征服中国运动。是此项运动，在其有计划之占据全满及对中国政府正式军队做真正敌对行动以侵热河时，业已开始。中国现已成为日本参谋本部“九一八”以来所定征服计划之目的物与工具。盖中国之原料与市场，为日人决意与另一岛国（指英人）争雄世界所不可少者。且欲使中国永成为吸收日本工厂出品之市场起见，必须乘中国尚未工业化，对于一切出产品之足以与日本货竞争者，由日人独占支配势力而后可再为日本计。已征服之中国，大可用对美作战之工具。因支配与利用中国之物力与人力，并占有中国各军事形势地方，在日美战争，将有同样重要故也。

法律方面。次就法律方面言之，罗斯福总统曾在就职演说中宣称：“在世界政策上，余愿将此国家奉献于决心尊重条约义务与神圣良邻之政策。”今日本既在《九国公约》中与美国及其他签字国约定尊重中国之领土主权及行政完整，又在《非战公约》中与美国及其他签字国约定不用战争，为国家政策上之工具。此两约者，俱由于美国之愿望与政治手腕所产生，视为美国之契约。而日本之违犯两约情状，业已成为对于美国及国联所代表之其余文明世界一种不能容忍之暴行，亦已彰明昭著，毋庸详述。且日本用武力占领分割中国领土之一大区域，共幅员约近日本本国之三倍；共所居中国人民，亦均等于日本本国人口之一半。乃又借口生命线，作为侵略满洲之理由。显一若欲揭示世界日本已用武力（即战争）作为国家政策之工具，以相讥刺者。中国今既将日本武力占据满洲与热河，造成势欲运用《九国公约》与《非战公约》之局势，提请世界公判。其结果在美国方面，为国家之荣誉信用计，当有以促令日本决意尊重其条约之义务与神圣。

经济方面。更就经济方面言之，亦可得前述两方面之同样结论。按中国门户开放主义，业如前述，为美国之观念，亦为美国对于远东一隅国际安全之贡献。苟在海约翰时代，其时美国繁荣，犹未致大部分依恃国外输出。业已维持此主义之必要，则在今日美国之繁荣与美人之生活标准，已不能仅恃国内之消费。其机器所产而有赖于外国之销纳，其过剩制造品，势更不得不维持门户开放主义。诚如斯言，则中国市场大可认为美国机器时代所不可少者。至美国之采取对华维持好感政策，系属一种“投资”。俟日本在华破坏活动清算之后，中国人民购买力增加之时，美国商人将有巨大收获，远非强力压迫与炮舰政策之效果所可望其项背。以故尤有不能放弃中国市场之势。

国际方面。再就国际方面言之，试将日本违犯《九国公约》与《非战公约》后美国所负履行两约内义务与诺言之责任一加讨论，便可明了。此时中国纵不欲美国与日本作战，而根据此二约，实有权询问美国：（甲）是否受此两约条款与义务之拘束；（乙）倘受拘束，则将如何协助中国，使日本人遵守条约。今美国除不致牵入战争之物质协助外，尚有拥护条约，切实干涉中日争执之权力与资格。美人在战债中，即具有此种权力。此项战债，不问英法与其他欧洲国家有力支付与否，苟无条件取消之，则在美国势将无益而有害。因无条件取消，既不能招致美国之繁荣，亦不能恢复世界之经济。盖美国与世界同感苦痛之经济衰落，只为改组社会上现有秩序之大革命先兆。昔法兰西大革命开启历史上新时代，卒能获致个人之政治安全与民族主义之勃兴。今方展露于吾人前之革命，则将获致个人之经济安全与国家间之国际安全。此种理论，不在本文范围以内，兹不详述。但须知吾辈今日几已践及世界新秩序之途径，如欲使此新秩序不流血不借暴力而实现，则除其他经济与社会条件外，必须保持全世界普遍之和平。唯是保持世界和平，非减缩军备不为功。纵彼所谓精神上之军缩者，亦能具有同样重要。而海陆军备之减缩，实居首要。虽然语及军缩，除纯属欧洲之困难，如安全与地位平等及修正疆域等问题外，设再有世界大国之一如日本者，赤裸裸表现其统治阶级，在道德上无异挟持机关枪之野蛮人，则军缩将永无实行之可能。吾人遍寻古今历史，从无大国如此蛮暴，如此不知检束，如此毫无人兽所审判之责任意识者。是故美国在权利上，或责任上，当要求英法与美合作，第一协助中国迫令日本遵守《九国公约》，第二实行普遍减缩军备，务令减缩之范围与方法。不仅在欧洲各国与美国间，并可在远东各邦各民族与日本间，均能获得国际之安全。即以此举作为取锁战债之交换，完全解除日本军备，乃文明心理所产生的军缩制度中之一条件，而为欲求国家之生活与工作，有较高尚组织者所必不可少。比法国之减缩陆军与英国之减缩海军，更为急要。彼英法之不减缩军备，固不能有真正和平之可言。顾此等国家皆真正现代国家，有广大之基础，建于民治与自由之上，其使用伟大威权，完全出以理智，绝不若日人之不知检束，故通常能如美国之可以信任。日本既借华府会议之海军决议，获得远东海军优势，目下不论英美，单独一国，俱已不能在远东与之启衅。此种事实，辅以彼真正日本政府所具之特性，遂令日人于撕破美国政治手腕所造成之两大公约，武力侵占中国最富饶之区域，开始其征服全中国之计划，傲然玩弄美国及国联诸会员国与之挑衅而不虞惩罚。日本之真正政府，并非目下以外务省为发言人之内阁，乃在其参谋本部。吾人读日本历史，常以为 1867 年明治维新，业已结束封建时代统治机关之幕府。其实未尝铲除幕府，仅更易人物，以长萨两阀代替德川，而移幕府于参谋本部而已。故日本宣传家所称之“现代日本”仍继续为此封建机关变相幕府所统治。考之近世史中，更无恶劣之特现象有若日本者。嗣此“现代日本”借英日同盟之力，一跃为世界列强之一，乃复利用此同盟，作为野心政策之工具。因之击败帝俄，插足于中国膏腴之满洲，更进而并吞朝鲜。设无英国物质与精神上之助，恐日本将难于厕身列强之林，而今日亦不致成为中国与美国之危势，甚至最后又将成为英帝国之危险物矣。

基于前述见解，为美国政府与人民之重要利益计，必须自动积极干涉日本武力侵华所起之冲突，俾第一履行其《九国公约》与《非战公约》内向中国保证之义务，而全其荣誉与信用；第二保其国家之安全与稳固，而免日本取得太平洋海军之优势；第三回复美国之繁荣。因唯有首由日本有效之军缩，继以其他列强之普遍军缩，保持世界和平，而后美国始有重现繁荣之可能也。此种改变国家政策方向，美国不难运用战债以达到目的。盖当此世界大变时期，战债问题不仅为美政府手中之经济武器，且可用为伟大政策之工具，借以明智的解决。目下各国简之纷扰事件而创造新环境，吾人固知此举确须涉及美国政策之发展问题，似与华盛顿警告国人勿牵入他国纠纷之狭隘方针相背驰。虽然，设今有一外人（即一中国人）复诵民主党在威尔逊派领导下伟大之宣言，郑重申明美国之前途，显可成为世界大邦，使人类足迹所至之处，莫不被其势力，俾文明社会不致绝迹于地球，谅亦为美人之所许可者也。

# 范源廉

(1875—1927)

## 生平简介

范源廉（1875—1927），字静生，湖南湘阴人。近代教育家。1898年进湖南长沙时务学堂学习，毕业后赴日本留学，先后入东京弘文学院速成师范科、法政大学法政科。1904年回国，在长沙呼吁女子赴日本留学，并带领十余名湘籍女学生到东京。1905年后任清廷学部主事、参事，参与创办清华学堂，并在京师大学堂任教。1912年民国成立后任北京政府唐绍仪内阁教育次长。是年7月教育总长蔡元培辞职，继任赵秉钧内阁教育总长。次年1月辞职南下上海，任中华书局总编辑。1915年冬与梁启超等共同发起讨袁运动，次年初任护国军务院驻沪委员。1916年袁死后，7月任段祺瑞内阁教育总长，举荐蔡元培出任北京大学校长。1917年1月至7月兼代内务总长。是年11月辞教育总长职，赴美国考察教育，翌年回国。回国后与张伯苓、严修等筹备创建私立南开大学，自愿认捐数万元，并千方百计筹款。1919年9月南开大学正式开学，任学校董事会董事。同年组织尚志学社，邀美国学者杜威等来华讲学。1920年8月署靳云鹏内阁教育总长，次年12月辞职。1922年再赴美国考察乡村教育。1923年7月北京国立高等师范正式改为北京师范大学，为首任校长，提倡人格教育。因无法摆脱经费积欠困境，次年9月辞职。后任中华教育文化基金委员会董事、董事长。1927年12月在天津病逝。

# 招集全国商会联合会代表到部茶话时的演讲

1916年9月20日

全国商会联合会开会代表：

诸君皆实业界中坚人物，热心宏愿，本总长素所钦佩。此次会议经农商总长之提倡，各代表之共同研究，必收美满之效果。但欲谋实业之发展，则教育一端，实为扼要之途径，此各国之往辙，亦我国所必不能外之以行者。今诸君惠临本部，窃愿举教育、实业关联之点，与诸君一商榷之。

实业者，国家之命脉。农务生产、工精制造、商业懋迁，今日必具世界远识，乃能与各国实业家争无穷之利，非如自产自用时代。沾沾于目前者，可比欧美各国，知实业关系于国家者至重且巨，是以原本教育以促其进行。全国实业学校鳞次栉比，其毕业诸生投身实业界者，类能本其所学，刻意经营，用以增长国家之富力，开拓社会之利源。近且于中等学校亦注重职业教育，以美国论，其中等以下学校受职业教育之学生数至三十四万六千余人，其实业界与教育界常相联络以谋进步，故毕业于学校者，其所具知能适合实业界之用，遂使农工商各业雄飞于世界，无往而不利矣！

我国通商互市垂数十年，金钱之流出者多，物品之输出者少，遂致国家日趋于贫弱。情见势绌之余，乃思以教育救济之。历年派遣学生出洋肄习实业，各省设立实业学校以造就农工商业之人才迩来，实业进步直接、间接受益于教育者，亦非浅显。即如最近美国、巴拿马赛会，我国出品获有最优及优等奖者，厥数甚多，为前此所未有，固由实业家之力求上进，然获此结果，要亦不无得力于教育之处。此可证实业与教育互相联络，为益甚宏。若再协力进行，俾教育上之设施适合于实业之用，前途之希望，当更未有艾也！

中国学生之肄习实业者，为留学外国学生，为实业专门学校及甲乙种实业学校学生。据最近调查，留学外国毕业生报部有案者，共八百六十一人；全国中实业专门学校共十九所，得毕业生一千零九十七人；甲种实业学校共九十八所，得毕业生三千四百零七人；乙种实业学校共二百八十八所，得毕业生两千五百五十四人。果皆学成致用，则实业界之进步，当有可观。惜外国留学各生归国以后，获有精深学术者虽不乏人，而能于实业界有所建树、卓然自立者，则甚形寥寥。至国内实业专门学校之毕业各生，于实业界克著成绩者，益复无多。其甲乙种实业学校毕业生，原以养成技能，俾执业工场、商店及农林渔牧之事，然而学理，事实往往格不相入，用旧求新，主张不一，遂致青年学子失执业之所，依无所之，而实业各界亦以指臂乏助，不能呈日新月异之象，殊可惜也。今者借鉴前车，力策后效，欲期学校养成之人才适合于实业界之用，计非自实业界与教育界常相联络不可。至联络之法，不外意思之交换及方法之商榷两种。即如此次，诸君惠临本部，极盼发抒伟论，对于学校养成实业人才要点有所敷陈。倘因时间仓促，未易遽尽所怀，嗣后不妨条具意见，函达本部，以为促进实业教育之助。至此次联合会闭幕后，诸君各旋珂里，对于所在地之办理实业学校人员，尤望力图接洽，俾实业、教育两界永无丝毫阂隔，久久必有明效大验，获收供求相应之实益矣！

昔韩昌黎云："龙所凭依之云，乃其所自为。"若办理实业诸君，从种种方面助成教育之发展，即不异于自助。此本总长所馨香祝祷者也。

# 在全国教育会联合会上的演讲[①]

1916 年 10 月 13 日

此次因全国教育会联合会开会，得与诸君相聚一堂，就此机会，得将关于教育上之意见为诸君述之，觉得非常可喜。诸君皆久从事于教育者，学识经验深造有得，自无待言。现在所欲请注意者，就是教育方面应如何设施，始能与目前的时势相应。

凡行政必求适应时势。今日之教育行政，尤觉非能适应时势不可。夫既欲与时势相应，即不能求诸高远，必须切中事实，就当做之事及能做之事，竭力做去。教育事业关系于国家社会者，至为重要，吾辈须先有一切实计划。譬诸筑室，先绘图，次筑基，然后依法建筑。不此之务，则图式未定，基础不坚，建筑之后，安望能合于用？教育事业亦复如是。必须将时势看得分明，然后计划当做及能做之事，此一定之次序也。

就今日时势言之，现在中国是处于何等地位？试先就政治上观察。民国成立甫及五年，从前所经过者均是专制时代，而此五年之中，政治上之设施与共和不相合者甚多。现在立法方面，如国会及各省议会均次第开会，民权不可谓不伸，但何时能收美善的结果尚属疑问。行政方面、司法方面亦复如是。欲求真能发挥共和之精神，

① 全国教育联合会第一次会议于 1915 年 4 月 23 日至 5 月 13 日在天津召开，定 1916 年 5 月 9 日在北京开第二次会议。但由于张勋复辟，政局纷扰，第二次会议延期至 1916 年 10 月 10 日至 25 日在北京召开。

实在相差甚远。欲解决此种难题，目前别无善法，只能采用较为稳妥之手段，免去目前之危险，然后积十年二十年教育上之培养，政治方面庶得确当之解决。是政治之进行，其责任固在教育也！至于财政上及经济上，更属显然。记在民国元年时，国家所负外债为十二三万万元，现在则增至二十二三万万元，三四年间竟加增十万万元。因外债锐增之结果，致年耗国家岁入三分之一，专以付借款利息，且为济财政之急，恐将来尚非续借外债不可。此实为最应注意之事。再从经济上观察之。人民生计又何等困难？凡此种问题，将用何法解决之耶？根本救济实又在于教育。是国家财政、人民生计之解决，其责任亦在教育也！又若国际问题在今日更为紧迫，溯自前清以来，外交上之损失更仆难数，有志之士固亦痛定思痛，谋为惩前毖后之计矣！顾国民知能之程度，不能日有进步；即国家富强之程度，其不能日有进步。徒恃文书往来及口头辩论，欲外交上保持国家权利，其何可得？昔德人有言，曰："凡缔结不平等条约之日，即为发愤解除此约之日！"又曰："国交上丧失之利益，当以教育精神补充之。"是外交问题之解决，又实有赖于教育矣！他如军队之精练与国民教育有直接关系，自治之进行与公民教育有直接关系……类似此种问题非常之多。现在鄙人于每星期中，三日到国务院，一日到总统府，虽每日仍到教育部，为时较短，所以大半的时间与国务有关系。而国务上所见所闻，无事不可警心悚目，故国务上不能解决者，总怀着希望求于教育上解决之，将来十年或二十年以后，终有补救之一日。准是以思，觉得自己责任非常重大，教育行政不敢不努力进行。今日教育经费如此支绌，但不必用钱之事，或是用钱少而收效大者，总必想法去办。若必待经济充裕始谋进行，窃虑时不再来。瞻顾之中，损失已多，终无补救之一日矣！故今日只有守定得寸则寸、得尺则尺之主义，努力行之。

诸君此次集会，必多崇论闳议，切望于适应时势之一点，特加注意，公同讨论为幸。

# 在全国教育行政会议上的开会训词

1916年11月1日

今日为全国教育行政会议开幕之期，诸君远道来京，讨论教育行政事宜，鄙人特先将本届召集会议之宗旨，为诸君告。我国幅员广阔，各地情形又各不同，就教育行政言之，中央对于全国自不能不求统一办法，使全国教育行政界得所遵守。例如甲地中小学生转至乙地升学，若各学校无统一办法，则颇不便利。此不独中小学生升学为然，专门学校亦须统筹全局，分别设立，不使某地某种学校付之阙如，尤不使某地某种学校格外增多，凡此皆谋统一办法所有事也。虽然我国土地之大，人口之众，文化通塞之差异，地方情形之各别，在在均须顾及，以言统一。在教育部订定办法，必须斟酌情形，因地制宜，应整齐者则整齐之，应变通者则变通之，盖行政作用贵在活动，以期与时势相应。教育部设在北京，对于因地制宜不能得适当之标准，故请诸君来京讨论一切。近年政体已经改革，全国思想变动颇大，新旧潮流咸趋极端，吾教育行政界不能不注意于此。唯从前历史上之沿革，何以使思想达到此点，吾人亦宜注意。至若交通上之状况，以及农工商实业与夫一般人民之生计，与前皆有殊异之点，吾教育行政亦当注意及之。再者上年各地曾有兵事，即无兵事发生，而因政治之关系，教育上不免感受影响，此亦须研究而考察者。要言之，一思想之变动，二生计之变动，三政治之变动，直接、间接影响于教育者，实非平常文书往复可以明了。本届会议，尚请诸君将本省区近来情形，略为报告。此外教育部备有许多咨询事件，诸君详加讨论，如有意见，尽可陈述。且我国经几次事变，制度已非昔比，从前各省有教育行政机关，如提学使、教育司皆是，年来此等制度已废，改为一科。诸君在教育科办事，其责任等于从前提学使、教育司。此次会议人数虽不多，而关系全国教育，实为重大。在会期中，深盼在事实上讨论，不为空谈，凡本部所能实行者，必实行之。鄙人所宣布开会之宗旨如此。

# 在北京大学二十周年纪念会上的演讲

1917 年 12 月 17 日

今日为北京大学二十周年纪念会，兄弟承蔡校长相邀，来与此会，私心欣幸，更复感慨。吾中国公立之大学有三：一为北京大学，二为天津之北洋大学，三为山西之山西大学。山西大学系特就晋省而设，北洋大学则初归北方各省公立，近乃几与北京大学连为一体。此外虽亦有私立大学，而办理多未就绪。外人之在华设立学校，名为大学者，其性质办法，又与吾国异。是则北京大学者，吾中国唯一之国立大学也。兹就兄弟所知，关于北京大学创办情形，为诸君道之。吾中国自甲午败于日本，国人求所以致败之由，乃咸以谓学问不如日本，实为致败之主因。欲雪此耻，非仿外国办学校以研究学问不可。开办学校，在今日视之固一无可奇，在当日视之，以为兴学育才，亦竟取法人国，乃中国有史以来未有之异举。盖自来久行科举之制，人才从科举出，而科举又根于士人，故为士人之父兄者，督率子弟读书，为科举计，亦即为做官计，而农工商不与也。废科举，设学校，不啻破千百年国家取才之制，宁非历史上之大事哉！然彼时虽立大学于都中，而各省则不复设其他之中小学校，则是徒具兴学之名，而仍未举兴学之实。庚子之役，联军入京，创巨痛深，更甚于甲午。于是办学之主旨，亦更确定。各省乃设初等小学、高等小学、中学、高等学校。故各省之办学校，大致始于庚子以后。盖国人知欲图富强，非决然毅然废止科举不可。而又知设大学于京城，更须设中小学校于各省以为之助矣。

设大学而不设中小学校，则如无源之水。此光绪二十九年十一月之所以有学制之颁布，迄今十四年矣。此十四年中，办学者如果按部就班，循序渐进，自初等小学以迄大学，则按照旧定学制，初等小学四年、高等小学五年、中学五年，已非十四年不可。即至今日始立大学，亦只能得预科第一年级之学生耳，其进行无乃太缓。揆诸当时情势，不容不事变通，于是办学者遂不免有弃置学制之弊。吾北京大学在开办之时，即并无中小学以作之基者也。幸近年以来，兴学者渐能依据学制，普通教育粗具规模。今肄业大学者，类皆由中学毕业而来，其基根已渐巩固，此则于北京大学二十周纪念会，借可征办学之成绩者也。创办大学之动机，即在祛科举之弊政。所谓祛科举之弊政者，自不在去其名而在务去其实。科举之实维何？即人人皆视为利禄之途是也。科举时代，除少数有志特立独行者外，一般士人其读书立志，不外在得一官。凡利于其得官者，始肯尽心力以营求，其他皆非所问。利禄之念深中于人心，此则科举之所以为弊政也。今科举既早废矣，更宜祛除此利禄之心。利禄心去，则专孜孜于学术。诚如是，则当年设立大学之本旨，庶可达到。

今日国人羡外国之强盛，恨祖国之衰弱。论者动谓吾国地大物博，大有可为。在兄弟视之，以谓吾国之能否有为，不在地大物博，而在吾大学学生之能否专心研究学术。如其然也，则地大物博，足为富强之资；否则不求学术，尽庸人耳。庸人虽众，何裨国是乎？

今日兄弟所言，系就二十年来之事实，述个人之感想。今日之大学，虽较二十年前气象稍好，然来日方长，诸君为全国优秀分子，而又为唯一国立大学之学生，务望专心研究学术，贯彻二十年前战败后兴学图强之初志，为中国历史上放一异彩。责在诸君，勉旃勉旃。

# 在交大沪校的演讲

1922年2月13日

今日能与诸君同聚一堂，使我欣慰异常。诸君非中学及大学之学生乎，程度虽有高下，然注重工业方面之研究则一，故请与诸君同谈物质方面之科学。学问之道，不外二端：一、精神方面；二、物质方面。此二端者，实相连而不可离。今夫桥梁之建筑，远及数十里；房屋之构造，高及数十层；公司之组织，内容执事人员几达数千万人，此皆物质方面发达有以致之也。唯物质非自能发达，苟桥梁而无人建筑，则数十里之大桥将安能成？房屋而无人构造，则数十层之高楼将安能见于世？公司而无人组织，则内容千万人之大公司将安能成立？即就至近之理言之，汽车夫稍有不慎，即足以伤杀人生，此等事为关于精神，抑系关于物质。试思之，余意虽关物质，而精神方面亦致此之大要素也。使无精神之奋斗，安得物质之进步？今日故我欲明物质之文明，必先得精神之基础，方能得优良之结果。例如法律之于国家，章程之于学校，此亦不过物质方面而已，然法律不能存立国家，必有言论、宗教、出版物等精神方面之辅助，而后能蒸蒸日上；章程不能发达学校，必须有学生道德之修养、个性之发达，然后能日新月异。故欲物质方面之进步，非先有精神方面之能力不可；欲精神方面之发展，非重于自己心身之修养不可。故诸君不可专于物质之研究，而不顾及精神之修养，必须双方并进而后有补于所事。

# 在北京师范大学校长就职典礼上的演讲

1924 年 1 月 10 日

主席，诸位先生，学生诸君：

今日因鄙人就师大校长之任，举行这样庄严盛大的典礼，实在非常荣幸，并且非常感谢，在此时候，所见所闻，使我发生许多感想。鄙人就任为校长的经过，大家都业已知道，毋庸再说。

我想学校是社会国家里的一种组织。这种组织，不是可有可无的，它不是社会或国家的一个赘疣，它自有它的生命。国立北京师范大学校它自然应该也有它的生命。但是它的生命，究竟何在呢？师范学校是施行师范教育的地方，教育是应该有意义的。现在本校教育的意义，究竟若何？这两点是要弄个明白，不可含糊放过去的。师范大学自身不能说话，可是我既为校长，就是它的代表，不能不替它问一问。

开首是要问我自己。我对于上述两点，也有一些见解，但是未必就对，以后当有机会与大家商榷，今且不用就说。本校系国立学校，教育当局对于本校，定然具有高见；社会上不少注意师范教育的人，当然他们亦必有高见；本校诸位董事，诸位教职员，是与本校成立存在有深切之关系的，对于本校之生命，与教育之意义，更必是体验有素的。更紧要的是学生诸君，你们既然把自己一生中最宝贵的一段时光，不去学别种学科，偏要来学师范；你们大多数并不是生长在北京的，却不入他处的学校去习师范，独要来到本校肄业；究竟你们于这师范大学的生命已经体认了没有，于师范教育的意义已经了解了没有，是你们不可不自审的！

总之，我们对于这种问题，是很用得着思想的。如果大家都用心一想，便自觉得在学校中教员们只是平平常常地教，学生们只是安安静静地学，未必学校就有了生命，教育就有了意义；便知此事徒具形式，是断乎不够的。我们应当努力之处，断乎更要有准于此。若并所谓形式尚且不能支持，那还有什么话可说呢？今日且提出这些疑问，唤起大家注意。大家只要肯想，自然会发生许多意思，把许多意思凑集起来，或者可以从此寻出师范大学的生命所在，与师范教育的确当意义来。

本校是由高师改为大学，校中还有许多高师学生，对于那部分的事，当然仍是很应重视。至于建设师大的一方面打算，是一步一步地往前走。方才梁先生、黄先生的高论，也是如此。总而言之，精神定是积极的，方法用渐进的。

现在就职为校长，第一步是要知道本校各方面一切情形。我打算在校内各处去观察，并随时约请教职员诸位谈话，或是请其将意见写出来。学生方面，亦可条具意见，借资参考。目下说不到就能办多少事，当从维持大体、整理秩序入手。俟到相当时期，改革方案草拟就绪，再依照董事会章程，将草案提请议定，经部核准，次第进行。进行的步骤，自然是能做多少算多少。此处我还有几句话要说，本来成功一种组织，定是各方面集合起来的。本校有董事，有教职员，有学生，大家的地位虽各不同，可是目的终究只是一个。我们要依据自己的地位，齐心协力地做，有什么困难，大家一样分担。中国现在时局大难，办事不易，但我是中国人，就是吃苦，也是本分，总应当为中国教育尽力的。无论政局如何纷扰，只要我们个人精神不乱，无论经济如何困难，只要我们大家志气不馁，那么前途便有无穷的希望。

# 郑洪年

(1876—1958)

## 生平简介

郑洪年（1876—1958），字韶觉，广州番禺人。早年受业于康有为门下。1907年因参与筹建中国历史上由国家创办的第一所华侨学校——暨南学堂（后改名为国立暨南学校，今暨南大学前身），被任命为该校首任堂长。1909年1月调北京交通部任职。1911年加入同盟会。辛亥革命后，任京汉铁路局局长、京奉铁路局局长、京绥铁路局局长。1921年后任北洋政府交通部次长兼铁路督办。1921年3月交通大学第一届董事会成立，任常务董事。1922年3月国立暨南学校设立校董会，出任校董。1924年任广东军政府财政厅厅长，后任军需副监、高等顾问等职。1927年起历任南京国民政府财政部、实业部、工商部次长，并任全国建设委员会委员、华侨事务委员会委员、教育部全国大学理事会理事、庚子赔款委员会委员、立法委员等职。1927年6月担任暨南学校校长，充实师资，改善办学条件，把该校改组扩充为国立暨南大学。1929年6月，在其积极推动下，暨南大学主持召开了我国历史上第一次南洋华侨教育会议，讨论有关华侨教育的方针、内容、教学大纲、教材和管理体制等重要问题，对国内外华侨教育事业的发展产生重要影响。1934年1月辞去校长职务，赴南洋考察华侨教育。他担任暨大校长的七年，是暨大取得迅速发展，办学水平不断提高，学校声誉日益提高的时期。1937年旅居香港，创办了华夏学院、汉华中学。1942年香港沦陷后被日军俘虏，关押在集中营达三月之久，后又押送至上海。1949年再次旅居香港。1952年回上海定居。1956年任上海市人民政府参事室参事。1958年2月25日在上海去世。著有《郑洪年华侨教育言论集》。

# 研究学术不可轻下断语[①]

1933年5月29日

诸位先生、同学：

前几天一年级同学来请求，称下学年还要升入政经系。前次纪念周曾报告，依教育部的命令，下学年政经系只有三、四年级。如勉强升学，将来于同学学业有碍。近看教育新闻，教部对于各校政经系，都有严格的规定。记得去年教部曾令各校不许再办法学院，只边省需要之处可开。最近河南大学请示教部，政经两系应否招生，然亦只准招收二十名，可见教部绝难再予通融。吾人若从社会方面看来，上海一处，许多法科之毕业生，除挂牌当律师外，任何机关都很少法律学士活动的余地。目下商科最为适用，依社会之需要，一年级同学实不必升入政经系，可转入商学院。兄弟今后对于商学院决意努力改进。政经系今后能否存在，校长无权，其权在于教员与学生。但教员与学生非做几篇空洞的文章，或请愿可以挽回的。对于中国之政治经济能多加研究，求得合于中国需要的结论，并使学风良好，转移一般之观念，则法学院恢复并不难。本校日前已呈教部，现在之政经系学生，可否仍用法学院名义毕业，以符同学来学之初衷。但是一个法学士吓乡下人是有余，但在上海，律师多如过江之鲫，除有名声有品德之少数律师外，其余营业均不发达。目下会计师尚多余保持其职业道德，较有生意可做。现在公开对一年

① 本文是郑洪年在暨南大学发表的演讲。

级同学说，下学年政经系二年级不开班，希望欲进政经系之同学，可转入商学院。

前星期一，商学院代表来见，欲挽留院长主任，并说出谁好谁坏，兄弟不待其辞毕，即痛诫之；诫以学校行政，学生不能干预，兄弟在校多年，谁好谁坏，如何会不知！兄弟今后既定之方针，院长主任，一概不准兼职。将来院长系主任，纵使有更动，所聘者一定是好的，绝不会使同学失望。对于学校严加整顿，此无非为学生之利益着想。兄弟在校多年，各位难道还不知我吗？

关于中学部之教职员，亦有人说下学期将有大更动。以前中学部每年度结束颇为安静，今竟有此风传，不知从何而来。兄弟与邝主任谈，教职员中如有做事不尽力者，勿以为我以前所用而有所迁就，但邝先生仍主张不宜多所变更。教育事业为立国之基，然从事教育者，应站在教育之立场，为国家社会谋一线之生机。“君子谋道，不谋食”，未免过于唯心。为教育者一面说教，一面亦须食饭。但不能以个人之食饭问题作为前提，如此种谋食不谋道的丑态，一经毕露，教育前途，何堪设想？

关于大学部新订课程，业经编好，现只有一二位先生之说明文字未修好。教材内容，比本学年丰富完备。至课程内容钟点之支配，恐有不需半年即可修毕者，有亦无须一年读完者。此非一时所能定好，尚希诸位先生负责来共同研究，将学程教材按照标准定出来。

兄弟重长暨大以来，已届七载。全国之名教授，多曾在我校授过，但何以不能长久在此？因有学问的人，欲生兴趣，必须教学能相长，过去我校同学程度较差，虽有一二人能写作，但大多数的文字都不很好，致教者兴趣减低。此后国文英文之教授都很好，希望同学应将中英文工具弄好。工具好了，研究任何学问也容易，而且可使教师发生兴趣，能达到此地步，既可吸收好教员，而教员也不至离开学府了！此话为兄弟常谈，但极重要。望诸位注意！

年来有名之学者、著作家很多，但大多数的人，虽有著作，或编讲义，然多东抄西袭，不成系统。教务委员会应注意此事，提出讨论，研究教科书，有可不必重编，可径采用世界之名著，或采人之发明，介绍出来，不宜轻下断语。一个人学力到了某种程度，自会有所发明。求学应有虚心之学者精神，不然随便下断语，则古人所谓“流而不返”了。

最近德国之国社党，意之法西斯，以独裁政治，安定民生，亦为治国之一办法，但能否永远安定，则成问题，结果恐仍系一治一乱，人民格外要受到痛苦。为学问第一要虚心，仁者见仁，智者见智，但非得的确之结论，切勿轻于发表。……[①]在教师指导学生，指导不好，一定发生毛病，此非关于个人，将要影响整个社会，或全世界人类。故孔子曰：“君子一言以为智，一言以为不智，言不可不慎也。”盖士君子之言论，直接间接所发生影响都很大的。

民十一年，吴秀才时时发电反对人，但电报内容陈旧，有套韩文套驱鳄鱼文文体者。一日有记者与兄弟谈及吴秀才，兄弟以为自吴秀才至幕府，皆读书不多，恐仅读《古文观止》一部耳。此不过谈笑之语。而翌日，报纸上载有吴秀才之漫画，画中置有《古文观止》一部。此后，报上亦时称吴为观止先生。当时不过开开玩笑，而竟发生影响，何况是做学问?！故吾人做学问第一步当先介绍，不可轻下结论，一种学问，非经长时间之研究，一二十年之阅历，绝不能求得结论。汉学家不轻下断语，而宋理学家则不然，故尝武断说“一为文人，便无足道”。因此不为人所重视，盖因其武断过甚也。汉学家之研究方法与态度，均甚可取，希望我校同学，以后要养成讲学风气，虚心的学者，潜心研究，便成系统，切勿稍有见解，便自以为了不得！自信太过，或武断过甚，如此态度，绝非学者态度，不但无益，反而有害了！

① 此处略有删节。

# 张伯苓

(1876—1951)

## 生平简介

张伯苓（1876—1951），原名寿春，字伯苓。职业教育家，南开大学创建人、校长，中国奥运先驱。1876年生于天津。1904年赴日考察教育，回国后将家馆改建为私立中学，定名敬业学堂。1907年在天津城南开洼地建成新校舍，遂改称南开中学堂。1917年秋赴美，入哥伦比亚大学研究教育，次年回国筹办南开大学。1919年秋正式开学。1936年入川，先后购地八百余亩，创办了重庆南开中学。1937年以前，南开已形成了从小学、中学到大学的完整体系，他先后担任校长四十余年，为国家培养了包括周恩来在内的大批人才，被尊为"中国现代教育的一位创造者"。他提倡美育教育，重视戏剧、音乐和环境的美育功能，并在办学中践行。七七事变后，南开被日机炸毁，大学部先迁长沙，继迁昆明，与北大、清华合组成西南联大，张任校委会常委。1938年7月任国民参政会副议长。1945年当选为中央监察委员。1946年6月被美国哥伦比亚大学授予名誉文学博士学位。1948年6月被迫出任南京国民政府考试院院长，不久辞去，避居重庆，深居简出。1949年11月底重庆解放前夕，婉拒蒋介石赴台要求，留守大陆。1951年在天津病逝。

# 南开学校的教育宗旨和方法

1916 年 1 月 19 日

一、南开学校教育宗旨及其教授管理之方法

凡事必有一定宗旨，然后纲举目张，左右逢源。本校教育宗旨，系造就学生将来能通力合作，互相扶持，成为活泼勤奋、自治治人之一般人才。英语所谓 co-operative human being 者是也。欲达此目的，不可不有适宜之办法。前山东师范生来本校参观，在思敏室茶话，席间有以本校教授管理之方法相询者。余当时曾设譬答之，谓如幼稚园之幼稚生然，唱歌时每须举动其手足。为之保姆者，不过略一指点，其前列聪颖之幼稚生立时领悟，余者即自知如法仿效，无须事事人人皆须保姆为之也。本校教授管理亦无以异，是唯在引导学生之自动力而已。诸位先生倡之，老学生行之，新学生效之，无须个个提耳谆嘱也。而精神则在“诚”字、“真”字、“信”字。本校至今办理小有效果者，恃有此耳。诸生日日灌溉此精神之中亦知之乎？汝等新来诸生，亦当如幼稚生之视其前列聪颖者之举动，而注目先来诸生之勤苦者之举动，特汝等现在程度远非幼稚生之比，则努力进步，应亦较幼稚生为甚，如此做去，则九百余人之教授管理，殊易易也。

二、爱学校

人为万物之灵，而不能如草木之孤立为生。在昔原人时代，人之生也，只知有母，其后人类进步而有父母兄弟。以中国习俗言，尚有祖父母、伯叔等等诸关系，此种组织 institution 是曰家庭。然家庭系血统的联属，自然相爱。再进，人不能不求知识，为涉世之预备，于是离家庭，入学校。等而上之为社会，为国家，凡在一种组织之中，则己身为一分子，member 一言一动莫不与全体有密切关系。对于社会国家，今姑勿论，而但言学校。学校系先生、学生与夫役三部所合成，其目的则造成德育、智育、体育完全发达，而能自治治人、通力合作之一般人才，以应时势之需要。诸生须知既为学校中之一分子，则汝实栖息于此全体之中。学校而良善，汝亦随之以受益；汝而良善，学校亦随之以有荣。反言之，学校而有缺点，汝亦不完；汝而有败行，学校亦玷污。利害相关，休戚与共。夫狭义之言，学校则课读而已；广义之言，学校则教之为人。何以为人？则第一当知爱国。今人莫知我国国民爱国心薄弱，欲他日爱国则现在宜爱校，既同处一校则相与关切至密，亦既言之矣！故须相爱，以相助相成，其理由至易明了。然则如何用其爱，第一对于人有师长、有同学、有夫役，余不敢谓本校诸位先生如何特别优尚，唯余生平任事数校，求如本校诸位先生之一致之认真之热心，并以余暇竭力扶助学生诸般之自治事业，殆属绝无仅有。吾向以中国前途一线光明，舍振兴教育外无他术。今得如许同志协心同德，将来当不无成就也。诸生知有人教爱汝，则汝必思厚报之。今诸生能敬爱诸位先生，则诸位先生亦自更加精神，以惠爱答之也。然教育非如贸易者，以一文之价来，必以一文之物去，硁硁然不肯溢利与我也。且师长对于学生，莫不勉力扶植之，而对于资质稍次者为尤甚，表面似恨之，其实则竭力成全如恐不及。诸生切勿误会此意，对师长要爱，对于同学尤要爱。诸生试思，在家兄弟最多六七人已不易得，今在学校则九百余众是皆异姓兄弟也。在家兄弟少，在校兄弟多，则在校兄弟之乐，自亦较大于在家兄弟之乐也。且在校同学一语良言，其益往往过于师长终日强聒，盖相习既久，长短互现，无隔靴搔痒之谈，多对症下药之论，收效之易自无待言。交友不必酒食征逐，须择规过劝善之真能益我者。然语云：“无友不如己者。”西语亦有云：Birds of a feather flock together（喻人以类聚也）。优尚者与优尚者处我虽欲得益友，奈益友之不以我为友。何曰此，唯在汝自处如何耳！汝日日进步，则益友不求自至矣！自爱爱人，人安得不汝爱乎？今再言夫役，余生平之仆役，自为学生至于今日，无一人不忠顺于我者，此何以故？无他，以人待之耳。世人往往以奴仆为次于平人一等，至目之为禽兽，随自己之喜怒以横虐之，不知彼亦人也。汝不以人待之，彼亦不以己为有人格，渐渐无所不为矣！尚欲其忠顺得乎？若能以严正驭之，而加以仁慈使知自爱，既知自爱，夫何不忠顺有之？以上言在学校对于人之爱。兹复言对于物之爱，爱物亦公德也。公德心之大者为爱国家，为爱世界。在校先能爱物，而后始可望扩而大之。至于国家、世界、校中桌椅，非汝之所有，亦非我之所有，推而至于书籍、图报、讲室、斋舍、食堂、厕所、球场，亦皆非汝与我之所专有，而为学校之所公有。我所有者不过其一份，一方面既为我之一份，则我之物我爱而保存之，固宜一方面为众人之所公有，则众人我所爱也。爱其人自亦不应毁其物，如偶或损坏，务要到会计室自行声明，照价赔偿，不可佯为不知。因微物有价而人品无价，毁物不偿所省有几，而汝之人品全失。失无价之人品，余有限之微资，勿乃自贬太甚乎？同学见有此等事，应为立即举发，因彼所毁之物亦有汝之一份也。然此物之有形者也，尚有无形者，为团体精神与全校名誉。本校出版之诸种报纸、杂志，如《校风》《敬业》《英文季报》及未出版之《励学》等，皆团体精神也。较物资百倍可贵，则维持之、发扬之，应尽其力之所能及。至于全校名誉，其良否皆与尔各个人有关（理详上），则尤所不可忽也。

# 欲强中国，端赖新少年

1916 年 9 月 6 日

此次“修身”，余拟用十数分钟之时间对于时事稍言大略，以启诸生阅报之观念，庶不致一见报章茫无头绪，读而生厌。余对于时事不常为学生言之，何也？盖吾国每有对外之事，即患应付无方。每易受人欺侮，欲图富强几于无望，恐学生闻之徒生悲观。且少年心性每多好强或受激刺，生悲观则希望绝，受激刺则愤言起，二者皆非少年所宜，此余之所以不常言也。然如绝口不言，使学生对于世界大势、国家前途一无所知，又岂教育之良法？此余之所以必欲言也。此次中学会议，有某先生提议，值此修身时间关于“国耻”，当常为学生言之，以启发学生爱国之心，而激励学生忧国之感，斯言良是。唯言之必使学生闻之不致徒生悲观过受激刺方可，亦颇难措辞矣！盖中国一线之望皆在学生之身，学生之责任可知矣！而小学知识太简，不如中学学生知识较深，中学学生之责任又可知矣！故此案决议后，遇有机会即当加入时事，盖激刺不可太过，然亦不可毫无也。今日所言之事为中俄协约。此事内容外间不得尽知，吾人可以往事征之。初日英协约表面为维持东亚和平，故日俄战争他国不加干涉，以有英监视也。其结果日吞朝鲜，此日之利用英也。英国海军皆在欧洲，亚东商业鞭长莫及，借日力得以保全，此英之利用日也。今则利尽交疏，故日又与俄协约，其意果何在乎？可思之而得也。我国适当其衡，来日大难未知税驾之所在。于此欲施补救之术果恃何人？旧官僚乎？新人物乎？官僚派吾无望矣！此次新登台之人物乃竟有以烟土案而被嫌疑者，纵经百口解说，然迢遥数千里，累累数千磅，岂竟一无闻知乎？岂竟毫无关涉乎？何不幸而冒此不韪之名也。一人之关系无足重轻。试就大势观之，吾中国或不至如朝鲜也。其首要原因曰，版图辽阔。邻虽强恐独力不能吞也。而各国战事方烈，当亦无暇东顾，此正转弱为强之好现象也。譬之病人，如人皆曰可愈，则精神为之一增；如自以为不救，则医药每至无效。我国今日，吾纵以为病虽危，尚不致诸医束手，绝不至为朝鲜之续，明矣！今晨余至友朝鲜某君谈及亡国之惨，闻之不禁动颜。虽然欲强中国责任谁归？曰端赖一班新少年。然则少年自处应如何乎？曰尽心为学，以备将来之用。语云“生于忧患，死于安乐”，望诸生三复斯言。

关于训言者，余亦有数语，即上星期所言之预算，诸生已尽解之耶。盖天下事无论为全国、为各人，均非有计划不可也。中日之役而日胜，日俄之役而日又胜，皆计划之功也。此国与国之对待也。至以各人论，凡行一事，亦每至有阻力生乎其间，必须继以贞固之力，方不致徒托空谈。语云“言之非艰”，行之维艰，是非具有一种能力以胜此阻力不可。余尝为汝等计划约有二法：一为先生之辅助；二为诸生之自治。夫然后先生之力渐减，学生之力日增，庶几人人皆具自治之精神而有做事之能力也。

关于体育者，复有一事，曰检查身体。本校学生约近千人，人数太多恐难遍检，兹由医士列一病单，可按症填之，万勿隐病不言。本校学生徐绍琨、张润身之死，皆吾辈之过。殷鉴不远，其戒之勿忽。

# 旧中国新希望，旧南开新责任

1917 年 4 月 11 日

春假内余曾赴京，所受感动，当于今日，为诸生言之。校内于春假亦曾组织旅行团，与行者受益自必不少。旅行最要之点，即为得一新经历。因吾人每日起居动息皆有例可循，常而不变，必寡精神，至旅行则可引起兴味，再做何事，自能得良善结果。余之至京，其原因之最要者，意赴美后，要余演说者，必有其人，虽欲拒绝，恐亦难免，演说时如谈世界大局，自觉恐才有不逮；如谈专门科学，恐识有未足；即言身所历目所经之教育，又觉寡趣无已。其一，言中国之与东亚诸问题乎？此为关系美日中三国者。关系中日固矣，何以谓为关于美乎？盖与美所界，只一太平洋间，故亦有关系。此种问题美日皆有著作论说，而中人则阙然久未及此，且常有外国友人对余提及。故虽觉不足，亦以尽厥责任为目的。曾思中人对于此种问题较他人知之应为更稔，而况余侪教育中人乎！此所以必不得已于言也。然徒恃一己之眼光，而不知他人之论调，又呜呼可！故必参考美日之议论，然后言时较为圆满而有把握。余至京以此意告之西友密司忒葛雷。葛君言政府顾问英人莫理逊君处，藏书甚富，且多关于中国之与东亚诸问题，莫君曾为伦敦《泰晤士报》主笔，前八年以顺直禁烟事余曾见之。今得葛君介绍，往访其人，得伊欢迎。且定于某日上午十钟涉猎其所藏书，至时赴约往视。其屋之小大，不下本校礼堂，书架满屋，琳琅满架，较之处则充栋宇，出则汗马牛，殆有过之。内分书籍杂志等，其书各国文字皆备，内约百分之九十余为英文，以著作者既多英美国人，而他国人亦间有用英文者故也。其余为法文，为德文，为拉丁文，为瑞典文。法文所载，率为云南、广西二省之土地风俗人情、矿产等；德文所载率皆关于山东之情形；拉丁文则为罗马教士初至中国所记载；瑞典文则寥若晨星，不多观矣。一时不能遍观，伊为我介绍数册，后又视其法文所书之关于云广者。其中绘图之精，中国书籍中殆未之见。以其他与安南毗连，故彼觊觎最力。德文中则有五厚册关于山东者，莫君对余曰："若辈之经营亦不为不力矣。"真概乎其言之。余闻听之余不寒而栗，方知他人较中人之知中国之多，有过之无不及也。嗣后与之略谈中国大局，其批评中国政治缺憾甚当。且曰满室之书无一语敢谓中人不足有为者，彼对于中国将来希望甚大。余要之演说，伊言演说非其所长。及十一钟余，余兴辞去。是日晚，葛君请一英国大学历史教育某君（其名为记者所忘）共餐，余在座食时，某君言及中国人与他国人皆谓中国古国也，地利率皆用尽，是诚大谬，中国宝藏甚富，蕴而未开可享之数世而有余也。斯言也，在常人言之亦无价值，而某君者则曾在中国各地演说，其言皆从调查学问经历得来，言必有中，铁案不移也。后余在清华学校居住数日，潜玩莫君为余所介绍之书，阅毕，与前此对于中国之眼光不尽有所改变，方知吾人欲知中国情形，必观外人书籍。斯言乍听似偏，然吾中人之对中国，语焉而不精，知焉而不详，非按科学方法所研究既不能一致，故亦不能谓之真知。彼则以社会、经济、博物、政治、宗教等学理分类揭出，故有规则，有条理，较之中人所述似为较胜。昔苏格拉底有言曰：Know themselves。中人之病，即患在不自知。诸生知夫睡狮乎？其齿非不利也，爪非不尖也，力非不猛也，徒以睡故而失去知觉，麋鹿欺之。故欲有为，必先恢复知觉；而恢复知觉即在 awakening"醒"之一字也。此字也昔曾言之而不知之，今则能谓真知矣。盖此字非阅历、思想不能知也。余今日之题为 The New Hopes of Old China and The New Responsibilities of Old NanKai School，"旧中国之新希望与旧南开之新责任"。夫世界各国各尽厥责，如德昌潜艇政策而美抗之尽其责也。而中国如何？睡狮知觉之无有，中国何责之能尽？虽然中国人岂真不能尽责而有为耶？则固知莫理逊之言，无人敢谓中人不足有，为者与某君之谓，中国地利可数世享之而无穷，不我欺也。推原其故，睡狮所短者，精神也，而中国所短者，亦精神也。精神何以短？以性好保守也。譬之以弈，能取能弃，欲取姑予，方能制胜。耶稣基督曰：如求生命必先弃生命，譬之种粮，必先撒种于地，待之半年，方能刈获。若数事者，岂保守之人所能为哉！此中人之所短者也。何谓旧中国新希望？中国所少者，岂官吏乎？岂一班人民乎？亦皆非也。所短者，即为五十年或百年后造福利之人。何谓旧南开新责任？即为余与诸生从兹立志唤醒一己，唤醒国人，醒后负责为世界发明新理论、新学说，使世界得平安，为人类造幸福。此为余春假中所得者，亦为所望于诸生者，而又赴美后所欲以演说者也。

# 访美感想[①]

1919年1月25日

在美读书幸得与范、严二先生尝相讨论，下班后即将堂上所学之功课同二先生研究。夏天得以至各处参观，并常见新闻记者及至各处演说，又曾至英属加拿大二次，以详察其大学、中学、学校中行政是否与社会上结果相同，嗣因流行病阻碍，未能尽至所预定各处。

这一次到美国，看见他们物质上跟以前不同的，如长桥加多、建筑加高等等，亦颇不少。而其人民精神上之表现，于其对于战事上之行动，观之颇足感人。如其兵操之自由、公债逾所募之额、省面俭肉、定期禁火等事。在事前予等不知其须加若干巡警，以维持此种秩序。而一观其舆论，察其行动，则殊非始料所及。青年会及善团联合会捐款均逾额。向者以美人只知爱钱，今见其所给之数为前此历史所无。

再看联军给美国的责任，是教它挡着德国往巴黎进攻的要道，彼时美国每天都有图报以告联军进取的情形，大概都是美国先攻，法国随进，英国自然亦就进攻。在德国要求之时，德之势力并非全灭，德兵尚在法境，而其完全降服决计停战者，即自觉前此错看美国，而今事出意料之外，绝无恋战希望矣。在德人起初想美人性不好战，无所可虑，即彼愿战亦无预备，更不能远至欧洲，尤非德国

① 本文是张伯苓在教育厅于河北高工礼堂召集的演说会上的演讲。

敌手。此种观察原非无因，美人诚然不好打仗，亦诚然没预备。但一经明白便愿打仗，一经知道即已预备。人一转，都为打仗的人，事一转，都成打仗的事，那等的专精注意，真是全国一致。美国此次送兵到欧洲，差不多有二百万人，其兵船为德潜艇所打沉的殊不多见，那就是因为它的口岸多，它的变化快（这些事都与教育有关系）。比起来德国是整齐，美国是散漫，然而美能胜德，其中不无原因。德人为机械的，其脑筋为兵官，其灵魂为国，为大皇帝，为国魂。美人则一人算一个，如不打即不打，打则手脚打，脑筋亦打，灵魂亦打。这个分别一个是机械的，一个是全体的。德国人是有头有户，美国人则纯然是民主的精神，个个人都为头，组织起来则整然有序，散之则各自为主。德人操练得好，而变之甚难，美人起首组织不如德国整齐，而愈长愈好，以其人好变，须知现在打仗国内国外均须时时更变。此外还有一项，就是世界的趋向，当年多半是少数管多数，而今民主精神日见增长，所以联军得胜。

此次战争打败了的固不待言，即非打败了的，间接受其影响的，亦有几国，如日本、英国。日本先仿中国，后仿美，后仿荷兰、法、英等国，又后则纯粹仿德，洎今已随德国跑了若干年。现在他们的老师已经倒了，它那举国识者不免有所忧虑。予由美返国过日时，有它本国人新都护氏，大学教授唱本主民义，大家正在那儿同他辩论，若说英国在它本国民主的精神，本来很好，而这一次牺牲了不少，以后对于财政殖民地方法还需有所更变。受好影响最大的就是美国，他们的来历，本来就极清洁，他们就是英国的清教徒迁移到美洲的，其精神上最好之点为自由信仰，而且无旧套。天产富，四邻都好，两面近大洋。他们自己常说，借着华盛顿建筑美国，林肯巩固美国，威尔逊找着美国在世界上的地位。他们最大的发达，就是财力，如今恐怕合世界的财力亦不敌美国。记得有天同范先生谈话说，看看美国建国百余年，他们乡村的路，便可行 automobile。吾们立国四千年，反倒无路走。他们岂是从欧洲带来的么？不是。是他们能各尽实力，分开极力发达自己，而同时又对于社会上负责任。今且合力建设，将来定有可观。当初有远见的人便说将来美德必有战争，因为它两国的主义相去太远。今彼美人果因其主义牺牲财产生命，嗣是其国势必益昌盛，因为他们的主义高尚，又正合于世界的趋向。其次受益者为比、为法、为瑞士、为荷兰，再其次为中国。中国数千年来，迷迷糊糊可以说是未醒，而今一醒正当其时，英文字可以说中国人一睁眼，正在 right track 上。而日本挣扎数十年，而一睁眼正背道而驰，可算真冤。吾国人可算真便宜，然而如此便宜即听之乎！抑当急起直追，以图挽救。挽救之方何在？即在教育，故愿同诸君一商教育问题。先时吾国教育目的，为尊君、尊孔、尚公、尚武、尚实，而今又当如何增减，予在途中同严、范二位先生谈，何为教育宗旨？当本其国情而定之。论中国古时教育，在三代以上甚好。予尝对美国同学及先生讨论学科目，一切均以切于现在生活为准。予告彼等，中国上古教育之完美，并举一例，即当日孔子所用的学科目诗、书、礼、乐、射、御、书、数，即达情之歌，纪事之史，礼节、乐谱、射击、驾驭、做事、计算。在当日两千余年前，可以算很完全了，到后来就是因为君主专制，所以愈闹愈糟，列国时诸子思想奇特，颇有所现，因之后来君主愈发设法限制，甚至杀害。君主这种组织在世界上实在是很奇怪，大臣以孔子之道劝君使之爱民，君主以孔子之道教民，而使之不反；先时文人尚可随便说话，入后则君主制人方法日益进化，则限制人之思想乃愈严，直至清时八股可谓极矣。幸工商尚未受骗，所以尚能支持。至于今日，吾国历史上亦有革命，不过重翻旧篇，再做一遍而已。由唐改宋以至元明清都是照样文章的太祖、太宗，天子登殿，群臣称贺，直至清末，国人为世界潮流所激荡，遂成辛亥革命。这次革命以来，改头换面已经是旧篇历史上翻不得的了，所以捣了七八年的乱。由此以后，尚恐怕是不止七八年。外人问我将来中国怎么样，我简直不客气就说不知道。又有人问我中华民国可以保得住么，我说二三十年以内，大概没人敢弑君主。袁世凯失败于前，张绍轩失败于后，就明明的是个证据。究竟中国仍然捣乱的是因为什么？就是无组织，无人组织。近世发明之最大者即归纳法，由万事万理以证明一理，先此多用演绎法，由一理演至万事万理。现在世界各国长进法，比之如生植物，非但畅遂其天然使之茂盛，更加火生热，使所生长胜天然者百倍。而吾国则蹙其苗，害其穗，并天然者亦不畅遂，奈何？

予尝谓今后世界上有最大长进希望的国，除了美国，就是中国。国人不可不知，而吾民国在在都没到底，所以图救之道既须信民国，尤须信教育。今后教育当（一）尚实（勿虚）；（二）尚理想（勿妄）；（三）按科学法教之做事，即凡做一事，当先研究，后计划，然后执行，最后则批评之，以见短长；（四）当利用物质，利用科学。去岁大水物质害人，而人不能于事前制之，学科学当学其用法，如观察、试验、公式等，而其原理之价值甚有限；（五）当学组织。先时专制时代，“二人偶语弃市”，而如今人批评毫无实验，发不负责任的苛言，不知事理的难易，又是过当；（六）当学社会科学，即打破旧家族制度，而成国家。旧家族可以谓之一堆一块分不清楚，不成民国，今当将此制度打散了，使成个人，然后再合起来使成社会，使成国家。若按如此进行起来，个人的进化，团体的进化，必当蒸蒸日上，民国的盛治，可以说后会有期。要想造新民国，不可仿造，当想造，创造。中国当年即非仿造，更当看活了，凡事都要问问如是么。如是，则将来中国强，即与世界有关，因将来世界要缩小，中国要涨大。

# 南开大学成立之动机[1]

1922 年 10 月 18 日

南开大学系由中学部所产生。吾犹忆十数年前南开中学始成立时，天津中等学校同时而起者不下七八处，如官中、新学、长芦、明德、私二、私三等，皆争胜于是，而至今存在者已无几。若发展由数十人、数百人以至千三四百人者，则更稀矣。此中消长情形，固有幸与不幸之分，而南中办事诸同人和学生笃信教育万能之梦，至处此经费极困难情形之下，仍能煞费苦心，竞争不息，亦可大增吾辈办学之信心矣。然非即以此为满足，中间亦屡次欲提高学生程度，如开办专门班二次，皆以经费无着与章程所限等原因而停止，致将学生转送他校，至今犹以为憾。现大学成立虽逾三年，而其始亦几经波折，始克继续发展至有此小小之成功。此数年间，与吾校同时而起之大学，如东北、西南、东南、河北、鄂大及厦门等，皆耸动一时。而至今除东南、厦门与南大三校外，他将成为泡影，或至今尚未实现。东南与厦门两校，学款尚裕，可望持久。吾校经此三年之试验，学生由数十人增至今三百数十人，与前相较，增且数倍。以学生言，可谓幸事者一。年前以校舍狭窄，难以扩充。今得津南八里台广地数百亩，以充建筑校舍之需，第一处楼房一二月即可告竣，则第一班毕业诸生，明春定可在新校址举行毕业典礼，当不致再有转送他校之虑。以校舍言，可谓幸事者二。吾校经费自中学既感困难，然从未以此而中止。吾大学经费，三年来

---

① 本文是张伯苓在南开大学第四次始业式上的报告。

亦不充足，不久将再事筹款，或可望有成效。且美国煤油大王前所捐之十二万五千元科学馆助费，亦可望领到；则今日理科诸生，明春当能得大科学馆之享受。以经费言，可谓幸事者三。此外，大学最要者即良教师。现在座诸教授，皆一时之硕彦，从此教诲得人，诸生受益，当非浅鲜。以教师言，可谓幸事者四。

以上乃数年来吾校成立之历史与此后进行不已之计划也。然年复一年，茫然计此者何？为此即吾南开大学教育目的何在之问题。吾将借此机会为诸生约略陈之。

吾族自有历史以来，世世相传，从无过极困难之时期，如吾辈今日所身遇之甚者。盖前此所谓之困难，乃一族的，一事件的，甚或一二年的。今吾辈所身临者，乃外界潮流突来之打击，未及应付，即将吾固有之环境打破，以致标准丧失，是非混淆，社会泯纷之象日甚一日。究此原因，即所变者过急，国人莫能定其新环境以抗之也。故外潮一入，民气全失，长此以往，黄帝神明华胄，将何以堪？于是忧时之士，始也希冀袁氏帝制推翻后，则一切泯纷之象皆可迎刃而解，全国上下就可好了。既袁倒，而泯纷之象如故，于是又转其希冀之点于张勋复辟失败，于安福失败，于直奉战终等，而前此泯纷之象至今仍如故。“就好了”三字之梦，乃大失其信仰心。然则此问题将如何以解决？吾无以答之，唯求之于南开大学教育。

约翰·杜威（John Dewey）于其《民治与教育》（*Democracy and Education*）一书中，前四章论应付此种外力之法最精微。谓当一新环境之袭人，须先自定方策，即有一种“动机”，以应付外来环境之逼迫，以与之较胜负，继续不已以至终身，始克得胜。今吾华民族所最缺乏者，即此种有“动机”而能引领全族出此迷津之领袖。南开大学即造此领袖之所望。今日在座诸男男女女一秉此心，自强不息。

总以上所言，此次大学成立之动机，系第三次之试验，此后将打破艰难，永无止息。至成立之历史，则一由外界之帮助，二由内部之增长——校舍扩充，学生增加，教授得人。而教育之目的无他，在求此解决吾华困难问题之方而已。此问题吾知非一时所能解决者，然“百尺高楼从地起”，事无大小，全在精神。《圣经》有言：“对小事忠心者，对大事亦必忠心。”故吾敢语诸生，凡事不在成功，不在失败，只视其如何竞争。今吾辈既生此时艰，万勿轻视自身，须记汝“责任大”，“机会好”，志向一定，前途正远。人谓南开今日虽小，后望方长。他吾不知，吾唯知“穷家子弟咬牙紧”“生于忧患，死于安乐”“天将降大任于是人也，必先苦其心志，劳其筋骨……”望与诸生共勉之。

# 教育为改造中国之根本办法[①]

1924 年 12 月 14 日

处于此等风雨飘摇之时局，欲求能平心静气从事于事业，实为不可能之事实。以本校论之，本年来已阅大险二次。其一，非直接关于时局者，为夏间之水患。其二，为东北战争。此二险皆幸得脱免，既未致受淹，又未致停课或被占为病院。此两险难，方庆已过，而又有一尤关全校命脉之经济困窘问题，临于吾人之跟前。考本校全部经费入源，昔皆赖学费、地租、省款、公债及财部之助款，与出路相抵，每年辄患不足，约亏数万元之多。现当如此时局，不仅设法筹款不可能，即应得之款项，亦受影响，较往日减少矣。处此艰难，办事人之苦痛当可想见，然吾人仍当积极设法，无论如何不能使学校陷入停办之末路也。此次政变之成绩，自表面观之，约有三项：

一、历年来武力统一之迷梦，从此当稍警醒。今之执政者曾因恃武力谋统一，而遭失败。晦迹数年，回首前尘，必有所悔悟；且此次得政，并非得自武力，其不主张以力征经营，实可断言。至于现之握军符者，鉴于某大军阀之前辙，亦必有所警惕，不致再轻用武力，即使尚有之，在实际上恐亦难办到。盖欲启战争，对于其部下必有所利诱，始能得其死力，此历年来内争所得之定理。现之奉军，固战胜矣，所得者几何？不徒无利可得，现且将从事于裁减矣。如此，尚望其能侵略南疆耶？

---

① 本文是张伯苓在南开学校第十次高级集会上的讲话。

二、吾国人素有不问国事之劣点，经此次大乱，当亦有所改正。内乱纷纭，虽非国家之好现象，但一班醉生梦死之国民，受如此苦痛切肤之刺激，当可醒悟矣。

三、手握三民主义旗帜，奔走革命四十年之国民党魁孙逸仙，自满清末叶直至今日，即时立于国民前方，呐喊提倡国家改革，种族应自立。满清既已倒矣，军阀为国家之害虫经此次战事，现已稍见铲除矣。目的稍达，而国家已糜烂如此，其方针岂不当变移？闻该党现已改变目的，由对内之改革，移为打倒国际帝国主义之计划。为如斯亦吾国前途之曙光也。

总之，此次政变所收之效果，消极方面，不过国民由此稍有所觉悟；积极方面之建设则未有也。然吾人决不能因有消极之觉悟，即自以为足，此后仍当合心努力于积极的建设。欲积极地刷新中国，根本方法，在先改变人民，欲改变人民，则必赖乎教育。信教育可救国者，非无其人，而至今无努力从事之者，其故有二：（一）处于国势紊乱，外国帝国主义侵凌之下，教育无发展之余地。（二）教育固属重要，然其为用甚缓，非旦夕所能获效者。虽然此不过无志者之言。唯其艰难，唯其纡缓，吾人益当振奋斗之精神，刚毅之魄力，以从事之。盖一极重要而极难收效之事，欲不历种种艰险，而平易得之者，自古及今未之见也。

本校之寿命，本年已届二十载。建设前六年，已为胚胎时代。余时在北洋水师，感触种种国耻，知我之不如彼者，由于我之个人不如彼之个人。故欲改革国家，必先改革个人；如何改革个人？唯一方法，厥为教育。

欲教育发生实效，必注意两点：（一）普遍；（二）专。然此等云云，在初行改革之幼稚国家欲能办到，谈何容易！苟欲行之，亦当先自小处做起。先做出良好成绩，使社会知教育之重要，然后始有普遍及专精之可能也。此等责任，私立学校当负之。此余之所以辛苦经营，而有本校之诞生。二十年来，时势屡有变更，吾校亦屡经困厄。而卒邀幸运得不致停办，不徒不致停办且蒸蒸进行，一日千里。此其发达原因不外以下三者：

1. 信——认定某一事业，始终以之不半途放弃，此信之谓也。

2. 永变——方法不变，虽宗旨甚佳，亦不免于守旧，且有碍于进步。吾人宗旨固始终保持，不肯放弃，而进行方法则时时改变，务使其收利益多。

3. 专——此项为一切事业成功之要素。抱定某一目的，竭毕生之精神，派刚毅之魄力，猛勇赴之。虽以身殉，不惜也；虽以利诱，不顾也。此等精神，苟能得之，无论用于何种事业，其成功必伟大。此三点，为本校能有今日之原因，为余办教育所持之利器，亦为办一切事业之必需条件也。

# 中国之现状[①]

1929年4月19日

尝闻人谓中国学生较美国学生多沉思，此乃自然之理。

一、中国学生负改造中国之责任。国中人士负政治社会之责者多无知识，其有知识者又无经验。国人百分之八十不识字，而能识外国文者尤少。诸君旅外读书，负改造社会之重任，自当与美国学生之享受太平极乐国者不可同日语。今诸君有最好之机会来此读书，就应利用此机会负将来改造社会之重任。

二、预备。诸君就学读书须自己审识情形以别取舍。外国学校如大工厂，学生如工厂之出品。彼学校视社会之需要而定教育之方针。适于此者有时不适于彼。中国情形与美国不同，故诸君就学亦应审择其与中国情形相合者学之，否则舍之。此取舍之中，即视诸君之审变力如何以为别耳。

三、审变。年来国情变化非常之速。诸君须能应此潮流之变化，推测变换之趋势与其因果，而后方能应付此变换之国情。近世思想之变迁，行为之变迁，以及政府组织之变迁等，皆由于科学进化之影响所衍生。结果遂有资产、社会、经济之冲突。中国处此变换之时代求之应付自如实非容易。概以缓变则应付易，速变则应付难。年来中国之乱亦遂原因于此。

究以上之变迁将如何以应付耶？欲解释此问题必须推究根本方

---

① 本文是张伯苓在美国费城各学校参观后发表的演讲。

能解决。如政治问题由改君主为共和起，十八年来变乱相寻，至今始渐渐入轨道。中山先生之建国大纲由军政而训政，再次为宪政，步骤井然，如能行之不误定能进入盛平之世。此外，经济问题尤为目前之所最要者。国中一班人高唱资产贫富之不均，殊不知国之大病不在产业之不均，而在生产之不得其法。东三省地处边隅，北有赤俄，南有日本，中东、南满二铁路实为经济侵略之最要工具。然近二十五年来利用中国之人工，日俄得开发此富庶之区，每年生产之粮米等项除供给三省人民外，尚有余剩运销国外。回视内地各省，百分之八十人民务农，尚年年待赈，今且饿殍载途，不计其数。生产工具之应改良，结果有如是者。国人痛骂清朝之腐败，孰知清朝时代国土尚有增加，今则就此区区之内地数省尚不知如何利用，徒待饿殍。与欧美各国同一生存之今日而有此不进化之现象，真真愧死！

中国旧观念士农工商四类，士为最高。数千年来就此重士轻工之观念，致养成一班空谈而不做事之腐败阶级，高倡精神文明，而不知改良社会，提高生活程度。20世纪文明之下尚有受饿之民族，精神文明价值何在？今诸君皆为国人之英俊，负重任，有好机会当如何免去空谈之弊病，而务实际之做事以为全国人民之模范耶？在校时应多讨论有关中国切要之问题，俾日后做事不致茫然无所措手足。此吾之所愿与诸君共勉者也。

# 中国的富强之路[①]

1929年9月23日

九个多月的工夫诸位一定很想念我的，但我也很想念诸位。一个人离开了他的故乡，便有所谓homesick，我这次却犯了schoolsick。现在来到学校了，这病亦好了。

所感谢大家的，第一便是今天诸位的到站欢迎。我在欧洲时即有函致学校，请大家不必太隆重，可是在上海有许多人欢迎，来到天津又是如此。第二便是同人们维持学校的进行。我离国九个多月的工夫，各事都照样地进行，在这种混乱时期，大家还能继续向前，的确是一件不容易的事。大家的力量真不小，无怪外人称我们为家庭学校了。中国人的家族观念未除，对于家庭总是有一种爱护的心理。

余自前次出国至今已十年。在此时期中不得休息，大学、女中学、小学的成立，三个学校的向前发展，一切经济的筹措都是我亲手经营。并且经费都是向人捐来的，私立学校的办理不像官立学校那么容易，我们须用款少而做事多。好在我们的运气还不错，总算过去了。经过了国内的几次政潮，我们不但要应付政潮，还得要力谋发展；当着现在北伐成功的一段落，政局必有安定，故假此机会出国一行。此行目的有三：第一为休息，第二为捐款，第三为研究欧美之教育状况。

---

① 这是张伯苓赴欧美考察后，在一次欢迎会上的演讲。

第一，先论到休息。我所谓的休息，不是躺下或坐下身心全部地休息，乃是根据心理学家的说法，是改变环境而工作。以前是在学校里办事，到了外国便不然了，地方不同了，所交结的朋友也不一样了，所用的语言更是不同，以前所常运动的几个机关休息了，换了机关去操作一切。休息的结果，我的腿是时常用了，外国的道路很好，短的距离都是步行。以前在中国走长路便腿痛，现在练习得能走路了。手也是时常用，外国旅馆里的仆人很少，行动时一切行李的收拾、轻便物件的携带都是自己下手。并且我的衣服除衬衣硬领外都是自己去洗，省钱还是小事，这倒是件睡前的 exercise。我以前久坐腰痛，现在九个月未犯了。我的身体是较前强健了，思想脑筋都较以前活动，对这一项的结果可以算是圆满。

第二，捐款。这的确不是一件容易的事，向外国人捐款更不容易，欧洲人自顾尚不及，所以只有在美国捐款。美国人的财产都是自身赚来的钱，不易拿出。无故的绝不帮助，必须理由充足。再有便是美国立国百余年，而今土地肥沃，工商业的发达，都是自己努力创造出来的，并没有任何人的帮忙，自由的精神、独立的精神是美国人所特有的。我们向他们捐款时，他们要问到中国的财富为什么不自己去发展，我们是莫可以对的。用可怜的态度，beggar 的手段，美国人是绝不予以同情的，所以不能这样说法，必须有正当的理由。我这次的理由是中国以前怎样好，将来预备怎样发展，现在虽然不好，乃是因为内政的纷扰，故经济紊乱，所以需款办教育造就有为的青年，因此我也要请你们稍帮忙，不是用你们的钱做基金，乃是在这过渡时期几年中的经费。使他们看看我们南开的以往，他们便可以晓得我们是时时刻刻在困难中争斗的。三十年的以往我们绝不是 follow the least resistance。容易的道路越走越狭，难走的道路才可以发达前进。他们给我们钱很小心，可是我们用之也不是随便，因为我们有我们的自立精神。世界上再强也没有能自立的人强了。又因为中国的问题是未来的世界大问题，助我们解决这个问题，也是他们所应该的。

在美因时间关系不能久住，许多友人之维持有委员会 committee 之组织。委员多系各界名人，由彼等介绍富户而资助。如经友人之介绍曾到 New York 见一位富翁 Mason，彼则允许每年捐款二千美金以五年为限。又有 Chicago 的一位太太也允每年捐助一千美金以五年为限。此外尚有每年允一千美金者一位，现来中国在燕京大学开会。总之，捐款注意点有二，第一便是须有人介绍，第二须有充足之理由。此次因日期短促，日后尚须仲述先生一行，办理一切尚须进行之事。

第三，关于我研究教育的状况。教育的考察以前是注意学校的组织、外形，现在的考察不应如此了，因为我看过的学校不知有多少了。现在的考察教育便是考察社会。教育是解决社会问题的，各国的情形如何，一切政治经济的状况如何，教育怎样解决他们这些问题，所以教育与社会很有关系。

这次与各国的教育家、社会重要人物讨论他们国家的重要问题，如何解决这些问题，教育怎样解决这些问题。各国都有许多通病，这种通病于我们很有帮忙。以后我们若是犯了某种的病我们可以相对照，而不至恐慌，这样才可以解决中国的问题。一个学校并不是上课读书便完了，须有活的感觉。我们中国现在一切教育的混乱那更是不成话。这次在美最助我的便是克伯屈博士，他在美国的地位较次于杜威，经验学识都是很丰富的。我以前在美时他是我的教授，那时他发表思想我只有听，现在我可以问他问题，所以得到他不少的帮忙。在英国也是用这样的法子去研究一切。如英国的失业问题，我便找研究专家去讨论，凡一切重要问题都是用这种法子解决。

前两次出国不善观察，此次则较前圆满。田地的耕作，工厂的生活，我都有相当的观察。总合起来便是知识，不重呆板，不存固定之成见，这才是真的 knowledge，所以年岁越大，经验越丰，而 knowledge 也就越充实。

我所观察的总结果，生在这个世界的人不奋斗、不竞争是不能生存的，miserable life 是无意义而可怜的，所以我们必须奋斗。这的确不是件易懂的事，中山先生所提倡的“知难行易”很好，所谓“知”乃是切实的认识并彻底的了解。

我所观察的世界各国，好的国家是“富”而“强”，不好的国家便是“贫”而“弱”。我们中国便是贫而弱的国家，人民的一切苦楚都基于贫弱的原因。我们若是打算强，解决我们的最大问题，只有按着以下的步骤做。提到强便有一种联想，就是军队、军火等，其实不然，乃是关于我们个人身体的锻炼。这次在美有几个大学矿科毕业生与我谈话，他们都是在美国Ford车厂做工的，并且在我们大学时身体非常强壮，中国人中之较健者，这次他们都感到体力的缺乏，身体不如外国人，工作的效率不能与外人相较。这不是个人的不健全，乃是我们的历史使然，一代一代地传下来形成了我们危弱的身体，所以我们身体的健壮是要紧的。我们的身体强不见得是要打仗，就是做事也很要紧。外国人四五十岁是正当工作的时间，我们中国人三十岁以后便做整寿，大概四十岁便入黄土了。体力、脑力不充足做事的效果如何能好？我们在学校里绝不应该像现在一般人一样。再就是众人的强，许多人能联合才有力量，能联合才能制胜，才有势力。中国人既是弱，但是能联合还好，可是还是四分五裂，自私自利，合作的精神丝毫没有。这是中国人的大病，治这种病必须在学校做起，我们要练习团结，练习合作。我们南开的师生要彻底地努力地做下去，锻炼我们的身体强壮起来，一代不行可以往下传，终有强健之时。还要联合，我们的团体要坚固，以便增加我们的力量。

再次论到中国的贫，我们的确是太贫。中国现在是吃社会的人太多，生产的人太少，社会的现象是不生产的人更可享乐，这样下去焉得不贫，焉得不弱？至于贫的原因，第一便是工业的缺乏。我们穿的衣服平素用的东西多半是外洋运来。就以布而论，我们是否不会织布？“男耕女织”是我国古时社会的现象，而今怎么竟穿的外国布呢？乃是因了不进步，不改良，所以就被外人压倒了。中国人曾发明造纸，可是到现在处处用的都是外国纸。更有可耻的，瓷器的命名为china乃是因为中国的特产，可是现在如何？Foreign china is imported to China，外国的瓷器运到中国来卖。中国以前的社会职业有所谓“士农工商”，现在只有三种人，一是官吏，二是军人，三是农夫，工商已经提不到了，工人无工作，商人发售外国的货物还算什么商人？第二是人民的聚居，中国的农业是发达的，比任何国家的农田都好。因为我国人是特别吃苦耐劳的，而勤俭又为农民们的天性，所以有这样好的成绩。可是中国的农民特别的穷，原因乃是中国农民所占的土地太少，不能尽量地发展。所以以后我们要提倡移民。可以移民到东北及西北各省，开垦我们的广大平原。第三，便是我们中国人口的众多，以后我们要用优生学的方法，产生强壮的人民，要制止人口的特别增加。总起来说，要切记这三项：第一提倡工商业，第二移民边界，第三节制生育。

愿我们南开的学生要本着奋斗的精神，努力向前，使我们的身体强健，不要自私不要自利，各大城都有我们南开的毕业生，都能表现一种特殊精神。无论什么事情越练习越上进，我愿大家本着“大家事大家办”的精神努力一切。

# 南开的目的与南开的精神[①]

1934 年

各位同事，各位学生：

今天是南开大学第十七学年开始的日子。南开的历史，不从大学起，而从中学起。从中学起现在已有三十年，10 月 17 日就是三十周年纪念日。这三十年来，南开各部，连续地发展，我的感想甚多，特来和各位谈谈。

三十年前，中学正式成立，彼时还在严范孙先生家里。在这以前，还有六年的历史，也在严宅，那是个家塾，后来才成为正式的中学。中学成立之后，添设大学，又添女中，又添小学。所以南开的历史可说三十年，也可以说三十六年。无论三十或三十六吧，在此三十或三十六年中，翻看或回想中国历史的人，一定觉得变化真多。学校的历史，也恰恰在这变改极多时期。学校之所以成立，确有它的目的。这目的，旧同事和老学生大概知道，其余的人，或者不知道。

天津有个有名的学者严范孙先生。他读的是旧书，是中国书，但是他的见解，却不限于中国的旧学。他把时局看得极清楚，他以为中国非改弦更张不可。他做贵州学政的时候，所考的是八股，而所教的是新学。现在在本校贵州学生的父或祖，就许是严先生的门生。严先生倡改科举，改取士的方法，触了彼时朝廷——西太

① 本文是张伯苓 1934 年在南开大学秋季始业式上的演讲。

后——之怒，便不做官，回到天津来。戊戌年，个人万幸，遇到严先生。自己本来是学海军的，甲午之后，在海军里实习，彼时年纪二十三四岁，就看中国上下多争利，地大物博、人民众多，而不会利用。彼时自己的国家观念很强，眼看列强要瓜分中国，于是立志要救中国，也可以说自不量力。本着匹夫有责之意，要救国，救法是教育。救国须改造中国，改造中国先改造人。这是总方针，方法与组织可以随时变更，方针是不变的。中国人的道德坏、智识陋、身体弱，以这样的民族，处这样的时局，如何能存在？这样的民族，受人欺凌，是应当的。再想，自己是这族人中之一个，于是离开海军，想从教育入手。真万幸，遇到严先生，让我去教家塾。严先生之清与明，给我极大的教训。严先生做事勇，而又不慌不忙。有人说，旁人读书读到手上来了，能写能做，或是读到嘴上来了，能背能说，而严先生读书，真能见诸实行。我们称赞人往往说某某是今之古人，严先生可以说是今之圣人。他那道德之高，而不露痕迹，未尝以为自是好人，总把自己当学生。可惜身体弱——也难怪，书房的环境，身体如何能好——七十岁便故去了。死前也有几年步履不灵，然而心之热，是真热，对国家对教育都热心。我们学校真幸会由严先生发起，我个人真万幸，在严先生指导下做事。

发起是如此发起，目的是要救国，方法是以教育来改造中国。改造什么？改造它的道德，改造它的知识，改造它的体魄。如此做法，已有三十年。这三十年，时时继续努力，除非有战事，是不停学的。如辛亥革命，局面太乱，停顿几月。记得那是过了旧历九月七日——学校历来的纪念日，后来才改为阳历 10 月 17 日——纪念日过了不久，就停学，下年正月才能开学，以后便未这样长期地停顿。如直皖之战，李景林与张之江在天津附近打仗，奉直之战，不得已停几天，但凡可以，就开学。在座的旧同学旧同事，都还记得，两次津变，不得已停学，不几天又开课，开课就要求进步！

今年的进步，从物质方面说，有中学的新礼堂，女中的新宿舍，小学也有添置，大学也新添教员住宅和化工系的试验室。有人说，华北的局面危险如此，你们疯了，添盖七万四千多块钱的房子。我说，要做，这时候就做，要怕，这三十年就做不成一件事。有人说，南开应该在内地预备退身的地方，我引《左传》上的回答问："我能往，寇亦能往。"

不错，盖了些房子，然而房子算什么？书籍算什么？设备算什么？如果你们有真精神，到哪里都可以建设起来。学校发达，国难也深，比以前深得多。不怕，所怕者，教育不好、不当，不能教育青年得着这种精神。人们也要这样，不把物质放在眼中。物质是精神造的，精神用的。在这一年以内，增加许多设备，人家看来，一则以为糊涂，二则惊讶。钱从哪里来的？想法去弄的。只要精神专注，样样事都可以成功。前星期有个朋友曾仰丰来看我，他是我第一次到美国的一个同船。他说他未到过中学，我便陪他去看，看见那里的建筑，他问，哪儿来的钱？我说，变戏法来的。反正不是抢来的，要是抢来的，现在早已犯案了。他问我学校一共有多少产业。我算了算，房子有一百多万，地皮七八十万，再连书籍设备，大约有两三百万。我也不知钱是怎么来的，我也不计算，我就知道向前进，我绝不望一望自己说："成了，可以乐一乐了。"做完一件事，再往前进。赌博的人不是风头顺就下大注么？我也如此。往前进，能如此的秘诀是什么？公、诚，未有别的。用绕弯方法不成，骗人还会骗几十年？谁有这样大的本领？事情本来是容易，都让人给弄难了。曾先生听我的话点点头，我又说："我一人要有这样大的产业，我身旁就有些人保镖了，还能坐辆破洋车满处跑？"

这并不是我好。我只是说，如果公，如果诚，事就能成功。我的成就太小太小，你们的成就一定比我的大得多。成就的要诀，我告诉你，先把你自己打倒。当初我受了刺激，留下的疤很大，难道你们受了伤，不起疤么？受了刺激，不要嚷，咬牙，放在心里，干！南开的目的是对的，公与诚是有力的，干！近来全国渐觉以往的浮气无用，渐要在实地下功夫，要硬干，要苦干。我们的道理，可以说是应时了。我看见国人这样的觉悟，我就死了也喜欢。我受了刺激，我不恨外国人，我恨我自己为什么不争气。近来国人也知道自责了，所谓新生活运动，就是回头看看自己的做法，孔子教人"失诸正鹄，反求诸己"。射箭射得不好，不要怨靶子不正，怨自己！我给你们说个笑话，当初考武考讲究弓、刀、步、马、剑。有一次县考，一个生员射箭，本事不好，一射射到一个卖面的人的大腿上去了，县官大怒，要罚考生。卖面的说，大老爷请您不要动怒，这算小的腿站错了地方，如果小的腿正站在靶子那儿，这位爷不就不会射上了。

前些年，国人太浮，嚷嚷打倒“帝国主义”，嚷什么？这么大的国，还受人欺负，是自己太没出息。好了，现在也不嚷嚷了。当初领着学生们嚷嚷的人，也做官了。全国人的态度转变，与我们所见的相同，不责旁人责自己，近来新生活运动的规律，同旧日中学镜子上的话很相同。当初中学的大门口，有一面穿衣镜，为的是让学生出入的时候，自己照照自己。镜子上刻着几句话：“面必净，发必理，纽必结，胸容宽，肩容平……”我还常教学生，站不正的时候，把胳臂肘向外，就立刻站直了。此外，烟酒绝禁，嫖赌一查出就革除。我以为发挥我们的旧章，认真执行，就是新生活。近来看着全国有觉悟，看到自己不行自己改。凡是一个人，除了死囚之外，都有机会改自己，都有希望。现在中国要脚踏实地，我认为这真是最重要的觉悟，最大的进步。全国的趋势如此，我们也不落人后，发挥南开旧有的精神，认真实行。

再说，你们的先生，我的同事，真不容易请来。钱少，工作重，这是大家都知道的。别的学校用大薪水来请，也请不去。这种精神，是旁处少有的，实在可以做青年的榜样。新来的学生，也知道这里的功课紧，学费重，然而为什么来？不是要得点什么嘛。近来的大学生毕业之后，就有职业慌；而我们今年的毕业生，七十几人，十成里有九成以上都是找着事了。为什么？不是因为他们肯干么？先生热心，学生肯干，我们正好要求长进，以后要想侥幸，是未有的事，托个人，串个门子，不成，未有真本事不成。

今天是开学之始，又近三十周年纪念日。我们学校已进了一个新阶段，还做，再做。前三十年的进步太少了，此后要求更大的进步。人常说，学生们是国家的主人翁，主人翁是享福的吗？主人翁是受罪的。我说过不知多少次，奴隶容易当，主人难当。做奴隶的，听主人的调度，自己不要操心；做主人就要独立，要自主，要负责任，然而有思想的人，宁可身体不安逸，也要精神自己。你们都是主人翁，就得操心，就得受罪，你趁早把这一项打在你的预算里头吧。

我们国难日深，然而还有机会，还有希望，就怕自己不发良心，不努力。我快六十岁了，我还干，一直到死，就决不留一点气力在我死的时候后悔："哎哟，我还有一点气力未用。"我希望你们人人如此，中国人人人如此。学校三十周年，而国难日深，所可幸者，国人已知回头，向我们这边来了。都要苦干，穷干，硬干。我们看国人这样，一则以喜，一则以惧。喜的是志同道合，惧的是坚持不久，不管别人，我们自己还是咬定牙根去做。

这次天津的学生，到韩柳墅去受军事训练，我以为很好。中国人向来松懒，乱七八糟，受军事训练，使他们紧张。我常说中国人的大病在自私，近来又加上一种外国的病——自由。你也自由，我也自由。不自由，毋宁死。我有个比喻，一边三个人，一边五个人，两边拉绳子，如果五个人的一边，五个人向各方面拉，三个人那一边，三个向一面拉，三个人的那一边必定得胜。这是我教人团结、教人合作的老比喻。中国人的病，就是各拉各的，拉不动了，还怨别人为什么不往他那一边拉。自私，打倒你自己。说什么自由，汉奸也要自由，自由去做汉奸。孙中山先生的遗嘱说："余致力国民革命，其目的，在求中国之自由平等。"是要中国自由，现在中国动都动不得，你还讲什么个人自由？求团体的自由！不要个人的自由！从今日起，你说"我要这样"不行，一个学校如此说，也不行，要求整个国家的自由，个人未有自由，小团体未有自由。我们从外国又学来一种毛病——批评，人家的社会已入轨道，怕它硬化，所以要时常批评。我们全国的建设什么都未有，要什么批评？要批评，等做出些事来了再批评，要批评，先批评自己，最要紧的批评是批评自己。现在有许多人，在那里希望日本和苏俄快开战，愿意它们两国拼一下。你呢？你不干就会好了么？孔子的话是真好，颜渊是孔子的大弟子，颜渊所问，孔子还不将全副本事教他。颜渊问仁——孔子答问："克己复礼。"好个克己！你最大的仇敌，是你们自己。中国人，私、偏、虚、空，非将这些毛病克了不可。孔子答子张的话也好，"先事后得"。做你的事，不管别的。现在的人还未做事，先打算盘。吁！你把你自己撇开。你们要做新人，我们要为民族找出路，这是我们的最后的机会了。再不争气，唯有灭亡。我们学校，今年要发挥旧有的精神，更加努力，先生肯牺牲，学生不怕难。你们不要空来，要得点精神，要振作精神，打倒自己，你一定行。参加军事训练的学生，先觉难受，后来也行了，行也行，不行也行，也就行了。逼你自己做事，你对自己一定有许多新发现。日本人就是这样去干，他们的方法，总是置之死地而后生。我总想中国人的筋肉太松，我恨不得打什么针，教他紧张起来，本来就松，又讲什么浪漫，愈不成话。

前者有学生的家长，赞成军事训练，并且以为女生也应该学看护，这见解是对的。女生也要救国，救国不专是男子的责任，我以上的话，也不专是对男生说的。好，我们大家努力起来，全国在振作精神，我们不能落后，好容易他们入了正路，我们更当做国民的前驱。

# 三个问题[①]

1935 年 5 月 2 日

这一次本校举行春季运动会，各位先生都很费事地去筹备，像修理运动场，准备奖品，这些事都得照顾到了，这在学校也是一个很要紧的事。那天的天气特别晴和，是近几年来所没有的，精神也特别好，运动员们创造了许多新纪录，职员们都能尽责，来参观的人也秩序井然。这给予我们一个很好的教训，就是如果在场的人，每人都肯尽一点责任，全局一定会好，假使全国能一齐合作呢，则“外侮”绝不能有。在学校之所以能这么容易，就因为那天在场的都是本校的学生，受过相当教育，平日你们先生都告诉你们，要“各尽其责，各守其职”。每个人都是这样，在那天都运用他所学的，各尽其责，所以就好了。在国家呢，地大人多，思想复杂，就不那么容易了。必得人人认识这个道理，人人肯做事，人人肯负责，这最好咱们领导着国人一同去做。

日本之所以能比中国强，就因为他们的“教育普及”，国民能合作。我曾同你们说过“拉绳”的比喻，好些人拉绳不知道向哪一方面拉，知道向一方面，不知道如何向一方面拉。所以我今天希望大家，记着当日运动场里的情形，做一个很深刻的印象，不要忘记！

从前打败拿破仑的威尔逊将军的 watchword（座右铭），就是“英国国家，希望她的国民，都能各尽其责，如果人人能够尽责，那

---

① 本文是张伯苓在南开学校男女中全体集会上的演讲。

力量一定大”。这非教育普及不可，那天因为去的全是南开学生，才能有那样的结果。

第二个问题，就是男女合校的问题。咱们这里大学合校，小学合校，唯有中学分校。今天利用大礼堂，把男女生聚在一起，同堂开会，谈一谈男女问题。这个问题，在北平讨论得很热烈。今天《北平晨报》的社论，也特别著有专文评载。我借着这个机会，来同你们说一说。

女子为国民之母，是不是？人小的时候知识未开，所谓“两小无猜”。我们看小学五六年级，男生女生渐渐地就不在一起了，为什么？特别是在生理上，一点一点地就分了。这个关口应注意如何才能不把自己堕落，仍旧能往上长。所以有的学校特别讲这个问题，你们这个岁数，我敢同你们这么说，因为我承认我是你们的领导者，我应当指示你们一个正当的运动。近年与当年不同，因为我是男的所以我常好说男的不好。在我结婚四十年纪念时，我说：“夫妇要是和睦，男的将占六成以上，男人须要时时自重。因为这一辈子很长了，需要做的事很多，不能为现在的欲望，妨害将来的成就。”我们要知道，“天下之大勇者才能自己打倒自己”。你们现在正是练习自己、管理自己的时候，我常说“自治”，就是“治自”，凡是能有成就的人，甚至于成就一点小事，都是能自己管理自己的，按肉体说是一回事，按精神说又是一回事，你们必须“精神能管住肉体”，放肆，浪漫，私心，懒惰，我都不赞成。只有自己能管理自己的人将来才有成就。孔子说过，“吾未见能见其过，而内自讼者也”。就是说青年人自己不能管束自己。

我再说女生这一方面。常有媒妁介绍婚姻时，问我们这里的女生怎么样，我说，“我们这里好学生不谈这个，坏学生才谈这个呢！”本来好学生竟忙功课了，坏学生成天没事，才讲恋爱呢！如果有男生问你，向你讲恋爱，你先问他：“你有什么成就？没有成就，快躲开！”

上一次我举行结婚四十年之后，有一位老朋友陈衡哲女士在《独立评论》上发表了一篇文章——《父母之命与自由结婚》。她说她不赞成父母之命。恰巧某日她来天津，我在大华饭店遇见了她，还有一位丁大夫，我就向她说：“我并不是很守旧的，你看我自己两个儿子，都没有父母之命呀。”但是现在，论到自由选择，确是很困难，因为机会太少了。在中国现在这种情形之下，最好由父母兄弟，或是朋友给介绍。像陈女士与丁大夫他们都是父母之命，他们要早些时认识我，我一定要帮他们的忙。现在唯一的困难就是如何帮助女子选择。男女结婚，是绝不可避免的，既想有正当的结婚就得有正当的办法。丁大夫同陈女士都因为父母之命而不愿意结婚。丁大夫是研究医学的，陈女士同任先生是在美国留学时认识的。在国内普通大学男女同校，选择还容易一些，在社会社交上，这种机会就少了。

熊秉三先生续弦的太太为毛女士。查女士在十年以前，和她的表兄解除婚约时，请我主持，是时有许多人旁听，女的都抱不平，我就同她们说：现在自由结婚也很险，男女之认识，感情很盛，脑筋很热，于是理解力因而薄弱，初想认识，男女两方面都竭力把各人的短处掩藏起来，感情一盛，眼也花了，心也跳了，这样结合我不信它是对的。无论做什么事情，须有经验，试问订婚结婚谁有多少次经验？现在只有如何叫他明白，叫他能自治。我证婚时常说：“结婚是一辈子的事，不是三天两朝，我看他好就结婚，不好，咱俩散了吧！”中国现在的经济状况与风俗人情等不许你这样。再说，人生的终身大事，不只就是为娶媳妇，将来的终身大事多着呢！所以我有一个 law（原则），认识长一点再订婚，不要“冷手抓热馒头”，烫了手怎么办？订婚到结婚愈短愈好，结婚之后夫妇得要和衷共济。像逯明这一次在法律上诚然无罪，但是在道德上他的罪却是很大。现在我若同你们说父母之命，你们一定不愿意。自由结婚——近来的风气——以前又没有，你们的父母是自由结婚吗？你们的祖父母是自由结婚吗？所以现在只有做师长的可以告诉你们，可以给你们讲，自由结婚可以，但绝不是终身大事，大事很多了！国家等着我们救，许多不幸福的同胞也等着我们去扶持。

有的女生常说家里太干涉她们。你们也应当体贴做长者的心理，与社会的舆论。不要忘了，女子还是女子，对于朋友要正大磊落。男女生如果都能如是，则同校与否，自无大分别，有的学校借男女同校以广招徕，它的动机根本不良，自当予以取缔。我很郑重很大胆地同你们说这些话，你们自然觉得是很 serious（严肃的），那绝不至于被批评为妨害风化。

总之，我们要时时记着，要人人尽职，现在做事仅是些热心的领袖们，其余的人，不是反对，就是不闻不问。假使国人都知道“公”之重要，训练为 like-mindedness（同理心），则实为国家之福。

关于男女的行为，你们要记着，用自己的精神管理住你们的肉体。自由结婚我不反对，但须有人正当地介绍。

# 居　正

(1876—1951)

## 生平简介

居正（1876—1951），字觉生，号梅川，别号梅川居士，湖北广济（今湖北武穴）人。民主革命家、政治家、军事家、法学家，国民党元老，武昌起义指挥者之一，辛亥革命元勋。文采颇高，擅作诗写文。1905 年赴日本留学，加入中国同盟会。1907 年在东京参与组织共进会。1911 年初赴武汉策动起义。1912 年南京临时国民政府成立后，任内政部次长，参与《中华民国临时约法》的制定工作。1913 年“二次革命”失败后流亡日本。1914 年在日本加入中华革命党，成为孙中山的得力干将。1915 年回国参加护国运动，出任中华革命军东北军总司令。1919 年 10 月 10 日任国民党总务主任。1927 年任南京国民政府司法院院长。1929 年因反对蒋介石而被囚禁两年。1932 年起复任南京国民政府司法院院长兼任最高法院院长，同时兼任中华民国法学会理事长。抗日战争全面爆发后，主持国民党武汉办事处的工作，为废除外国在华的治外法权做出了努力。1947 年卸任司法院院长职务。1948 年参加总统竞选失败。1949 年 11 月移居台湾。晚年热心教育，任淡江英语专科学校董事长。1951 年去世，享年七十五岁。著有《辛亥亲历记》《梅川日记》等，遗著编为《居觉生先生全集》。

# 克敌救国重在实行[①]

约 1933 年

在这国难期间，大家都在加紧地工作。想来各位都已知道，现在政府有两种实施工作。一种是全国航空事业的推进。我国疆土广大，交通不便。以前原有之航空计划于补救交通不便之外，即国防上亦有裨益。但以前种种计划，都没有统一的打算。而此次政府，则有统一的计划。将来推行之后，必有莫大希望。其次就是复兴农村问题。中国是以农立国，但全国农村，几乎全部破坏，毫无生产可言。我国近几年来，天灾人祸，不一而足，致农村破坏，经济衰落，所以亟欲想一种简单平易而有效的方法，使能推行尽利。此外兄弟尚有几句极简单话，和诸位讲讲。古人说，为政不在多言，顾力行何如耳。总理平时叫我们努力，遗嘱亦叫我们仍须努力。努力即是力行，当然非空谈也。总理讲知难行易，又说文明之进成于三系之人。其一，先知先觉者，即发明家也。其二，后知后觉者，即鼓吹家也。其三，不知不觉者，即实行家也。三系之人，实行家最占多数。凡事之成功，全靠这些多数的实行家。所以我们对于实行家一义，应当特别加注意。尤其是现在这种局面，无论是谈党、谈政、谈军、谈社会建设、谈抵抗外侮，总要实行。非唱高调所能为力，非标语口号所能济事。这就是因为国难至此，说话已来不及。说者既不胜说，听者亦不暇听。只有同心勠力，勇往直前地实地干

① 本文是居正在国府纪念周发表的演讲。

去。譬如火已燃眉，只有急赴扑灭；水已决堤，只有急赴抢险，稍缓即不可救。所谓宋人议论未定，金人兵已渡河。况现在救国之道，并无取乎陈义过高，各有良心，各有常识，端在实行而已。政府实行廉洁而戒贪污，同志行团结而不闭意见，做人事而不图做大官；公务员实行守法奉公，而不自私自利；学生实行读书求学，而不乱出风头；商人实行提倡国货，而不买卖仇货；军人实行效命疆场，而不怕死；有资产者，实行轻财仗义，而不为守财奴。大家果能这样做去，全国总动员，即使人人沉默终言闭口不说一句话，好像在战场衔枚疾走，定能克敌救国。如此我想中华民族复兴的前途，是很光明的。

# 中华民族复兴之前途[①]

1933 年

谁也感觉到中国今日所处的是一个狂风暴雨时代。……我们身受到这种种实祸的人，该是怎样的愤激与悲痛呢？所以有人忧虑，这具有数千年文化历史的中华民族，将会因此而沉沦死灭下去。这固然是一种过分的悲观，然而中华民族的前途究竟如何，复兴的机运与路由怎样，这实在是一个紧急而立待解决的问题，再不能容我们松懈悲观彷徨了。不过我们要知道一个国家或一个民族遇到这种大难，原是常事，也不仅中国所独有。欧战后的德国，其人民的痛苦与坚苦卓越的精神，真是于万死中求一生，再接再厉。可是我们回观自己中华民族现状，是到了一个怎样的地位？原来一个民族，是有它历史上的盛衰消长。中华民族的一起一伏，历史上亦有过不少次。当其盛衰消长的过程中，有享太平幸福的，有遭饥难惨祸的。苦乐循环，相因起伏，因此留下许多教训相沿。到我们今日，不要说幸福没有享，而惨祸真是从前所未有的。以言外患，只就日本一小岛的侵凌欺压来说，甲午一役，占辽东，割台湾，民国以来，硬软并施，层出不穷。举其大者，软逼之“二十一条”，强暴之济南惨案；前年侵占我东三省，去年残害我淞沪，今年又犯热河，迫平津。沿江沿海，时时在暴日的恶诱威胁之下。

昔日大王遏狄，事之以犬马不得免焉，事之以皮币不得免焉，事

① 本文是居正在国府纪念周发表的演讲，略有删节。

之以珠玉不得免焉。今日暴日，比狄何如？这不是被侵略的中华民族已临到一个最大的生死关头吗？再环视国内，四处饥馑流亡。……农村破产，人民死亡无所，故有谓中国现在人口低落到只有三万万数字。这虽是不正确的统计，但是近数年来，不死于天灾，便死于人祸。有一省人口减至三分之一者，变乱相乘，死亡相继。这是中国人口一个可怕的低落景象。其次说到思想。一种思想的转变，本是应时代需要使然。近代国家有因变而富强者，有由殖民地而变为自主国者；中国正也在这个思想转变期中，何以竟混乱得不可收拾呢？推原其故，一班倡导文化之觉者，是不能辞其咎的。固然文化这东西，新的都好，旧的都要不得，然而它也有一个习别。这习别也得适合这一民族的习性，及其与社会经济的诸般条件。新的建树起来了，旧的自然没落下去。在新旧交替，所谓旧的破坏了，新的尚待建树的时候，而思想失去中心，信仰无由坚定，遂至不流于偏激，则趋于庞杂。影响到社会方面，则是背信弃义，投机取巧，视廉耻二字为道学，忠实为笨伯。于是乎相习成风，人心披靡，以至不可救药。我们不敢说思想转变，便是酿成中华民族日渐衰颓之源，然至少有其因果关系。吾党总理昭示“忠孝、仁爱、信义、和平”，为建立一切文化之基础，发扬我民族固有之特性，原冀以正人心、息邪说。虽身体而力行之者，亦有其人，然犹未能潜移默化，挽救危亡。此中的症结何在呢？在兄弟看来，还是本党同志没有做到一心一德为党的主义努力的缘故。本党负了复兴民族的责任，同志们负了党的责任，同志不努力尽责，则民族复兴之前途，尚有何望？所以兄弟认定这一点，虽以上所说种种现象，不免太支离了，总归一句，一切内忧思想庞杂，固足以障碍民族的发展，而本党同志不能为党的主义努力，则中华民族复兴之机，是很渺茫的。

# 徐特立
(1877—1968)

## 生平简介

徐特立（1877—1968），又名徐立华，原名懋恂，字师陶，湖南善化（今长沙县）江背镇人。无产阶级革命家、教育家。毛泽东和田汉等著名人士的老师。被尊为“延安五老”之一。1910 年赴日本考察教育。1911 年辛亥革命爆发，积极参加湖南起义，被推为湖南临时议会副议长，翌年又任省教育司的科长。1913 年任长沙师范学校校长。1919 年远赴法国勤工俭学，并考察了比利时和德国的教育。1924 年回国后创办长沙女子师范学校和湖南孤儿院。1927 年 5 月加入中国共产党，同年参加南昌起义，任革命委员会委员、第二十军第三师党代表兼政治部主任。1928 年到苏联莫斯科中山大学学习。1930 年末回国赴江西根据地，后在中华苏维埃共和国政府任教育部副部长、苏维埃大学副校长。1934 年参加长征。1940 年在延安任延安自然科学院院长（他是延安自然科学院创建时期任职时间最长的院长）。1949 年中华人民共和国成立后，历任全国人大常委会委员，中共第七、八届中央委员等职，后因身体原因请辞。1968 年 11 月 28 日在北京去世，享年九十一岁。

# 对牛顿应有的认识[①]

1943 年 1 月

我对于科学是外行。关于牛顿，我是从书本上看到的。我怎样认识这位伟大的人物呢？从牛顿的力学、光学中看来，他的成功是由于具备了两个基本工具：第一个基本工具是数学，第二个基本工具是当时发达了的工厂手工业，天文、航海运输的经验。这两个工具就是：一个是生产，一个是学术。牛顿拿数学来综合生产的经验，就产生了他的力学，这就是理论与实践结合的结果，也就是旧的理论与新的实践结合而产生了新的理论的结果，即由数学转变而为力学。凡是伟大的人物，他之所以能够创造出新的事物，都是由于他吸收了过去人类历史的知识遗产而来的。凡是前进的东西，都是从落后的东西发展而来的，绝不是凭空产生的，落后的东西给前进的东西以创造的基础。比如牛顿发明微积分，它就少不得几何、代数，同时也需要力学上运动的原理，而几何最初是由埃及测地学来的，埃及先有几何的应用，后来传到希腊便变成逻辑性的东西了。先有了事实，然后才有逻辑，先有了埃及的测量土地，才会有希腊的逻辑性欧氏几何学。这里说明牛顿的学术不是无历史根据的。所以产生一个伟大人物，必有其长期历史。我们有些同志轻视资产阶级的学说，想凭空创造是过左的、错误的。文明社会一定要在阶级对立

---

① 本文是徐特立以自然科学院院长身份在延安举行的纪念牛顿诞辰 300 周年大会上发表的演讲。

的时候才能产生。比如原始社会没有阶级，所以那时也没有学术。但一到奴隶社会以后，就能把奴隶劳动集中起来进行大规模的建筑和工业，埃及的建筑和希腊的手工业的发展即是这样起来的。牛顿时代有工厂手工业和商业的发展，这是推动科学发展的原动力，也就是从事实转化为逻辑的一个进步。归纳法是培根创造的，实际上一切把事实转化为逻辑都是归纳法，也即把一切经验综合起来而得出规律的都是归纳法。不过培根把它应用在实验室里成为一种更具体的归纳法，即他的归纳法中的同一法、差异法、剩余法、共变法等只表示是实验室中的方法。牛顿吸收当时工业航海的经验发明物理学和微积分学，比之培根的方法更广泛，而且牛顿用数学来说明物理时，也用演绎法。所谓演绎法，就是先有了原理，然后用这原理来解决事实问题，如物理中的很多现象用数学来解释。还有关于牛顿的几何学，几何也是从欧氏传下来的，归纳法纯凭经验，演绎法纯凭原理，前者偏重经验，后来偏于教条，都有片面性，但牛顿却把生产的经验与数学原理结合起来成为新的学术——物理学，同时又使几何和代数从机械运动中的应用转化而为微积分学。

在什么条件之下才能产生牛顿这样伟大的人物呢？第一，一定要继承过去的遗产；第二，一定要有新的生产产生。没有这两点是不行的。所以研究学术不能忽略过去的遗产。一定要了解过去发展的历史，才知道它发展的情形。牛顿的学说产生已三百年了。这三百年来，在他的学说中又不知增加了多少新的东西。现在要纪念他，就要把他的东西拿来研究，批判地学习他的方法，把它变成自己的方法，以及在现时的条件下，在具体的环境里，应用它来产生、创造新的东西。今天来追溯牛顿是有很大的意义的，不能因为他的学说已经经过了三百年，便说它是落后的不去研究它。……①我们中国是落后的国家，比之于日本明治维新时代，那时日本更要落后，他们的书籍还是直写的，可是到现在已经有很大的发展了。他们晓得，前进的东西都是在落后的基础上建立起来的。……②牛顿能把希腊的转为他的，因为那时有新的生产产生，这两者结合，便变成新的

---

①② 此处略有删节。

东西了。

我们还不要忽视小东西，不要忽视那些看来似乎不值钱的东西。以前我们报纸上登载华寿俊同志利用马兰草造纸的消息，这件事以科学眼光看来并不稀奇，马兰草与桑皮、稻草同样是有较强韧纤维的植物，这算得什么发明呢？为什么值得我们称赞他呢？因为他在边区这样条件下创造了新的东西，突破了旧的造纸材料的传统。离开了一般造纸的规律高谈创造便是空话。必须根据人类历史的经验和目前的东西结合起来，才能算创造。一切否定过去和忽视当前的条件都是教条。

我们处在困难的环境下，更需要更多的创造，而且在这样的环境下，我们才更能创造出更多的东西。因为要解决目前的问题，我们除了知识条件以外，没有多的历史遗产，所以就要应用我们过去学的那些科学原理，在今天这样的条件下，创造出我们所需要的东西。过去在江西的时候，在那些困难的日子里，我们曾经创造了许多的东西，解决了许多的问题。我们的同志曾经用明矾生胶造成一种毛边纸，以代替蜡纸，在品质上比外国蜡纸好，更经用耐印，而且价钱便宜。那时江西的米卖到三十多元一石，而油则值十元钱一担，于是在缺少米而油多的情况下，我们曾计算了淀粉和油产生卡路里的作用后，便知道了可以用多吃油来解决我们的粮食问题。

我们现在要提倡，遇到困难，就要到处找出路，到处找新办法的精神。牛顿那时也是一样的。所有的科学家、文学家也是一样的。比方德国由于原料缺乏，市场狭小，殖民地又少，为了使商品能出售，便极力把技术提高，从事技术改良。对于怎样节省原料，节省劳动，没有一国能与它相比的。我们在现在的边区，要提倡或多或少的微小的创造。近来我发现资产阶级的生理学书上大多是些教条，比如它说一个人一天要多少蛋白质、多少脂肪，但是我们在江西时，吃饭却是开单子的。每个人按自己的食量说明需要多少米，然后在袋子上写上数目。比如我的袋子上写明“徐特立十六两”（其他人还有吃十二两、二十四两的不等），但看书上就不同，因为人有大小，地有南北，工作又不一样，所以需要也各不相同，如果只用一个平均数做标准，如一般的生理学书那样便行不通了。那时，在江西，我们也有节省，比方吃盐每天只吃七分。这样一百天吃七两盐，一年吃二十五两盐，还是同样劳动。原来，我们研究我们的身体并不一定需要平常吃那么多的氯化钠，因为在别的东西里，也还含有氯化钠。在困难中，这个问题我们也解决了。这样看来，书上的东西，只要一不具体，便是教条。

现在我们来谈谈关于研究学术的两个方法，一个是归纳法，它就是要综合经验成为原则。牛顿就是集合所有的经验原则成了他自己的，所以在物理上才有新发现。如若把原则再加以分析整理，那就成了理论。综合经验，非常之重要。我常常讲，从我们八路军的军政杂志中，我们知道，我们和日本帝国主义作战，他们在战争中失败了，综合经验非常快，就用来打我们，我们也很快很快地综合经验，又去粉碎它。怎样综合经验呢？那就要吸收历史上一切遗产，不只是综合有知识的人的经验，而且要综合普通工人和农民的经验。日本人在台湾综合了当地农民的经验便著成台湾的农业书，我曾经读过这种书。另一个就是要有学问。因为要有了学问，才能综合经验。牛顿如果没有过去的代数、几何这些学问，他也就无法进行他的物理的研究。要进行调查研究，如果没有一点作为调查研究用的经验和知识，那么，你到工厂、农场、乡村里去跑一趟，还是空的，做不出什么成绩来的。这就是说，我们绝不要忽视遗产，忽视落后理论，因为在科学方面，我们自己还没有自己的东西，还要好好地尊重人家，向人家学习。

还有一点，我们对理论还是要看得很重要。有了经验不变成原则是不行的，经常地把经验综合提高到理论是非常重要的，我们要反对的是空论，不是理论。在这里，我们需要谈到，有些同志，如徐文杰同志讲“学科学用带徒弟的办法，学一二年比初中学生还好”。我看这只是特殊的例子，固然带徒弟是学习的一种，如果就否定原则的作用，否定学校教育的作用，这是不对的。但是那种只搞理论，而不注重解决目前问题的办法，也是一种偏向。所以中央提出要理论与实际联系，我们必须遵照它来纠正这些偏向。还有一种偏向，比如他说：这个东西现在用不着，将来也用不着，中国用不着，边区也用不着。以为要直接能应用的东西才要。他不知道有许多东西并不是直接有用的，而是间接有用的。比如在生物学中讲一种肺鱼，这种鱼在讲由鱼过渡到两栖类时，就是一个很重要的材料。又如古代有一种三指马，现在没有了，在生物学中讲到进化的时候它是很有用的。但这些都不是直接可供我们使用的，然而它在学术上却是很重要的。我们还有这种实利主义的偏向，对于学术也是有害的。

毛泽东同志提出的古今中外法，就是说我们古代的也要，现在的也要，外国的也要，中国的也要。把古代的变为自己的和现代的结合起来，把外国的变为自己的和中国的结合起来……①机械论强调客观的因果律，比之主观主义的目的论是一大进步。我们有时看见某人落后，其实他又是前进的，机械唯物论对目的论是一大打击。培根的归纳法否定了过去教条式的演绎法，因演绎法用一般的原则来解决一切具体问题，归纳法便纠正了它，但归纳法如不与理论结合即不能发展，也要变成教条。因此我们要用辩证法、古今中外法，把古今结合，中外结合，变为我的。像吃牛肉也好，吃狗肉也好，吃下去了，把它变为我的肉，这就对了，绝不是说吃了狗肉我就变成了狗肉。……②事物总是有两方面，不要只顾到这一面，忘了那一面。今天纪念牛顿诞生三百周年，我讲的话很空，耽误了你们的时间，对不住！

---

①② 此处略有删节。

# 王国维
(1877—1927)

## 生平简介

王国维（1877—1927），字伯隅、静安，号观堂、永观，汉族，浙江海宁盐官镇人。清末秀才。近现代在文学、美学、史学、哲学、古文字、考古学等各方面均成就卓著的学术巨子，国学大师。1901年在罗振玉的资助下赴日本留学。1902年因病归国。后又在罗振玉推荐下执教于南通、江苏师范学校，讲授哲学、心理学、伦理学等，复埋头文学研究，开始其“独学”阶段。1906年随罗振玉入京，任清政府学部总务司行走、图书馆编译、名词馆协韵等，其间著有《人间词话》等名作。1911年辛亥革命后，携眷随儿女亲家罗振玉逃居日本。1916年应上海著名犹太富商哈同之聘，返沪任仓圣明智大学教授。1922年受聘任北京大学国学门通讯导师。翌年由蒙古贵族、大学士升允举荐，与罗振玉、杨宗羲、袁励准等应召任清逊帝溥仪“南书房行走”，食五品禄。1924年冯玉祥发动“北京政变”，驱逐溥仪出宫，王国维引为奇耻大辱，愤而与罗振玉等前清遗老相约投金水河殉清，因阻于家人而未果。1925年受聘任清华研究院导师，教授古史新证、尚书、说文等，与梁启超、陈寅恪、赵元任、李济（一说吴宓）等人被称为“五星聚奎”的清华五大导师。1927年6月国民革命军北伐逼近北京之时，王国维留下“经此世变，义无再辱”的遗书，在颐和园昆明湖沉湖而死。

# 最近二三十年中中国新发见之学问[①]

1925年暑期

古来新学问起，大都由于新发见。有孔子壁中书出，而后有汉以来古文家之学；有赵宋古器出，而后有宋以来古器物、古文字之学。唯晋时汲冢竹简出土后，即继以永嘉之乱，故其结果不甚著。然同时杜元凯注《左传》，稍后郭璞注《山海经》，已用其说；而《纪年》所记禹、益、伊尹事，至今成为历史上之问题。然则中国纸上之学问赖于地下之学问者，固不自今日始矣。自汉以来，中国学问上之最大发现有三：一为孔子壁中书；二为汲冢书；三则今之殷墟甲骨文字，敦煌塞上及西域各处之汉晋木简，敦煌千佛洞之六朝及唐人写本书卷，内阁大库之元明以来书籍档册。此四者之一已足当孔壁、汲冢所出，而各地零星发现之金石书籍，于学术有大关系者，尚不与焉。故今日之时代可谓之"发见时代"，自来未有能比者也。今将此二三十年发见之材料，并学者研究之结果，分五项说之。

## 一、殷墟甲骨文字

此殷代卜时命龟之辞，刊于龟甲及牛骨上。光绪戊戌己亥间，始出于河南彰德府西北五里之小屯。其地在洹水之南，水三面环之，《史记·项羽本纪》所谓"洹水南，殷墟上"者也。初出土后，潍

① 本文是王国维受清华学生会邀请所做的公开演讲。

县估人得其数片，以售之福山王文敏（懿荣）。文敏命秘其事，一时所出，先后皆归之。庚子，文敏殉难，其所藏皆归丹徒刘铁云（鹗）。铁云复命估人搜之河南，所藏至三四千片。光绪壬寅，刘氏选千余片影印传世，所谓《铁云藏龟》是也。丙午，上虞罗叔言参事始官京师，复令估人大搜之，于是丙丁以后所出，多归罗氏。自丙午至辛亥，所得约二三万片。而彰德长老会牧师明义士（T. M. Menzies）所得亦五六千片。其余散在各家者尚近万片，近十年中乃不复出。

其著录此类文字之书，则《铁云藏龟》外，有罗氏之《殷墟书契前编》《殷墟书契后编》《殷墟书契菁华》《铁云藏龟之余》，日本林泰辅博士之《龟甲兽骨文字》，明义士之《殷墟卜辞》（*The Oracle Records of the Waste of Yin*），哈同氏之《戬寿堂所藏殷墟文字》，凡八种。而研究其文字者，则瑞安孙仲容比部始于光绪甲辰撰《契文举例》。罗氏于宣统庚戌撰《殷商贞卜文字考》，嗣撰《殷墟书契考释》《殷墟书契待问编》等。商承祚氏之《殷墟文字类编》，复取材于罗氏改定之稿。而《戬寿堂所藏殷墟文字》，余亦有考释。此外，孙氏之《名原》亦颇审释甲骨文字，然与其《契文举例》皆仅据《铁云藏龟》为之，故其说不无武断。审释文字自以罗氏为第一，其考定小屯之为故殷墟及审释殷帝王名号，皆由罗氏发之。余复据此种材料作《殷卜辞中所见先公先王考》，以证《世本》《史记》之为实录；作《殷周制度论》以比较二代之文化。然此学中所可研究发明之处尚多，不能不有待于后此之努力也。

## 二、敦煌塞上及西域各地之简牍

汉人木简，宋徽宗时已于陕右发现之，靖康之祸，为金人索之而去。当光绪中叶，印度政府所派遣之匈牙利人斯坦因博士（M. Aurel Stein），访古于我和阗（Khotan），于尼雅河下流废址，得魏晋间人所书木简数十枚。嗣于光绪季年，先后于罗布淖尔东北故城，得晋初人书木简百余枚，于敦煌汉长城故址得两汉人所书木简数百枚，皆经法人沙畹教授（Ed. Chavannes）考释。其第一次所得，印于《斯氏和阗故迹》（*Sand-buried Ruins of Khotan*）中。第二次所得，别为专书，于癸丑甲寅间出版。此项木简中有古书、历日、方书，而其大半皆屯戍簿录，于史地二学关系极大。癸丑冬日，沙畹教授寄其校订未印成之本于罗叔言参事，罗氏与余重加考订，并斯氏在和阗所得者景印行世，所谓《流沙坠简》是也。

## 三、敦煌千佛洞之六朝唐人所书卷轴

汉晋牍简，斯氏均由人工发掘得之，然同时又有无尽之宝藏于无意中出世，而为斯及法国之伯希和教授携去大半者，则千佛洞之六朝及唐五代宋初人所书之卷子本是也。千佛洞本为佛寺，今为道士所居。当光绪中叶，道观壁坏，始发现古代藏书之窟室。其中书籍居大半，而画幅及佛家所用幡幢等亦杂其中。余见浭阳端氏所藏敦煌出开宝八年灵修寺尼画观音像，乃光绪己亥所得。又，乌程蒋氏所藏沙州曹氏二画像，乃光绪甲辰以前叶鞠裳学使（昌炽）视学甘肃时所收，然中州人皆不知。至光绪丁未，斯坦因氏与伯希和氏（Paul Pelliot）先后至敦煌，各得六朝人及唐人所写卷子本书数千卷，及古梵文、古波斯文及突厥、回鹘诸国文字无算。我国人始稍稍知之，乃取其余约万卷，置诸学部所立之京师图书馆。前后复经盗窃，散归私家者亦当不下数千卷，其中佛典居百分之九五。其四部书为我国宋以后所久佚者："经"部有未改字《古文尚书》孔氏《传》、未改字《尚书》释文、糜信《春秋谷梁传》解释、《论语》郑氏《注》、陆法言《切韵》等；"史"部则有孔衍《春秋后语》、唐西州沙州诸图经、慧超《往五天竺国传》等（以上并在法国）；"子"部则有《老子化胡经》、摩尼教《经》、景教《经》；"集"部有唐人词曲及通俗诗、小说各若干种。

己酉冬日，上虞罗氏就伯氏所寄景本为《敦煌石室遗书》，排印行世。越一年复印其景本为《石室秘宝》十五种。又五年癸丑，复刊行《鸣沙石室逸书》十八种。又五年戊午，刊行《鸣沙石室古籍丛残》三十种，皆巴黎国民图书馆之物。而英伦所藏，则武进董授经（康）、日本狩野博士（直喜）、羽田博士（亨）、内藤博士（虎次郎），虽各抄录景照若干种，然未有出版之日也。

## 四、内阁大库之书籍档案

内阁大库在旧内阁衙门之东，临东华门内通路，素为典籍厅所掌。其所藏，书籍居十之三，档案居十之七。其书籍多明文渊阁之遗，其档案则有历朝政府所奉之朱谕、臣工缴进之敕谕、批折、黄本、题本、奏本、外藩属国之表章、历科殿试之大卷。宣统元年，大库屋坏，有司缮完，乃暂移于文华殿之两庑，然露积库垣内尚半。时南皮张文襄（之洞）管学部事，乃奏请以阁中所藏四朝书籍设京师图书馆，其档案则置诸国子监之南学，试卷等置诸学部大堂之后楼。辛壬以后，学部及南学之藏复移于午门楼上之历史博物馆。越十年，馆中复以档案四之三售诸故纸商，其数凡九千麻袋，将以造还魂纸。为罗叔言所闻，三倍其价购之商人，移贮于彰义门之善果寺。而历史博物馆之剩余，亦为北京大学取去，渐行整理，其目在大学日刊中。罗氏所得，以分量太多，仅整理其十分之一，取其要者，汇刊为《史料丛刊》十册，其余今归德化李氏。

## 五、中国境内之古外族遗文

中国境内古今所居外族甚多。古代匈奴、鲜卑、突厥、回纥、契丹、西夏诸国，均立国于中国北陲，其遗物颇有存者，然世罕知之，唯元时耶律铸见突厥阙特勤碑及辽太祖碑。当光绪己丑，俄人拉特禄夫访古于蒙古，于元和林故城北，访得突厥阙特勤碑、苾伽可汗碑、回鹘九姓可汗三碑。突厥二碑皆有中国突厥二种文字，回鹘碑并有粟特文字。及光绪之季，英法德俄四国探险队入新疆，所得外族文字写本尤夥。其中除梵文、佉卢文、回鹘文外，更有三种不可识之文字，旋发现其一种为粟特语，而他二种则西人假名之曰“第一言语”“第二言语”，后亦渐知为吐火罗语及东伊兰语。此正与玄奘《西域记》所记三种语言相合：粟特语即玄奘之所谓“窣利”，吐火罗即玄奘之“睹货逻”，其东伊兰语则其所谓葱岭以东诸国语也。当时粟特、吐火罗人多出入于我新疆，故今日犹有其遗物。惜我国人尚未有研究此种古代语者，而欲研究之，势不可不求之英法德诸国。唯宣统庚戌，俄人柯智禄夫大佐于甘州古塔，得西夏文字书。而元时所刻河西文《大藏经》，后亦出于京师。上虞罗福苌乃始通西夏文之读。今苏俄使馆参赞伊凤阁博士（Ivanoff），更为西夏语音之研究，其结果尚未发表也。

此外，近三十年中，中国古金石、古器物之发见，殆无岁无之。其于学术上之关系亦未必让于上五项，然以零星分散故，不能一一缕举。唯此五者分量最多，又为近三十年中特有之发见，故比而述之。然此等发见物，合世界学者之全力研究之，其所阐发尚未及其半，况后此之发现亦正自无穷，此不能不有待少年之努力也。

# 宋代之金石学[①]

## 1926 年

宋代学术，方面最多，进步亦最著。其在哲学，始则有刘敞、欧阳修等，脱汉唐旧注之桎梏，以新意说经；后乃有周敦颐、程颢、程颐、张载、邵雍、朱熹诸大家，蔚为有宋一代之哲学。其在科学，则有沈括、李诫等，于历数、物理、工艺均有发明。在史学，则有司马光、洪迈、袁枢等，各有庞大之著述。绘画，则董源以降，始变唐人画工之画，而为士大夫之画。在诗歌，则兼尚技术之美，与唐人尚自然之美者，蹊径迥殊。考证之学，亦至宋而大盛。故天水一朝人智之活动与文化之多方面，前之汉唐，后之元明，皆所不逮也。近世学术多发端于宋人，如金石学亦宋人所创学术之一。宋人治此学，其于搜集、著录、考订、应用各面无不用力，不百年间，遂成一种之学问。今当就宋人对此学之功绩一一述之。

### 一、搜　　集

宋初内府本有藏器，仁宗皇祐三年诏以秘阁及太常所藏三代钟鼎器付太乐所参校计量，凡十又一器。至徽宗即位，始大事搜集。《铁围山丛谈》四云：太上皇帝即位，宪章古始。及大观初，乃效李公麟之《考古图》作《宣和殿博古图》，凡所藏者为大小礼器，则

① 本文是王国维在北京历史社会学会发表的演讲。

已五百有几。独政和间为最盛，尚方所贮至六千余数百器。时所重者，三代之器而已，若秦汉间，非殊特，盖亦不收。及宣和后，则咸蒙贮录，且累数至万余，若岐阳宣王之石鼓、西蜀文翁礼殿之绘象，凡所知名，罔问巨细远近，悉索入九禁。而宣和殿后又创立保和殿者，左右有稽古、博古、尚古等阁，咸以贮古玉、玺印，诸鼎彝、法书、图画咸在。此说徽宗一朝搜集古器事，最为详尽，然亦有夸诞失实处，如谓《宣和博古图》之名取诸宣和殿，又谓其成书在大观之初而不在宣和之末，其实不然。《籀史》谓：政和癸巳秋获兕敦于长安，而《博古图》中已著录此敦；《金石录》谓重和戊戌安州孝感县民耕地得方鼎三、圆鼎二、甗一，谓之安州六器，而《博古图》已著录其五。又谓宣和五年轻州临淄县民于齐故城耕地得古器物数十种，其间钟十枚尤奇，而《博古图》已著录其五。然则此书之成，自在宣和五年之后，而图中所载古器仅五百余，则政和六千余器、宣和万余器之说，殆不足信，或蔡氏并古玉、印玺、石刻计之。然第如《博古图》之所录，已为古今大观矣。其尤奇者，南渡以后宣和殿器并为金人辇之而北，而绍兴内府藏器亦未尝不富，《博古图》著录之器见于张抡《绍兴内府古器评》者，尚得十之一二。盖金人不重视此种物，而宋之君臣方以重值悬购古器，故北宋内府及故家遗物往往萃于榷场，如刘敞旧藏张仲簠，刘炎于榷场得之，毕良史亦得古器十五种于盱眙榷场，其中八种皆宣和殿旧物也。《建炎以来系年要录》云：绍兴十五年以毕良史知盱眙军，而《三朝北盟会编》谓良史以买卖书画古器得幸于思陵。良史之知盱眙，当由高宗使之访求榷场古器耳。当南渡之初，国势未定，而高宗孜孜搜集古器如此，则宣和藏器之富固自不足怪也。

然宋人搜集古器之风，实自私家开之。刘敞知永兴军，得先秦古器十有一物。李公麟博物精鉴，闻一器捐千金不少靳。而《考古图》、无名氏《续考古图》《王复斋钟鼎款识》以及《集古》《金石》二录跋尾，往往于各器之下注明藏器之家，其人不下数十，虽诸家所藏不及今日私家之富，然家数之多，则反过之。观于周密《云烟过眼录》所记南方诸家藏器，知此风至宋末犹存矣。又观徽宗敕撰《宣和博古图》，实用刘敞《先秦古器图》、李公麟《考古图》

体例，则徽宗之大搜古器，受私家藏器之影响实不少也。

宋人搜集古器，于铜器外兼收石刻。如岐阳石鼓文及秦告巫成文，徽宗并致之宣和殿。又秦告大沈久湫文在南京蔡挺家，告驰文在洛阳刘忱家，齐谢朓海陵王墓志在沈括家。至石刻之贵重者，虽残石亦收之。如汉石经残石，黄伯思谓张焘龙图家有十版，张氏壻家有五六版，王晋玉家有小块。其余碑碣，则收藏者尚少，而搜集拓本之风，则自欧阳修后，若曾巩，若赵明诚，若洪适，若王厚之，成为一代风气。而金石之外，若瓦当，若木简，无不在当时好古家网罗之内。此宋人搜集之大功也。

## 二、传拓及著录

宋人于金石学不徒以搜集为能事，其最有功于此学者，则流通是也。流通之法，分为传拓与著录二种。拓墨之法始于六朝，始用之以拓汉魏石经，继以拓秦刻石，至于唐代此法大行，宋初遂用之以拓古器文字。皇祐三年，诏以秘阁及太常所藏三代录付太乐所参校剂量，又诏墨器窾以赐宰执，此为传拓古器之始。刘敞在长安所得古器，悉以墨本遗欧阳修。甚至上进之器，如政和三年武昌太平湖所进古钟及安州所进六器，皆有墨本传世，则当时传拓之盛可知。然拓本流传自不能广，于是有刊木、刊石之法。有仅摹其文字者，如王俅《啸堂集古录》、薛尚功《钟鼎彝器款识法帖》是；有并图其形制者，自《皇祐三馆古器图》、刘敞《先秦古器图》以下，不下十余种，今唯吕大临《考古图》《宣和博古图》及无名氏《续考古图》尚存，诸书体例于形制文字外兼著其尺寸，权其轻重，乃至出土之地、藏器之家亦复记载，著录之法盖已大备。至石刻一项，则欧、赵二家始作所藏石拓目录。此外有为一地方作目录者，例如田概《京兆金石录》；有通海内作目录者，例如陈思《宝刻丛编》；而洪适作《隶释》，则并录其文字、图其形制，又于目录之外别为一体例。而古玉、古钱、古印又各有专书。今宋代藏器已百不存一，石刻亦仅存十分之一，而宋人图谱、目录尚多无恙。此其流传之功，千载不可没者也。

## 三、考订及应用

刘敞序其所撰《先秦古器图》，言攻究古器之法曰：礼家明其制度，小学正其文字，谱牒次其世谥，乃为能尽之。故宋考订古器物之外，可分为文字、形制、事实三项论之。

宋时首释古器文字者为杨南仲，既释皇祐三馆古器，又尽释刘敞所藏器，其说散见于欧阳氏《集古录》及吕氏《考古图》者，颇为精审。而吕大临、黄伯思、王俅、薛尚功诸家继之，虽差谬间出，然近世阮元、吴荣光诸家，未有以远过之也。至形制之学，实为宋人所擅长，凡传世古礼器之名，皆宋人之所定也。曰钟、曰鼎、曰鬲、曰甗、曰敦、曰簠、曰簋、曰壶、曰樽、曰盉、曰盦、曰盘、曰匜，皆古器自载其名，而宋人因以名之者也。曰卣、曰罍、曰爵、曰觚、曰觯、曰角、曰斝，于古器铭词中均无明文，宋人但以大小之差定之，然在今日仍无以易其说。近世江西出徐器三，其形皆宋人所谓觯也。其一铭曰：郘王义楚睪（即择字）其吉金自作祭鍴。其一曰：义楚作祭耑。案，鍴、耑即《说文》𦍘、䚢字，亦即觯字之异文，则宋人名圆酒器为觯，于此得其证矣。又今估人所谓虎头彝者，古今著录家并谓之匜，而宋无名氏《续考古图》则谓之兕觥。案，此器极大，而盖做牛首形，又铭辞多云：作某某宝尊彝。其为孝享之器而非沃盥之器，甚为明白，自以宋无名氏所名为是。又古戈戟之援皆横刃非直刃，近世程氏瑶田始于《通艺录》中详论之，然宋黄伯思作《铜戈辨》已为此说，则宋人于古器物形制之学实远胜于近世，亦如其图谱之学为近世所不及也。至宋人说古器铭中所见姓名、事实，则颇多穿凿可笑，如见甲字而即以为孔甲，见丁字而即以为祖丁，其说极支离难信，然宋人亦自知之。赵氏《金石录》跋中姞匜云：右中姞匜铭与后两器皆藏李公麟家。初伯时得古方鼎，遂以为晋侯赐子产器，后得此匜，又以为晋襄公母偪姞器，殊可笑。凡三代以前诸器物出于今者，皆可宝，何必区区附托书传所载姓名，然后为奇乎！此好古之蔽也。后洪迈评博古图，陈振孙评刘原父、吕大临、黄伯思等议论略同，可知宋人未尝不知其误亦不必尽蹈其失。至于考订石刻，则欧、赵、黄、洪诸家多翔实审慎，绝无此蔽既据史传以考遗刻，复以遗刻还正史传，其成绩实不容蔑视也。

更就应用一方面言之，则宋初郊庙礼器皆用聂崇义《三礼图》之说。聂图虽本汉人旧图，然三代礼器自汉已失其制，及宋时古器大出，于是陆农师（陆佃）作《礼象》十五卷，以改旧图之失。其尊爵彝舟皆取公卿家及祕府所藏古彝器，与聂图大异。逮徽宗政和中，圜丘、方泽、太庙、明堂皆别铸新器，一以古礼器为式，后或铸以赐大臣，讫于近世犹有存者。元明以后，各省文庙礼器皆承用之，然其改革实自宋人始。又仁宗景祐间，李照修雅乐，所铸钟皆圆，与古制颇异，会官帑中获宝和钟，其形如铃而不圆，于是仿之，作新钟一县十六枚。而高若讷奉诏详定新乐，亦据汉钱尺寸，造《隋书·律历志》所载十五种尺上之。可见宋人金石之学并运用于实际，非徒空言考订而已。

## 四、后　　论

由是观之，金石之学创自宋代，不及百年已达完成之域。原其进步所以如是速者，缘宋自仁宗以后，海内无事，士大夫政事之暇，得以肆力学问。其时哲学、科学、史学、美术，各有相当之进步；士大夫亦各有相当之素养，赏鉴之趣味与研究之趣味，思古之情与求新之念，互相错综。此种精神于当时之代表人物苏轼、沈括、黄庭坚、黄伯思诸人著述中，在在可以遇之。其对古金石之兴味，亦如其对书画之兴味，一面赏鉴的，一面研究的也。汉唐元明时人之于古器物，绝不能有宋人之兴味，故宋人于金石书画之学乃陵跨百代。近世金石之学复兴，然于著录、考订皆本宋人成法，而于宋人多方面之兴味，反有所不逮，故虽谓金石学为有宋一代之学，无不可也。

**图书在版编目(CIP)数据**

国性与人性 : 民国演讲 · 第四编 / 马相伯等著. —
北京 : 中国文史出版社, 2019. 12
ISBN 978-7-5034-9836-7

Ⅰ. ①国… Ⅱ. ①马… Ⅲ. ①演讲-中国-民国-选集 Ⅳ. ①I266

中国版本图书馆 CIP 数据核字(2017)第 299849 号

责任编辑: 薛媛媛

出版发行: **中国文史出版社**
社　　址: 北京市海淀区西八里庄 69 号院　邮编: 100142
电　　话: 010-81136606　81136602　81136603（发行部）
传　　真: 010-81136655
印　　装: 北京新华印刷有限公司
经　　销: 全国新华书店
开　　本: 720×1020　1/16
印　　张: 23. 25　　字数: 325 千字
版　　次: 2019 年 12 月第 1 版
印　　次: 2019 年 12 月第 1 次印刷
定　　价: 69. 80 元